읽기와 쓰기

읽기와 쓰기

서강대학교 교양국어 교재편찬위원회 편저

서강대학교출판부

* 본 교재에 인용된 자료는 사전에 충분히 저작권 협의를 했습니다. 그럼에도 불구하고 혹시 누락된 부분이 있다면, 추후라도 통상적인 저작권 사용 동의에 필요한 조치를 취하고자 합니다. 해당 저작권자는 서강대학교출판부로 연락해주시기 바랍니다.

읽기와 쓰기

초판 1쇄 발행 | 2011년 2월 22일
7쇄 발행 | 2017년 3월 15일

편 저 자 | 서강대학교 교양국어 교재편찬위원회
발 행 인 | 박종구
편 집 인 | 우찬제
발 행 처 | 서강대학교출판부
등록 번호 | 제2002-000170호

주 소 | 서울특별시 마포구 백범로 35(신수동)
전 화 | (02) 705-8212
팩 스 | (02) 705-8612

ISBN 978-89-7273-177-1 03000

값 18,000원

* 잘못된 책은 구입하신 곳에서 바꿔드립니다.

머리말

언어는 인간 개개인이 스스로의 정체성을 인식하는 유일한 매개인 동시에 그렇게 해서 개별화된 인간들이 모여서 이루어가는 사회적 의사소통의 매개이다. 인간은 태어나면서부터 말을 통해 자신과 세계를 인지하고, 또 그 말 속에서 자아의 성취를 이루어나간다. 뿐만 아니라 인간 역사의 유구한 흐름이 보여주고 있는 것처럼, 인간들이 보다 앞선 시대에 이룩된 모든 정신적 · 물질적 유산들을 다음 세대로 전하는 유일한 매개 또한 언어라고 할 수 있다. 언어를 통해 우리는 다른 동물이라면 다시 처음부터 배워야 했을 온갖 종류의 경험과 사유를 받아들이고, 그렇게 받아들인 유산 위에서 새로운 문명을 이룩해나가는 것이다.

문명의 발달로 인하여 인간 사이의 소통 방식이 보다 다양화되고, 그리고 보다 효율적으로 되어가고 있는 것이 오늘의 현실이지만, 그러나 그렇다고 해서 가장 오래되고 대표적인 인간적 의사소통의 수단이자 체계인 말과 글의 효용성과 본질이 변한 것은 아니다. 오히려 모든 것이 기계화되고 비인간화되고 있는 사회구조 속에서 가장 기본적이고 인간적인 관계를 유지시켜주는 말과 글에 대한 인식은 점점 더 커지고 있는 실정이라고 할 수 있다. 그리고 인간의 제반 사회적 의사소통이 기본적으로 인간적인 삶에 이바지하는 것을 목적으로 하는 한, 언어는 앞으로도 인간의 정체성을 정의하는 중요한 조건으로 계속해서 남을 것이다.

우리의 말과 글이 소중한 까닭은 그 안에 우리가 자라나온 전통과 사유의 체계, 그리고 삶의 방식을 포함한 경험의 보편성이 그대로 담겨져 있기 때문이다. 물리적인 수단으로서의 입말이 인간관계의 핵심을 이루는 것은 물론이거니와, 우리는 글을 통해 우리와 동시대를 사는 사람들, 그리고 우리보다 앞선 세대들의 고유한 사유방식과 지적인 경향을 접한다. 사람들을 한 민족으로 묶는 가장 온당한 기준이 언어라고 했을 때, 그 기준의 적합성이 단순히 편의적인 차원의 것만은 아닌 것은 이 점에서 두말할 나위가 없는 것이다.

교양도서를 꾸준히 읽고, 그리고 그러한 독서물에 대한 개인적인 느낌과 사상을 정리하는 연습을 충분히 하는 것 또한 중요한 일이다. 그렇게 될 때 '언어와 표현' 을 통한 교육은, 국어 사랑의 참뜻을 실천하는 것은 물론이고 더 나아가 진정한 자아 성취라고 하는 교양 교육의 목표에 적절히 부합될 것이다.

『읽기와 쓰기』는 이러한 입장에서 우리말의 올바른 표현을 배우고, 또 좋은 글에 대한 이해를 통해 자신과 주변 세계에 대한 올바른 인식을 증진시키도록 꾸며졌다. 이론적인 이해와 더불어 각 장에 수록되어 있는 다양한 읽기 자료와 연습문제를 효율적으로 활용한다면, 대학생들은 사유 체계의 저변을 이루는 우리말의 세계에 보다 친숙하게 될 것이다.

2011년 2월

서강대학교 교양국어 교재편찬위원회

제3부 글의 구성 · 전개

제1부

어휘 · 문장 · 문단

1. 글과 생각
2. 어휘
3. 문장쓰기
4. 문단쓰기

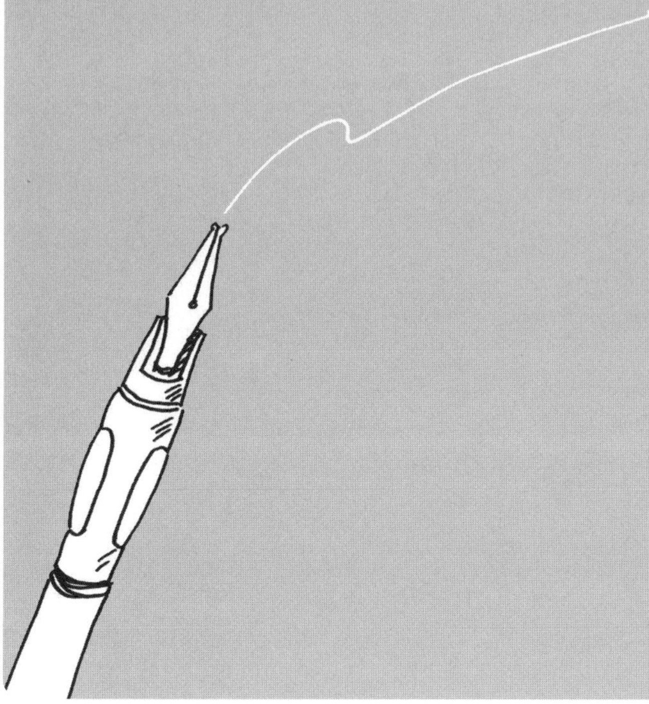

1. 글과 생각

행동 · 언어 · 사고력

'身言書判.' 예부터 전해진 값진 말이다. 바른 몸가짐, 남을 움직이는 말솜씨, 반듯한 글씨, 그리고 사리의 옳고 그름을 가지는 힘—이 넷을 일러서 하는 말이다. 身은 행동, 言은 언어, 書는 서예 그리고 判은 판단력이다.

그 넷을 한데 묶은 것은 하나하나 별도로 생각하지 말라는 뜻이다. 행동이 바르지 못한데 씨가 먹히는 말을 할 리가 없고, 사리 판단력이 갖추어질 수가 없을 것이다. 그러기에 '身言書判'은 한데 묶어서 생각해야 한다.

한데 여기서 書를 서예, 곧 글씨 쓰기에 한정하지 말고 글쓰기란 뜻으로 넓혀서 생각한다면 새로운 교훈을 우리에게 주게 된다. 書를 글씨 쓰기 아닌 글쓰기로 잡게 된다면 결국 '身言書判'은 행동과 언어와 판단력 셋으로 줄어들게 된다. 이 경우, 판단력을 생각하는 힘으로 바꿔 잡아도 좋을 것이다.

요컨대 '身言書判'은 행동과 언어와 사고력, 이 셋이 인간의 인간다움을 결정짓는 3대 요소임을 말해주는 것이다. 한 인간의 품성이며 인격, 그리고 능력을 가늠하는 잣대로서 행동 · 언어 · 사고력이 매우 요긴한 몫을 다하고 있으되, 그 셋이 결국 세쌍둥이처럼 한동아리로 엮여져 있음에 대한 증언이 곧 '身言書判'이다.

이럴 때 우리는 '身言書判'을 옛사람들만이 신봉한 인간 미덕으로 밀쳐버릴 수는 없다. 그것들은 여전히 오늘날에도 한 인간을 훌륭하게 하는 조건으로 굳건히 머물러 있는 것이다. 행동을 바르게 함으로써 언어 사용에 티가 없고 나아가 사리 판단에 흩어짐이 없다면, 언제 어디에서나 훌륭한 인간일 수 있기 때문이다.

언어란 입으로 말하는 말과 글로 쓰는 말로 갈라진다. 이 두 가지 말, 곧 말하는 말과 쓰는 말이 身과 判 사이에 끼어 있다는 것을 무심하게 보아 넘겨서는 안 된다. 왜냐하면 위에서 말한 두 가지 말이 身과 判 사이에 끼어 있다는 것은 곧 행동과 사고력을 맺어주는 매듭으로 구실하고 있음을 뜻하기 때문이다. 요컨대 말하는 말과 쓰는 말이야말로 행동의 받침판이요 사고력의 밑돌일 수 있다는 것을 '身言書判'의 엮음새가 보여주고 있는 것이다.

우리가 글쓰기, 곧 글짓기에 마음 쓰는 까닭이 바로 여기에 있다. 기왕에 같은 말을 단순히 남보다 잘하기 위해 글짓기에 마음을 쏟는 것이 아니니다. 바른 행동의 기틀로서 그리고 정당한 사고의 열쇠로서 글짓기가 지니고 있는 막중한 구실 때문에 우리는 글짓기를 익히려 하는 것이다. 그것이 필경 인간의 총체적 완성에 이바지할 것을 알고 또 믿고 있기 때문에 작문에 남달리 힘을 기울이고자 하는 것이다.

실제로 글(말)은 생각의 모태요 거푸집이다. 생각은 말 속에서 움트고 자라서 제 모습을 갖춘다. 말은 생각의 어머니이다. 현대 독일의 철학자 하이데거가 "말은 존재의 집"이라고 말했을 때, 그것은 말이 존재를 두고 우리가 하게 되는 생각의 집임에 대해서도 증언하고 있는 것이다.

하지만 이 점에 관해서 세상에 크나큰 오해가 나돌고 있다. 나돌아도 그냥 나도는 것이 아니라 매우 그럴듯하게 나돌고 있어서 다들 거기에 말려들기 쉽고 그래서 그것에 속기가 쉬운 것이다. 그 오해는 '말은 생각을 나타내는 연장에 불과하다' 라는 주장에 담겨져 있다. 이 주장은 말과 별도로 생각이 생겨나고 가다듬어지고 또 마무리 지어지되, 다만 그것이 남들에게 전달될 때 잠시 말의 힘을 빌리는 것뿐이라고 우기는 것이다.

이럴 때, 생각은 그것 자체로 독자적으로 생각나고 또 형성되는 알맹이(내용)이고, 말은 그것에 입히는 거죽이나 옷(형식)에 불과하게 된다. 생각과 말은 별개의 것이되, 굳이 둘 사이에 관계가 있다면 그것은 생각이 효율성 있게 전달되기를 원할 때 비로소 생기는 것에 불과하게 된다.

그러나 이같이 생각과 말을 내용과 형식으로 갈라 붙이고 따로따로 보게 되는 것은 옳지 못하다. 그것은 생각이 무엇인가를 잠시 궁리해보는 것만으로도 쉽게 드러나게 된다. '생각한다' 라는 행위는 머릿속에서 말을 찾아내고 또 엮어가는 과정 바로 그것이다. 머릿속에서 하는 말의 찾음과 엮음이 바로 생각이다. 관념을 찾아내고 그것을 발판으로 하여 그 관념들의 체계를 찾아내는 일이 생각이라고 본다고 해도 얘기는 조금도 달라지지 않는다. 그 모든 일이 필경 말과 더불어, 말이 있는 곳에서 이루어지기 때문이다.

말은 생각의 거푸집이다. 줄잡아 얘기한다고 해도 생각은 말에 기대어, 말과 더불어 이루어지는 것이다. 생각 따로 말 따로 잡고, 생각이 말을 앞질러 미리 있는 것처럼 판단할 수 없다. 이것은 매우 중요한 일이다. 이제 우리는 말과 생각의 관계에 대해서 마음을 고쳐먹어야 한다. 말은 생각의 집이고 생각의 어머니라고 고쳐 다짐해야 한다.

그렇다면 말을 제대로 쓸 줄 모르고는 생각을 제대로 엮을 수 없다는 것이 분명해진다. 우리는 말(글)을 공부하게 되는 가장 중요한 뜻을 여기서 찾아야 한다. "사람들은 생각하는 갈대다"라고 한 파스칼의 말이나 "나는 생각한다. 그러므로 나는 존재한다"라고 한 데카르트의 말은 너무나 유명하다. 생각함으로써 내가 나일 수 있고 내가 인간일 수 있다면, 그것에 앞서 우리는 각기 말함으로써 비로소 스스로를 보일 수 있고 말함으로써 존재하게 되는 것이다. '사람은 말함으로써 사람'이고, 나는 '말함으로써 나'인 것이다. '身言書判'에서 언어를 나타내는 말이나 그것과 관계 깊은 말〔書〕이 身과 判 사이에 끼어서 가운데 자리를 차지하고 있는 연유가 여기서 뚜렷해질 것이다. 더불어서 말(글)에 관한 한 가지 오해가 풀리게 될 것이다.

말(글)의 훈련은 단순히 잘 표현하고 잘 전달하기 위해서만 필요한 것이 아니다. 바르게 생각하고 옳게 사고하기 위해 필요한 것이다. 말(글)의 단련은 곧 생각의 단련이다. 글짓기 공부의 처음이자 마지막 목적을 우리는 바로 여기에 두어야 한다. 바른 행동이 바른 사고 없이 불가능하다는 것쯤은 누구나 헐하게 알 수 있다. 그렇다면 말(글)의 단련이 급기야 행동의 주춧돌 박기와 다를 게 없다는 것도 누구나 헤아리게 될 것이다.

사물 인식과 세계의 이해

우리가 말(글)을 씀으로써 생각하게 되고 그로써 나답고 인간다울 수 있다는 것은 무엇을 뜻하는 것일까. 그것은 말이 우리 존재의 뿌리이자 우리의 존재를 완성시켜준다는 것을 뜻한다. 그러나 말이 우리의 존재를 완성시키는 가음(소재)이라는 것은, 우리를 세속적으로 완성시켜준다거나 우리의 일상적인 목적을 따내게 한다든가 하는 뜻은 아니다.

생각하고 사고하는 일이 말을 머릿속에서 쓰는 일이라면, 자연히 우리가 사물을 인식하고 세계를 이해하는 일도 언어에 기대어서 실천하게 된다. 사물에 말을 붙이고 세계에

다가 엮여진 말의 매듭을 달아주는 일이 곧 사물의 인식이요 세계의 이해이다.

듣지 못하고 말하지 못하고 보지 못하였으면서도 의연히 위대한 인물로 추앙받고 있는 헬렌 켈러 여사는 그녀의 자서전에서 사물의 인식이 곧 사물에 대한 말을 통해 주어진다는 것을 감동적으로 기술하고 있다. 그녀의 손바닥에 '워터'(물)라고 아로새기듯 적어 넣어주었을 때, 그녀는 비로소 물이 무엇인가를 알 수 있었던 것이다. 그때까지 그녀는 수없이 물을 경험하였을 것이다. 목욕하면서 물을 썼을 것이고 세수하면서도 물을 썼을 것이다. 그러나 그것이 '워터'라는 말로 이름 지어져 있다는 것은 모르고 있었다. 결국 그것이 무엇인지 모르고 있었던 것이다. 하지만 그것이 이러저러한 기호로 이름 지어져 있음을 알게 됨으로써 그 사물이 무엇인가를 알게 된 것이다. 사물을 안다는 것은 사물을 이름 지을 줄 안다는 뜻이다. 이름 짓는다는 것은 그 사물에 말을 붙여준다는 뜻이다.

우리가 사물과 세계를 이름 지어주고 말하게 되기 전까지는 사물과 세계를 알지 못한다. 이름 붙이고 그래서 말하게 되었을 때, 사물과 세계는 알려진 것으로 내 몫이 된다. 우리는 사물과 세계를 알게 됨으로써 그것들을 내 몫으로 차지한다. 비로소 사물과 세계를 소유하게 되는 것이다. 인식은 앎이자 소유이다. 우리가 말로써 사물과 세계를 알게 된다는 것은 곧 말로써 사물과 세계를 내 소유로 차지하게 된다는 것을 뜻한다. 말이 우리 존재의 뿌리요 아울러 우리 존재를 갈무리하는 바탕이라는 뜻은 결국 말에 의해 이 같은 사물과 세계의 소유가 이루어짐을 의미하게 된다.

이 같은 말은 행동과 생각의 기틀이자 세계와 사물을 내 몫으로 차지하게 되는 바탕이 된다. 우리가 말(글) 공부를 하는 가장 으뜸가는 뜻도 바로 이 점에 있다. 말(글)로써 생각과 행동을 가다듬고 나아가 세계와 사물이 확실하게 내 몫임을 주장하게 되는 것이다.

물론 남에게 내 뜻을 전하기 위해 말(글)을 쓴다. 그것은 어김없는 사실이다. 우리가 누군가를 부르는 것, 누구에게 편지를 보내는 것, 어떤 성명서를 내는 것, 이 모든 일은 말로써 무엇인가를 전달하는 행위이다. 말은 이럴 때 분명히 '커뮤니케이션'이다.

말에 의한 커뮤니케이션은 아주 중요하다. 우리는 나 하나만으로 살 수 없고 인간일 수도 없다. 남과 더불어서, 그리고 남들 속에서 우리는 살 수 있고 또 인간일 수 있다. 남과 더불어 산다는 것은 남과 끊임없이 커뮤니케이션을 주고받는다는 뜻이다. 인간은 커뮤니케이션으로 살고 또 그것에 의해 사람일 수 있다. 우리의 옛말에 "아 해서 다르고

어 해서 다르다"라고 했다. 그런가 하면 "말 한마디에 천 냥 빚도 갚는다"라고 했다. 이들 옛말은 모두 표현하고 전달하는 데 있어서도 말이 요긴한 구실을 다하고 있음을 증언하고 있다.

그러나 전달과 표현은 언어의 구실로는 버금가는 것일 뿐이다. 언어는 생각을 전달하기 전에 생각을 빚는 것이다. 생각을 빚는 구실이야말로 말이 지닌 구실의 으뜸이다. 글짓기를 익히려는 사람은 말을 배우려 하는 사람이다. 그는 이 점을 깊이 명심하고 글짓기에 임해야 한다. 그는 표현이나 잘 하고 전달이나 잘 하자고 글짓기를 익히는 것이 아니다.

말쓰기와 글짓기가 전달과 표현을 위한 치장에 불과하다고 생각하면서 글짓기를 시작해서는 안 된다. '이 글은 생각은 좋은데 표현이 좋지 않다' 라든가 '모처럼 좋은 생각을 담고 있으니 표현을 좀 더 잘 해보라' 라든가 하는 말은 옳지 않다. 말과 생각을 별도로 잡고 있기 때문이다.

글짓기가 잘못되면 생각이 바로 서지 못한다고 다짐해야 한다. '글쯤이야 좀 못 써도 무슨 상관이야' 하고 생각해선 안 된다. 글을 못 쓰는 것이 생각은 다잡아놓고 바로 세우지 못하는 일이라면, 글 못 쓰는 일은 아주 치명적인 흠집이 된다. 생각의 갈피를 잡아 제대로 엮어가지 않고는 이 세상에서 무엇 하나 제대로 해낼 일이 없을 것이다. 그것은 인간 결함치고는 중대한 결함이다.

글 쓰는 사람, 글짓기 하려는 사람의 각오는 여기에까지 미쳐야 한다. 생각을 제대로 빚어 사물과 세계를 바르게 이해하고, 그럼으로써 이 세상이 확실하게 내 것이 되게 하기 위해 우리는 글을 쓰고 또 글짓기 공부를 하는 것이다. 글 쓰는 일은 '내가 여기 있노라' 라는 증명임을 다짐하면서 이제 글짓기 공부를 시작해야 할 것이다.

구술언어와 기술언어의 차이(말과 글의 차이)

옳은 글을 쓰기 위해서는 먼저 일상적으로 우리가 사용하는 말과 글의 차이를 인식하는 것이 필요하다. 말과 글은 모두 사람 사이의 의사소통의 수단이라는 점에서는 동일하다. 그러나 의사를 전달하는 매체 자체가 전자는 말이며 후자는 문자라는 점에서 적잖은 차이가 있다.

일반적으로 일상적인 회화는 삶의 특정한 상황 속에서 이루어진다. 물론 이때는 몸짓이라든가 얼굴의 표정 등, 비일상적인 의사소통의 수단도 사용이 가능하다. 그렇지만 '한 번 내뱉은 말은 다시 담을 수 없다' 는 우리의 속담처럼, 말은 일단 입 밖으로 나온 다음에는 다시 수습할 수 없다는 한계를 갖고 있다. 따라서 말은 그 뜻을 고치려면 다시 번복해야 하는데, 그렇게 되면 점점 장황해지게 마련이다. 정보전달의 차원에서 이 장황함은 별 문제가 되지 않지만, 자칫 언어의 낭비를 초래하여 올바른 의사전달을 방해할 수가 있다.

이런 말에 비해 글은, 우선 피드백이 가능하다는 특징을 갖는다. 글은 일차적으로 쓰는이가 자신의 대화 상대자가 앞에 있다고 가정하고 혼자서 하는 발화라는 점에서 구별된다. 또 남에게 보이기 전에 퇴고를 할 수 있기 때문에 중첩되거나 모순되는 부분을 사전에 점검하여 정보의 전달을 원활히 할 수 있다는 장점이 있다. 하지만 말이 발언의 일회성에 따른 한계를 갖듯이, 글 또한 나름의 한계를 지닌다. 그것은 다름이 아니라, 글은 말처럼 여간해서는 현장성을 갖지 못한다는 것이다. 글을 쓰는 사람은 자신의 글을 읽게 될 사람의 반응을 살펴볼 수 없기 때문에 자신의 메시지가 옳게 전달되었는지를 확인할 수가 없다. 따라서 글을 쓸 때에는 자신의 메시지가 정확하게 전달되도록 모든 상황을 종합적으로 고려해야 한다.

요약하자면, 결국 글쓰기에 내재된 어려움은 심리적인 어려움과 언어적인 어려움, 그리고 인지적인 어려움으로 요약될 수 있겠다. 심리적인 어려움이란, 말이 우리 모두에게 자연스러운 의사소통의 수단임에 반해서 글쓰기는 본질적으로 고독한 작업이며, 다른 사람과의 상호작용의 가능성을 배제한 채 자기만의 의사를 전달하는 행위라는 점에서 비롯되는 어려움이다. 두 번째 언어적인 어려움은 앞에서 이야기한 것처럼, 기술적인 의사소통의 경우 수신자의 부재 속에서 쓰는이 혼자만의 노력으로 의사전달의 채널을 유지해야 하므로, 전하고자 하는 뜻이 왜곡됨이 없이 전달되도록 어휘선택이라든가 문장 운용의 측면에 신경을 쓰지 않으면 안 된다는 것이다. 마지막으로 글쓰기에 수반되는 인지적 어려움이란, 회화가 살면서 자연적으로 습득되는 기술인데 반해, 글쓰기는 일련의 훈련을 통해서 습득되는 것이라는 점에서 비롯되는 어려움이다. 효과적인 글쓰기를 위해서는 부득불 특정 언어의 문법을 배워야 하는 것이다. 즉, 자신의 생각을 자기 앞에 있지 않고, 자신이 모르는 독자들에게 이해될 수 있는 방식으로 조직하는 법을 배워야 하는 것이다.

말과 글의 본질적인 차이와 그에 수반되는 위험성을 충분히 인지할 때에야, 비로소 다른 사람들과 원활한 의사소통을 할 수 있게 될 것이다.

2. 어휘

구별하여 써야 할 말

작문 교육의 초기 단계에서 쓰기 실력을 향상하기 위한 방법으로는 어휘의 쓰임새를 정확히 아는 것, 그리고 유사어의 미묘한 뉘앙스를 인지하는 것 등이 있다.

바른 문장을 쓰려면 문장을 구성하는 기본 단위인 어휘를 적절하게 선택해야 한다. 전달하고자 하는 의도나 상황에 맞는 어휘를 선택해야 자신의 생각을 제대로 표현할 수 있기 때문이다. 올바른 어휘의 사용을 위해서는 일상 회화라든가 독서 활동에서 국어사전을 활용하는 것이 가장 좋다.

다음은 의사를 보다 정확히 표현하기 위해 구별하여 써야 할 대표적 어휘들이다.

1) '다르다' 와 '틀리다'

다르다: 이질적이다. 예) 물과 얼음은 다르다.

틀리다: 잘못이다. 예) 그는 옳았고, 나는 틀렸다.

2) '던/던지' 와 '든/든지'

던/던지: 과거 예) 먹던 밥을 내가 왜 먹어? 얼마나 먹던지 아주 놀랐다.

든/든지: 선택 예) 가든 말든 마음대로 해라. 하든지 말든지 알아서 해라.

3) '부딪치다' 와 '부딪히다'

부딪치다: '부딪다' 의 강조 예) 차와 차가 마주 부딪쳤다.

부딪히다: '부딪다' 의 피동사 예) 철수가 영희에게 부딪혔다.

4) '시간' 과 '시각'

시간: 어느 때부터 어느 때까지의 '사이' 예) 밥 먹는 시간은 30분이다.

시각: 시간대 위의 한 '점' 예) 출발 시각은 아홉시이다.

5) '아니하다' 와 '아니 하다'

아니하다: 보조용언. '-지 아니하다' 의 모습으로 쓰인다. 예) 그 사람은 말을 하지 아니하다.

아니 하다: 동사 '하다' 앞에 부사 '아니' 가 붙은 것 예) 그 사람은 아침에 운동을 아니 한다.

6) '안' 과 '않'

안: '아니' 의 준말로 뒤에 오는 낱말과 띄어 쓴다.
용언 앞에 붙어 부정 또는 반대의 뜻을 나타낼 때 쓰인다.
예) 안 가겠다. 안 먹겠다. 안 할 수 없다.

않: '아니하' 의 준말로 동사나 형용사 아래에 붙어 부정의 뜻을 보탤 때 쓰인다.
'않다' 의 어간이므로 '않고, 않으니, 않으면' 으로 써야 한다. 예) 하지 않겠다.

연습문제

적절한 어휘를 골라 넣으시오.

1. 거치다 / 걷히다

영월을 ________ 왔다.

외상값이 잘 ________.

2. 걷잡다 / 겉잡다

_______ 수 없는 상태

________ 이틀 걸릴 일

3. 그러므로 / 그럼으로(써)

그는 부지런하다. _______ 잘 산다.

그는 열심히 공부한다. _______ 은혜에 보답한다.

4. 느리다 / 늘이다 / 늘리다

진도가 너무 _______.

고무줄을 _______.

수출량을 더 _______.

5. 다리다 / 달이다

옷을 _______.

약을 _______.

6. 마치다 / 맞히다

벌써 일을 _______.

여러 문제를 더 _______.

7. 바치다 / 받치다 / 받히다 / 밭치다

나라를 위해 목숨을 _______.

우산을 _______ 간다.

책받침을 _______.

쇠뿔에 _______.

술을 체에 _______.

8. 부딪치다 / 부딪히다

차와 차가 마주 ________.

마차가 화물차에 ________.

9. 부치다 / 붙이다

힘이 ________ 일이다.

편지를 ________.

논밭을 ________.

빈대떡을 ________.

식목일에 ________ 글

삼촌 집에 숙식을 ________.

흥정을 ________.

감시원을 ________.

조건을 ________.

10. 시키다 / 식히다

일을 ________.

끓인 물을 ________.

11. 아름 / 알음 / 앎

세 ________ 되는 둘레

전부터 ________이 있는 사이

________이 힘이다.

12. 안치다 / 앉히다

밥을 ________.

윗자리에 ________.

13. 어름 / 얼음

두 물건의 _______에서 일어난 현상

_______이 얼었다.

14. 이따가 / 있다가

_______ 오너라.

돈은 _______ 없다.

15. 하노라고 / 하느라고

_______ 한 것이 이 모양이다.

공부_______ 밤을 새웠다.

16. -(으)러 / -(으)려

공부 하_____ 간다.

서울 가_____ 한다.

17. -(으)므로 / (-ㅁ, -음)으로(써)

그가 나를 믿_______ 나도 그를 믿는다.

그는 믿_______ 산 보람을 느꼈다.

18. 일절 / 일체

_______ 다니지 못하게 하라.

모든 권한을 _______ 너에게 맡긴다.

19. 있으십니다 / 계십니다

아무 말씀도 _______ 채

어머님이 집에 _______.

그분도 앉아_______.

20. 째 / 채

통__, 뿌리__, 다섯 개__, 껍질__,

송두리__, 산 __로.

유사어

'어' 다르고 '아' 다르다고 했듯이 같은 의미라도 그 뉘앙스를 어떻게 조절하느냐에 따라 의사소통의 강도라든가 메시지 전달의 효용성이 달라진다. 비슷한 뜻을 가진 유사어에 대한 지식과 그것들이 드러내는 미묘한 의미의 차이를 분명히 알게 되면 우리의 언어생활은 보다 윤택해지고 풍부해질 것이다. 다음은 대표적인 유사어이다.

1) 곧 / 곧장

곧: 공간적인 이동의 모습을 나타내는 데 쓸 수 없다.

곧장: 시간적인 간격이 짧은 것에 대해서도 쓸 수 있고, 어떤 대상이 공간적으로 이동하는 모습이 똑바른 것에 대해서도 쓸 수 있다.

예) 자동차가 내 앞으로 곧장/곧* 달려왔다.

2) 까다 / 벗기다

까다: 단순히 속에 있는 것이 드러나게 하는 행위에도 쓰일 수 있으나, 껍질이 딱딱하면 딱딱할수록 '벗기다'는 쓸 수 없다.

벗기다: 껍질이 부드러운 것에 대하여 주로 쓰인다.

예) 호두를 까다/벗기다*

3) 낫다 / 아물다

낫다: 병이나 상처 따위가 치유되어 이전의 상태로 회복되는 것.

아물다: 병에 대해서는 쓰지 않으며, 상처가 치료되어 이전의 상태로 또는 이전의 상태에 가깝게 되는 것.

예) 상처가 이제는 다 나았다/아물었다

병이 다 나았다/아물었다*

4) 놀라다 / 질겁하다

놀라다: '감탄하다'의 뜻을 가질 수 있다.

질겁하다: '감탄하다'의 뜻을 가질 수 없다.

예) 아이는 호랑이 울음 소리에 질겁했다.

우리는 그의 뛰어난 솜씨에 놀랐다.

5) 덥히다 / 데우다

덥히다: 운동이나 마찰과 같은 방법에 의하여 몸이 더워지는 것을 뜻할 수 있다.

데우다: 높은 온도에서 더 높은 온도가 되게 하는 것에는 잘 쓰이지 않으며, 운동이 나 마찰에 의하여 몸을 덥게 하는 것에도 쓰이지 않는다.

예) 가스불로 찌개를 데우다/덥히다

운동을 하여 몸을 덥히다.

6) 동네 / 마을

동네: 일정한 지역에 모여 사는 사람을 중심으로 하는 개념.

마을: 여러 집이 한 동아리를 이루어 모여 있는 곳.

예) 〔집들은 멀리 있는데, 다리를 건너며〕 여기부터가 우리 동네이다.

7) 따르다 / 좇다

따르다: 사람에 대해서뿐 아니라 사물에 대해서도 쓰인다.

좇다: 사물에 대해서는 쓰이기 어렵다.

예) 길을 따라 걷다.

이상을 좇다.

8) 모자라다 / 부족하다

모자라다: 어떤 일을 하는 과정 가운데에서 생기는 현상이다.

부족하다: 어떤 일을 하는 과정 가운데 생기는 상태에 대해서도 쓰이나, 처음에 주어진 상태에 대해서도 쓰일 수 있다.

예) 끈이 삼십 센티미터가 모자라다/부족하다*

지구는 삼림이 부족하다.

9) 바닥 / 밑

바닥: 어떤 물체의 아래쪽에 오는 공간을 가리킬 수 없다.

밑: 어떤 물체를 기준으로 그 아래쪽에 오는 공간을 가리킬 수 있다.

예) 그의 실력은 바닥/밑*이 드러났다.

책상 다리의 밑을 들어라.

연습문제

다음 두 단어의 차이를 염두에 두고 각각에 알맞은 문장을 만들어보시오.

1. 곧 / 곧장

2. 까다 / 벗기다

3. 나 / 나마 / 라도

4. 낫다 / 아물다

5. 놀라다 / 질겁하다

6. 덥히다 / 데우다

7. 동네 / 마을

8. 따르다 / 좇다

9. 모자라다 / 부족하다

10. 바닥 / 밑

11. 바로 / 곧

12. 넘어 / 너머

13. 말하다 / 이야기하다

14. 아직 / 여태

15. 사이 / 동안

16. 반드시 / 반듯이

17. 번지다 / 퍼지다

18. 벌써 / 이미

19. 시끄럽다 / 떠들썩하다

20. 타이르다 / 구슬리다

어휘력의 차이

어휘를 많이 아는 것은, 단순히 생각을 효과적으로 표현하는 데 도움이 되는 것이 아니다. 어휘력의 차이는 곧 이해력의 차이이기도 하다. 어휘력이 부족한 사람들은 사고의 폭도 좁다고 볼 수 있다. 가령 '노새'가 무엇인지 모르는 사람은 말과 나귀 사이의 중간 영역이 존재한다는 사실 자체를 모른다. 따라서 어휘력을 늘리기 위해서는 독서량을 늘려야 한다. 독서하면서 나오는 낯선 단어들의 적절한 쓰임새를 익히고, 자신의 글에 활용해보는 연습을 하자.

연습문제 1

다음에서 왼쪽 어휘의 뜻풀이를 오른쪽에서 선택하여 연결하시오.

1. 첩경(捷徑) ·	· 남을 업신여기거나 무시하는 태도로 흘겨봄
2. 천착(穿鑿) ·	· 사실과 다르게 전함
3. 소원(疏遠) ·	· 정당한 논리로 그릇된 주장을 깨뜨리고 진리를 밝힘
4. 갈파(喝破) ·	· 지내는 사이가 두텁지 아니하고 거리가 있어서 서먹서먹함
5. 와전(訛傳) ·	· 지푸라기라는 뜻으로, 쓸모없고 하찮은 것을 비유적으로 이르는 말
6. 백안시(白眼視) ·	· 떨쳐 일으킴. 또는 떨쳐 일어남
7. 진작(振作) ·	· 지름길
8. 경원시(敬遠視) ·	· 구멍을 뚫음
9. 초개(草芥) ·	· 겉으로는 가까운 체하면서 실제로는 멀리하고 꺼림칙하게 여김

연습문제 2

알맞은 어휘를 〈보기〉에서 찾아 넣으시오.

〈보기〉				
너스레	초개(草芥)	남짓	동티	뒷갈망
경원시(敬遠視)	천착(穿鑿)	소원(疏遠)	덤터기	빌미
진작(振作)	어용(御用)	구축(驅逐)	첩경(捷徑)	

1. 그들은 ______ 문인들을 내세워 새로운 정치 세력의 당위성을 대대적으로 선전했다.

2. 그의 걸쭉한 ______에 우리 모두 크게 웃었다.

3. 악화가 양화를 ______.

4. 한동안 그녀에게 ______했던 것 같다.

5. 부하 장수 한 명쯤 군법을 칭탁해서 죽이기는 진실로 ______를 베기보다도 더 쉬운 노릇이었다.

6. 다양한 실험을 통해 우리 것에 대한 ______을 계속하다.

7. 성공에 이르는 ______

8. 더러운 몸으로 제사를 지내면 ______가 난단다.

9. 사기 ______을 위해 노력하다.

10. 서른 살 ________ 되어 보이는 남자

연습문제 3

다음에서 서로 관계있는 것끼리 연결하시오.

1. 남세스럽다 ·	· 어떤 분야를 대표할 만하다.
2. 개가(凱歌)를 올리다 ·	· 행동이나 말, 생각이 쓸데없고 싱겁다.
3. 뜬금없다 ·	· 태도나 성질이 부드럽고 친절하다.
4. 내로라하다 ·	· 남에게 놀림과 비웃음을 받을 듯하다.
5. 곰살궂다 ·	· 예의를 지키지 않아 삼가고 조심하는 것이 없다.
6. 주책없다 ·	· 시치미를 뚝 떼어 겉으로는 아무렇지 않은 체하는 태도가 있다.
7. 무람없다 ·	· 큰 성과를 거두다.
8. 천연스럽다 ·	· 일정한 줏대가 없이 이랬다저랬다 하여 몹시 실없다.
9. 객쩍다 ·	· 갑작스럽고도 엉뚱하다.

연습문제 4

알맞은 어휘를 〈보기〉에서 찾아 넣으시오.

〈보기〉

꾸어다 놓은 보릿자루	딴죽(을) 걸다
부처님 가운데 토막이다	흰소리를 내다
헛물을 들이켜다	밤이슬을 맞다
된서리를 맞다	남의 다리를 긁다
난장(을) 맞을	꼭지를 따다
가닥을 잡다	가랑잎에 불붙듯 하다
이가 없으면 잇몸으로 살지	인정도 품앗이다
경을 치다	

1. 선생님이 어떤 생각을 가지고 계신지 ______ ______가 힘들다.

2. "너희들에게 할 말이 있어." 그는 이렇게 ______ ______ 후 이야기를 계속했다.

3. 왜 ______ ______ ______ 아무 말 없는 거야?

4. 가난한 사람들의 등을 쳐 먹다니, ______ ______ 놈 같으니.

5. 나는 떨어지고 내 노트 빌려간 녀석만 합격했으니, ______ ______ ______ 준 꼴이 됐지 뭐.

6. 겁 없이 까불다가는 ______ ______.

7. 내가 하는 일에 ______ ______ 마.

8. 내 비록 ______ ______ ______ 사람을 해한 적은 없소이다.

9. ______ ______ 말고 일찍 포기하게.

10. 평소에는 진지하던 사람이 술을 한 잔 걸치고 나니까 ______ ______.

풍부한 어휘

자신이 사용하는 어휘가 어떤 것인지를 살펴보자. 학생들에게 떠오르는 단어들을 써 보게 하면 주변에서 확인할 수 있는 이름에 한정되어 있는 경우가 많다. 음식 이름, 장소 이름, 그리고 순간순간의 감정을 표현하는 단어들을 중심으로 언어생활을 하고 있는 것이다. 내용이 풍부한 글을 쓰기 위해서라도 사용하는 어휘들이 한정되지 않도록 노력해야 한다. 어휘력을 높이려면 단조로운 어휘들을 풍부하게 바꿔 써보는 훈련이 필요하다.

연습문제

아래의 문장에서 [모습] 이라는 단어를 다른 어휘로 바꾸어보자.

1. 삼국시대 문화의 수입과 전파 [모습을] 지도에서 찾아라.

2. 조상들의 산업발달을 위한 [모습을] 알아본다.

3. 각자의 가족을 대가족과 핵가족으로 나누어보고 그 생활 [모습을] 알아본다.

4. 교실의 [모습을] 공간적 구성에 따라 이야기해보자.

5. 그 조직이 본래의 취지대로 작용할 수 있는 [모습을] 실증적으로 보여주어야 한다.

6. 발해의 문화에는 고구려의 영향이 많아 불상이나 와당은 매우 강건하고 진취적인 [모습을] 보이고 있다.

7. 선진국 경기가 회복되는 [모습을] 보이고 있다.

8. 철도청은 자체 조사를 실시하고 납품 회사에 보완 지시를 내리는 등 허둥대는 [모습이] 역력하다.

9. 노래의 가사는 지금 전해지지 않아 그 [모습을] 알 수는 없다.

10. 시나리오는 희곡에서는 볼 수 없는 여러 용어들이 쓰인다는 점에서 희곡과 그 [모습이] 다르다.

3. 문장쓰기

문장의 종류

국어에 어떤 종류의 문장이 있는지를 알면 자신의 문장을 서술하거나 수정할 때 참조할 수 있다. 자신이 내포문을 주로 사용하는지, 접속문을 주로 사용하는지를 확인해보는 과정이 될 수도 있다. 국어 문장의 종류는 대개 아래와 같이 나눈다.

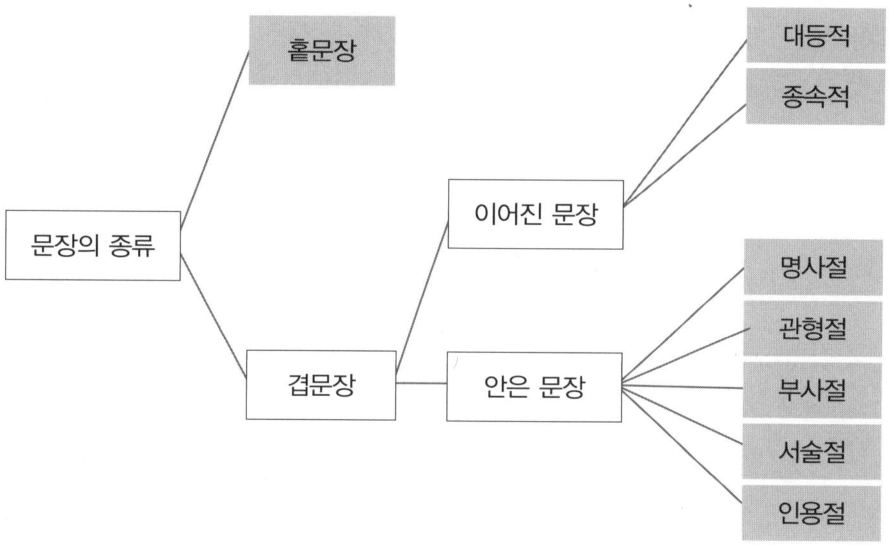

문장의 종류 8가지

① 홑문장

〈겹문장〉

– 이어진 문장(접속문)

② 대등적으로 이어진 문장

③ 종속적으로 이어진 문장

– 안은 문장(내포문)

④ 명사절을 안은 문장

⑤ 관형절을 안은 문장

⑥ 부사절을 안은 문장

⑦ 서술절을 안은 문장

⑧ 인용절을 안은 문장

흔히 문장은 간결하게 써야 한다는 말을 한다. 이 말이 단순히 짧은 문장이나 홑문장을 써야 한다는 것을 가리키는 것은 아니다. 글이 홑문장만으로 구성되면 오히려 복잡하고 산만해질 수 있다. 아래 문장이 몇 개의 문장으로 구성되어 있는지 보자.

정확하지 않은 문장은 아무리 미사여구를 동원하더라도 좋은 문장이 되지 못한다.

만약 위의 문장을 구성요소가 된 문장의 연속으로 나타냈다면 아주 복잡하고 산만할 것이다. 간결한 문장을 서술하기 위해서는 먼저 자신이 하려는 말이 무엇인지를 분명히 해야 한다. 그리고 이를 명확히 표현하기 위해 어떤 종류의 문장이 유용할지에 대해 고민해야 한다.

비문의 유형

비문이란 비문법적인 문장의 준말이다. 한국어를 사용하는 모든 한국인 화자들이 익숙하게 알고 있는 문장 구성 원리에 맞게 지어진 문장은 문법적 문장이라고 하고, 이 원리에 어긋난 문장을 비문법적인 문장이라고 한다. 비문의 유형에 어떤 것이 있는지 파악하는 것은 올바른 문장을 구성하는 데 도움을 준다.

근간 성분의 구비

아래 문장은 모두 비문이다. 이 문장들이 비문인 이유가 무엇인지 적어보자.

(가) 그런데 우리 소설사가 뒤에 단편소설로 바뀌면서 그 사고적인 것, 사상성 같은 것이 거의 무시되어버리고 만 사실이다.

(나) 목표를 명중시키려고 정신을 모아 정곡을 노려보던 사수가 맞추고 난 후의 심정이라고나 할까?

(가)

(나)

하나의 문장을 이루는 기본적 요소는 주어와 서술어 및 서술어에 부속되는 목적어, 목적보어 등의 근간 성분들이다. 문법적인 문장은 적어도 주어 하나와 서술어 하나는 갖추고 있는 것이 원칙이다. 그렇지 못하다면 그 문장은 온전한 문장이 될 수 없다. 그리고 서술어로 어떤 종류의 동사가 선택되느냐에 따라 필요한 요소는 각각 다르다. 그러므로 동사의 유형에 따라 필요한 근간 성분들이 제대로 갖추어져 있는지를 세심하게 살펴보아야 한다.

위의 (가)와 (나)의 문장은 문장 성분이 제대로 갖추어져 있지 않았기 때문에 비문이 된 예들이다. (가)의 문장이 어색한 이유는 주어가 없는 데서 온 것이다. (가)의 문장에서 서술어를 '사실이다'로 보면 그 주어가 없다. '그런데' 뒤에 '우리가 주목할 점은' 정도의 주어를 넣으면 자연스러운 문장이 될 것이다. (나)의 문장은 '맞추다'가 타동사이기 때문에 '맞추고' 앞에 '과녁을' 정도의 목적어가 있어야 어색하지 않다. 서술어의 핵인 동사가 타동사일 때에는 목적어가 필수적으로 있어야 한다. 특수한 환경에서 생략이 허용되기는 하지만 목적어 역시 있어야 할 곳에 꼭 있어야 하는데 이를 빠뜨림으로써 온전하지 못한 문장을 만드는 경우가 종종 눈에 띈다.

주어나 서술어 가운데 어느 하나가 문맥적 조건 아래 생략되는 경우가 있기는 하다. 한국어는 특히 주어가 생략되는 경우가 흔한 언어로 알려져 있다.

(가) 둘에다 셋을 더하면 다섯이다.
(나) 순이가 그런 말을 했다니, 정말 믿어지지 않는 일이다.
(다) 온 겨레가 한결같이 사랑하고 그리워하는 꽃을 나라꽃이라 합니다.
(라) 독서를 하기 위해선 먼저 주관이 서야 한다는 말을 위에서 했다.
(마) 아이 추워!

(가)의 문장은 '다섯이다' 앞에 '합이' 정도의 주어가 있다고 생각할 수는 있다. 그리고 (나)의 문장은 '정말' 앞에 '일이다'의 주어인 '그것은' 정도가 있다고 상정할 수 있다. (다)의 문장은 '합니다'의 주어를 문두나 '꽃을'의 뒤에 넣을 수 있을 터인데 그 주어는 일반적인 사람들로서 '우리는'이나 '사람들은'이라고 할 수도 있다. (라)의 문장은 '했다'의 주어를 '말을' 앞에 둘 수 있는데 이때는 화자인 1인칭 주어를 상정할 수 있다. (마)의 문장은 '추워'의 주어가 '날씨가' 되어야 할지 경험의 주체인 '나는'이 되어야 할지 알기 어렵지만 주어가 빠져 있음은 분명하다.

이러한 성분의 생략은 대화의 문맥으로부터 쉽게 짐작이 되므로, 생략된 성분을 충분히 회복시킬 수 있어서 화자와 청자의 의사소통에 아무런 장애가 되지 않는다. 그런데 유의할 것은 위의 예문들은 우리가 짐작한 주어를 일부러 찾아서 끼워 넣으면 어색한 문장이 된다는 사실이다. 이것은 주어를 생략해야 할 경우에 생략하지 않으면 좋지 못한 문장이 만들어진다는 것을 뜻한다. 불필요한 주어를 넣지 않았는지 세심하게 검토하여 한국어의 특성에 맞으면서도 문법적으로 어색하지 않은 문장을 쓰도록 해야 한다. 이 점은 서구 문법에 지배받은 번역투의 문장을 쓰지 않도록 노력해야 한다는 점과 함께 작문

활동에서 깊이 유념할 사실이다.

요컨대, 필요한 주어나 목적어 등의 근간 성분을 부주의하여 빠뜨림으로써 비문법적인 문장이 되는 경우를 피해야 하며, 불필요한 주어를 넣음으로써 어색한 문장이 되는 경우가 없도록 노력해야 한다.

✓ 글을 읽고 쓰다 보면 자칫 지나치게 어려운 단어를 쓰거나 외국어나 외래어를 무분별하게 쓰는 경우가 많다. 어려운 단어와 외래어, 외국어를 쓰지 않을 수는 없으나 가급적이면 쉽게 표현하고 우리말을 살려 쓰는 노력이 필요하다. 예를 들어 '나대지'(裸垈地)나 '보합세'(保合勢) 같은 어려운 말은 '빈터', '멈춤세'와 같은 쉬운 말로 바꾸어 쓸 수 있고, '노하우, 프로젝트, 뷰파인더' 등은 '비결, 과제, 보기창'처럼 우리말로 바꾸어 쓸 수 있다. 쉽고 아름다운 말을 쓰려면 국어사전을 가까이 하는 노력이 필요하다. 참고로, 쉽고 아름다운 말은 국립국어원 누리집(http://www.korean.go.kr)에서도 찾아 볼 수 있다.

주어와 서술어의 호응

아래의 문장 또한 모두 비문이다. 이 문장들이 비문인 이유가 무엇인지 적어보자.

(가) 내가 태어난 고장에서는 바다를 전혀 볼 수 없는 곳이다.

(나) 한 가지 더 첨가하고자 하는 것은 용비어천가와 같은 귀중한 책이 세종 27년에 이미 완성되었음을 보아서도 가히 알 수가 있다.

(가) ....

....

(나) ....

....

주어와 서술어는 두 성분이 서로 호응하면서 하나의 문장을 이루는 요소이다. 일반적으로 주어는 먼저 말하고 그에 대한 서술어를 찾아 알맞게 호응시키는 것이지만 경우에 따라 서술어를 먼저 생각하고 주어를 선택하여 말하는 경우도 가능하다. 이 서술어를 선택한다든가 주어를 선택한다는 것은 매우 엄격한 조건의 지배를 받는다. 즉 어떤 주어에는 꼭 어떤 서술어가 호응해야만 하고, 역으로 어떤 서술어에는 반드시 어떤 주어가 호응해야 한다는 것이 문법적 원리로 정해져 있는 것이다.

(가)의 문장은 '곳이다'가 서술어인데 그 주어가 적절하지 않거나 아예 없다. 이를 피하기 위해서는 '고장에서'를 '고장은'으로 고치거나, 아니면 처음의 의도대로 일반적인 사람을 주어로 잡고 그것을 생략시킨다면, 서술어를 '볼 수 없다'로 바꾸어야 할 것이다. (나)의 문장에서는 이 문장 전체의 주어 '한 가지 더 첨가하고자 하는 것은'에 짝이 될 만한 서술어가 적절하지 않다. 문장 끝의 '알 수가 있다'의 주어는 여기서는 생략되어 있지만 '우리가' 정도를 보충해야 주어에 서술어가 알맞게 호응된 것이라고 할 수 있다.

그런데 위의 문장들처럼 주어와 서술어의 호응이 어긋나는 현상이 종종 발생한다. 이런 현상이 생기는 이유는 처음에 주어를 정하여 놓고 글을 쓰다가 중간에 생각이 약간 바뀌면서 마지막 서술어 부분은 바뀐 생각에 알맞은 말을 선택하였기 때문이다. 생각 바뀜은 긴 문장을 쓰거나 복문을 만들 때 흔히 나타난다. 이러한 오류를 피하기 위해서는, 하나의 문장이 끝나면 항상 그 문장을 다시 읽어보는 습관을 들이는 것이 유익하다. 특히 서술어에 유의하여 그에 알맞은 주어가 호응하고 있는지를 면밀하게 검토해야 한다.

조사의 선택

아래 (가~마)에 쓰인 '-이/가'와 '-은/는'이 과연 적절하게 선택되었는지를 각각 검토해 보자. 만약 그것들 가운데 부적절하게 사용된 것이 있으면 그 까닭은 무엇인지 함께 토의해 보자.

(가) 고속버스를 타고 우리는 날씨 걱정을 해야 했다. 장마철의 중반에 우리는 여행을 떠났으니 당연하였다.

(나) 내가 고등학교 3학년 때에 내가 원하는 대학에 입학하기 위하여 많은 노력을 하였다.

(다) 가을은 병마처럼 깊어져가고 교정의 나무들은 색깔이 바뀌면 여러 생각들 가운데도 먼저 가슴을 차지하는 것이 나의 고향이다.

(라) 개성은 문화를 흡수하여 자기의 숨은 재능력을 계발하고 발달시키는 데서 교양은 형성된다.

(가) ……………………………………………………

……………………………………………………

(나) ……………………………………………………

……………………………………………………

(다) ……………………………………………………

……………………………………………………

(라) ……………………………………………………

……………………………………………………

명사구가 문장 내에서 갖는 문법적 기능을 표시하는 데에는 격조사가 사용된다. 격조사에는 주격의 '−이/가', 대격의 '−을/를', 속격의 '−의', 처격의 '−에', 구격의 '−로' 등이 있다. 그리고 특별한 의미를 더해주는 여러 종류의 보조사들이 명사구 뒤에 통합되어 문장의 미묘한 의미의 차이를 섬세하게 표시한다. '−은/는', '−만', '−도', '−부터', '−까지', '−나', '−나마' 등이 보조사들이다.

이 보조사들이 명사구에 통합될 때는 그 앞에 원래의 격조사가 나타나지 않는 경우(예: '철수(가)도 산에 갔다.')도 있고, 보조사 앞에 격조사가 그대로 남아 있는 경우(예: '산에는 아직 눈이 남아 있었다.')도 있다. '−이/가'와 '−은/는'의 문장 의미와 관련된 용법의 구별은 이처럼 미묘하여, 한국어를 배우는 외국인들에게 큰 부담을 주고 있고 심지어 한국어를 모국어로 사용하는 우리도 가끔 이 둘을 잘못 선택하여 이상한 문장을 쓰게 되는 경우가 있다.

이렇게 조사 하나를 잘못 선택해도 문장이 어색해지고 다른 조사로 바꾸어놓으면 상당한 의미 차이가 초래되는 경우도 흔히 있다. 이것은 복문을 지을 때 어미 하나를 잘못 선택하면 비문법적인 문장이 되거나 의도하는 뜻과는 다른 문장이 되어버린다는 사실과 함께, 정확한 글을 쓰기 위하여 얼마나 세심한 주의를 해야 하는가를 깨닫게 한다. 이러한 오류를 피하기 위해서도 앞에서 이미 말한 바와 같이 쓴 문장을 두 번 세 번 읽는 습관을 들이는 것이 좋다.

연습문제

1. 다음 문장들은 주어 또는 목적어 등의 근간 요소들이 제대로 구비되어 있지 못하여 뜻이 통하지 않는 문장들이다. 이들 문장에서 빠져 있는 근간 요소를 보충하여 뜻이 제대로 통하게 하시오.

(가) 물은 생명체를 이루는 가장 중요한 요소이다. 물은 인체의 약 60~70%를 차지하고 있고, 그 밖의 생물도 마찬가지이다. 생물 가운데는 물의 함량이 90% 이상 되는 것들도 많다. 물을 따라 이동하며, 환경이 지닌 수분의 함량에 자신을 적응시키고 있을 뿐만 아니라, 물을 이용함으로써 개체의 발전을 도모한다.

(나) 언어의 요소 중에 '의미'가 차지하는 비중은 어느 요소보다도 중요하다. 우리가 '언어'라고 규정했을 때, 분명히 '의미'를 가지고 있다. 말 가운데서 의미 요소를 제거한다면, 그것은 결코 말이 될 수 없다.

(다) 문제는 존재론적인 관점에 있는 것이 아니라, 심리적인 인식 과정에 있다. 인간의 심리는 있는 그대로 인식하는 것이 아니라, 회화적인 방법, 신화적인 방법에 의하여 인식하는 경우가 많기 때문이다.

2. 다음은 주어와 서술어의 호응 관계가 적절하지 못하여 어색하게 된 문장들이다. 이들 문장을 어색하지 않은 문장으로 바꾸어보시오.

(가) 그러나 문제의 핵심은 누가 고양이의 목에 방울을 다는 것이었다.

(나) 특히 주목해야 할 사실은 대중이 정치적 행위에 참여하는 시대에서는 정치적 목적의 달성을 위한 대중 조작이 번번하다.

(다) 우리말 어휘의 약 60%가 한자를 기초로 하여 이루어진 어휘이므로, 어휘의 의미를 정확히 알기 위해서는 한자에 대한 기초적인 소양 정도는 갖추게 된다.

3. 다음 문장들은 조사의 선택이 어색하다. 이를 바르게 고쳐보시오.

(가) 급격히 변화하는 현대 사회가 우리로 하여금 다양한 일에 종사하게 하고, 또 그 일을 통하여 다양한 삶을 경험하게 한다. 말하자면, 생존과 생활의 양상은 다양해진 것이다.

(나) 또한 한글은 현대적인 기계화 작업에 아주 편리하다. 한글이 음소 문자로서 그 수가 몇 개 되지 않기 때문에 적은 기억 용량에 의해서도 정보 처리를 신속하게 할 수 있다.

문장의 구조적 모호성

문장들 중에는 주어나 서술어가 두 개 이상 나타나는 겹문장들도 많다. 이런 문장들은 가끔 구조적으로 모호성을 띠는 경우가 있다. 그래서 동일한 문장이 두 개 이상의 의미로 해석되는 경우가 있다.

아래의 문장이 어떤 의미로 해석될 수 있는지 생각해보자.

(가) 키가 큰 형의 친구가 왔다.
(나) 대머리 총각과 키다리 처녀는 결혼하기 어렵다.

(가) ....

....

(나) ....

....

명료하고 간결한 의사를 전달하기 위해서는 위의 (가)와 (나)의 문장같이 의미가 모호한 문장을 사용하지 않도록 하는 것이 중요하다. 그러면 이들 문장들이 모호성을 지니게 된 이유는 무엇일까? 위의 문장들은 구조적으로 두 가지로 해석될 수 있다. (가) 문장의 해석을 간단히 그려보면 아래와 같다.

① [[키가 큰] 형] 의 친구가 왔다. ② [[키가 큰] 형의 친구] 가 왔다.

①은 '형이 키가 크다' 라는 문장이 안겨 있는 경우이고, ②는 '형의 친구가 키가 크다' 라는 문장이 안겨 있는 경우이다. (나) 문장의 경우도 ①이나 ②의 구조로 해석될 수 있어서 해석의 모호성이 생긴 경우이다. 즉,

① 대머리 총각과 키다리 처녀는 결혼하기 어렵다.

② 대머리 총각과 키다리 처녀는 결혼하기 어렵다.

①은 '대머리 총각은 결혼하기 어렵다'와 '키다리 처녀는 결혼하기 어렵다'는 두 문장이 이어진 것이고, ②는 '대머리 총각과 키다리 처녀가 결혼한다'는 문장이 다른 문장 속의 명사절로 안겨 있는 경우이다. 일상적인 언어생활에서 우리는 의외로 이런 모호한 문장들을 사용하는 경우를 많이 볼 수 있다. 글을 쓸 때엔 되도록 구조적으로 모호한 문장을 쓰지 않도록 주의해야 한다. 쉼표에 의하여 구분할 필요조차 없을 정도로 명백한 문장이 되도록 세심한 주의를 기울이자. 실제로 우리가 읽고 쓰는 문장은 이상에서 본 문장들보다 훨씬 더 복잡한 구조를 가지는 것들이 많다. 문장은 일시에 겹쳐서 나타나고 또 길이에 있어서도 이론상으로 끝없이 길어질 수 있기 때문이다.

연습문제

아래 문장에서 의미가 애매하거나 모호한 부분을 지적하시오.

(1) 예수는 누구나 다 좋아할 수 있는 사람이다.

(2) 모든 독재 권력은 부패하지 않았다.

(3) 소크라테스는 나는 모르는 것을 알고 있다고 했다.

(4) 천당 가고 싶어 죽겠다.

(5) 철수가 그 책을 읽지 않았다.

(6) 눈이 시도록 푸른 하늘을 쳐다보았다.

4. 문단쓰기

(가) 찬찬히 살펴보면 요즈음의 황사 증가는 인재인 듯싶다. 최근 들어 황사의 발생 횟수는 많아지고 그 강도도 높아지고 있다. 또한 우리나라에 영향을 미치는 황사의 발원지는 기존의 황하 상류 지역뿐만 아니라 이보다 훨씬 동쪽에 위치한 네이멍구 지역까지 확장되고 있다. 즉 한반도에 영향을 미치는 황사가 발원하는 건조 지역이 우리나라 가까이로 확장됐다는 결론이다. 이러한 건조 지역의 확장(또는 사막 확장) 배경에는 인구의 급속한 증가로 인한 자연환경의 파괴가 있다. 식량 공급을 위한 가축 개체 수가 증가됐고, 이는 지나친 방목으로 이어져 삼림과 초지가 황폐화되고 마구잡이 벌목, 무분별한 지하수 개발이 이를 심화시키고 있다. (「세계일보」, 2007년 4월 7일자 사설)

(나) 그래서 쓰레기터에 갈 것도 밥상에 오르게 되는 경우가 생긴다. 그것이 바로 "쓰레기"와 "씨레기(시래기)"이다. 시들어 버린 무청이나 배춧잎 같은 쓰레기를 그냥 버리지 않고 말려 두었다가 음식을 만들어 먹으면 별미가 난다. 비타민 C도 많아 건강에도 한결 좋다고 한다. 궁해서만이 아니었다. 값어치가 없다고 생각한 것에서 오히려 새롭고 귀중한 가치를 끌어내는 것이 한국 문화의 한 원형이기도 한 것이다. 이따금 외국 사람들이 몬드리안의 그림과 견주는 한국의 조각보 역시 마찬가지이다. 버려진 헝겊조각을 이어서 보자기를 만들면 누더기가 될 것 같은데 사실은 그 반대로 오묘한 무늬와 현란한 색채가 조화를 이룬 초디자인 작품이 생겨난다. 요즘 쓰레기의 재활용 문제가 전 세계의 과제로 등장하고 있지만 한국의 씨레기와 조각보의 발상은 리사이클링(자원 재활용)의 원조요, 그 정신의 모형이라 할 수 있다. (이어령, 「쓰레기」 중에서)

(다) 가치는 기본 욕구와 처한 환경의 특수성 사이의 복잡한 상호 작용에 의해 형성된다. 예를 들어, 모든 인간은 생존하기 위해 먹고자 하는 욕구가 있지만 같은 음식에 모두

같은 가치를 두지 않는다. 미국에서는 소고기를 일상적으로 먹지만, 인도에서는 신성한 소에 손을 댈 수 없다. 어떤 지역, 종교, 국가에서 어떤 음식이 가치 있느냐는 부분적으로는 어떤 음식이 더 유용하냐에 의해 결정된다. 그러므로 가치는 장소에 따라 다르다. 각각의 욕구는 다양한 방식으로 충족되어질 수 있기 때문이다. (G. E. Myers & M. T. Myers, 「대인관계와 의사소통」 중에서)

위의 글들을 읽고 각 글의 필자가 주장하는 내용이 무엇인지 한 문장으로 쓰시오.

(가)

(나)

(다)

문단

문단의 개념

문단은 하나의 내용을 담고 있는 문장들의 집합이다. 문단쓰기는 일관된 내용과 형식을 갖춘 글을 쓰기 위한 기초 작업이다. 또한 하나의 문단은 전체 글의 내용과 긴밀하게 연결되어 있어야 한다. 문단은 먼저 자신이 쓰려고 하는 글의 내용이 무엇인지를 정하고 논리화하는 능력과 함께, 독자로 하여금 쉽게 글의 내용과 주제를 이해하게 만드는 능력과도 관계된다. 따라서 일관된 내용을 담고 있는 좋은 글을 쓰기 위해서는 문단쓰기가 중요하다.

문단의 요건

문단은 일관된 하나의 내용을 담고 있어야 한다. 즉 하나의 문단 안에서는 내용이 바뀌지 말아야 한다. 그리고 내용만 좋아서는 좋은 문단이 될 수 없다. 독자가 쉽게 이해할 수 있도록 내용이 구성된, 문장들의 유기적 관계가 좋은 문단을 만든다. 또한, 문단은 완결성을 갖추고 있어야 한다. 중심 내용을 구체화하고 풀어 설명하는 부연 내용이 적절하게 제시되어야 한다.

문단의 형식

문단은 하나의 중심 내용(문장)과 그것을 풀어 설명하는 부연 내용(문장)으로 구성되어 있다. 중심 내용을 먼저 제시하고 부연 내용을 제시하며 중심 내용을 더욱 구체화하거나 명료하게 규명하는 '두괄식 구성 문단'과 막연한 내용보다 구체적인 내용을 열거한 후 마지막에 독자로 하여금 자연스럽게 주장하는 내용을 받아들이게 하는 '미괄식 구성 문단'이 있다.

✓ 앞의 (가) 문단의 경우는 첫 문장 "요즈음의 황사 증가는 인재인 듯싶다"가 중심 내용이다. 그 뒤에 이어지는 문장들은 황사 발생이 빈번해졌다는 사실, 황사 발생 지역이 동쪽으로 확장되었다는 사실, 그러한 확장이 인구 증가로 인한 자연환경의 파괴에 있다는 사실을 '찬찬히 살펴보며' 중심 내용을 부연 설명하고 있다. 마찬가지로 (다) 문단도 두괄식 구성 문단 형식을 취하고 있다.

(나) 문단의 경우는 마지막 문장에 담긴 "한국의 씨레기와 조각보의 발상은 리사이클링(자원 재활용)의 원조요, 그 정신의 모형이다"가 중심 내용이다. 문단의 앞부분에서 씨레기(시래기)의 맛과 영향을 설명하고, 몬드리안의 그림과 견줄 수 있는 한국의 조각보의 예술성을 설명하고 있다. 이러한 내용들은 한국 문화 속에서 찾을 수 있는 자원 재활용의 훌륭한 예들을 먼저 제시한 것으로, 마지막 문장에서 이러한 내용이 요약적이며 추상적으로 정리되어 필자의 주장을 드러내고 있다.

연습문제 1

제시된 첫 번째 주제 문장을 염두에 두고, 두괄식으로 구성된 한 문단을 쓰시오.

(가) 한국어와 영어의 품사는 다르다

(나) 존엄사는 인정되어야 한다

(다) 소수자가 차별되어서는 안 된다

연습문제 2

다음 문단들에서 밑줄 친 부분에 알맞은 부연 내용을 생각하고, 적어도 세 개 이상의 문장으로 문단을 완성해보자.

(가) 현대의 과학문명은 우리의 생활을 과거보다도 윤택하고 편리하게 만들었다 ....

....

....

....

....

....

그럼에도 불구하고, 과거가 비록 물질적으로는 가난하였지만 정신적으로는 행복했다고 말하는 이들이 늘고 있는 것도 사실이다.

(나) 우리는 사람들의 생김새에 따라 편견을 가지는 경우가 많다. 예를 들어 얼굴이 둥근 사람은 성격이 원만하다거나, 혹은 ....

....

....

....

....

생김새가 성격과 그대로 합치한다면야 인간관계에 실수가 빚어지지 않겠지만, 그렇다면 또 무슨 재미로 새로운 인간관계를 맺어나갈 수 있을까. 따라서 사람들의 각양각색은 그 자체로 인간 삶의 활력이 된다고 하겠다.

(다) 일본을 올바로 알아야 한다는 지적이 많이 나오고 있다. 그러나 ....

....

....

....

....

그러므로 우선 시급한 일은 우리 스스로가 성급한 감정에 휘둘리지 말고 냉정하게 국제 정세를 이해하는 일이라고 할 것이다.

(라) 요즈음 음식점에 가면 일회용 나무젓가락보다는 쇠젓가락을 많이 사용한다. 사정이 이렇게 된 데에는 ....

....

....

....

이처럼 환경을 생각하는 우리의 인식만 확산된다면 지구는 앞으로도 영원히 인류의 생존을 보장해줄 것이다.

연습문제 3

아래에 제시된 (가)~(다) 중 하나를 골라, 미괄식으로 이루어지는 단락을 완성하시오. (적어도 세 문장 이상으로 구성할 것.)

(가) .... 그러므로 나는 아주 소중한 존재이다.

(나) .... 결국 정경언 유착은 민주주의의 공적(公敵)이다.

(다) .... 따라서 우리나라는 진정한 인터넷 강국이라고 볼 수 없다.

....

....

....

....

....

가□, 나□, 다□)

동료 평가 연습

아래의 글들은 모두 학생들이 쓴 '자기를 소개하는 글'의 일부이다. 글을 읽고 각각의 문제점을 지적해보자.

1 고등학교와는 다르게 자신이 원하는 수업을 들을 수 있기 때문에 평소에 관심 있었던 분야에 관한 수업을 열심히 들어보고 싶습니다.

2 제 머릿속에 분명한 이미지가 있는데도 그것을 글로 표현할 수 없을 때 정말 답답함을 느낍니다.

3 저는 저로 인해 세상이 좀 더 따뜻해지길 바라는 큰 꿈이 있습니다. 장래 희망이 이처럼 아직 추상적인 반면 노후 계획은 비교적 구체적으로 세워두었습니다. 클래식 음악과 악기 연주하기를 좋아하기 때문에 노후를 피아노, 바이올린, 첼로, 클라리넷을 연주하고 감상하며 보내고 싶습니다.

4 어린 시절 어려웠던 집안 사정 탓인지 부모님께 죄송한 마음에 삐뚤어져나가기를 꺼려했고 주변에서 보기에, 부모님이 보시기에 바른길이라고 생각되는 방향으로 지도받고 또 그렇게 커왔다. 이런 것은 바람직하고 이렇지 아니한 것은 바람직하지 않다는 것이 아니다. 그저 남들이 보기에 성실하게 어린 시절을 보냈다는 것뿐이다. 그러나 이런 생활을 하면서 얻은 것은 어른들의 칭찬뿐 나 자신을 알고 나를 위한 것은 아니었다.

5 그렇다면 좋은 글은 무엇일까? 바로 내용이 알차고 그 알찬 내용이 좋은 형식에 맞게 배치돼 있는 글일 것이다. 그렇다면 형식과 내용 중에 더 중요한 것은 무엇일까? 나는 단연코 내용이라고 생각한다. 물론 형식도 중요하다. 그러나 형식만 맞추고 내용이 없는 것 또는 부실한 글은 말 그대로 '빛 좋은 개살구' 가 아닐까? 반면에 형식 면에서는 부족하지만 내용이 알찬 글은 읽기가 불편할 뿐 읽고 난 뒤에는 왠지 모를 꽉 찬 느낌이 들 것이다.

내용이 알차기 위해서는 글쓴이의 생각이 알차야 한다고 생각한다. 나는 어린 시절에는 정말 책이 친구였다. 취미이자 특기가 책읽기였을 정도였다. 그래서인지 또래들보다는 생각이 깊었다. 중학교 때부터는 책읽기가 소홀해지기는 했지만 어렸을 때 깊어진 생각 덕인지 국어 또는 사회 관련 과목에 흥미가 생겼고 남들보다 많은 관심을 가지고 작은 책이면서 사회 현상을 잘 말해주는 신문을 꼼꼼히 읽게 되었다. 그 결과로 경제 쪽에 깊은 관심이 생겼고 사설과 의견란을 보면서 비판적 사고와 내 생각이 더 깊어질 수 있었다.

심화문제: 문장의 요체는 무엇인가

아래의 예문을 읽고 물음에 답해보자.

누구나 익히 알고 있듯이 글쓰기는 여간 어려운 일이 아니다. 길거나 짧거나 제 구실을 온전히 하는 글을 쓰려면 누구라도 머리를 대단히 신중하게 굴려야 하건만, 요즘 세상에는 그런 고역을 치를 사람이 드문 듯하다. 만사가 그런 것처럼 글쓰기에도 왕도야 있을 수 없겠으나, 옳은 문장을 쓸 수 있는 지침 몇 가지는 풀어놓을 수 있다. 마침 이즈막의 내 생업도 바로 그것인데다가, 광고문안 · 신문 · 책 등에 실린 글들마다 엉터리가 너무 많아서 하루에도 몇 번씩이나 혀를 차는 내 심사가 이럭저럭 구색을 갖춘 듯하므로 이런 기회에 바른소리를 해도 되지 않을까 싶다. 그렇긴 해도 다음의 몇 가지 지침을 알고만 있고 실천을 하지 않으면 백년하청이므로 글을 제대로 써보려는 사람은 각오를 단단히 해야 할 텐데, 종이 위에 박힌 기호로서의 글보다는 화면 위에 떠다니는, 또는 음성으로 날아다니는 얄궂은 구어투 · 장난투 문장만 설치는 시속이 워낙 짱짱한 적군으로 군림하고 있어서 씨가 먹혀들지는 나로서도 의문이다.

(1) 글을 쓰려는 사람은 대체로 허영이 심하다. 도대체 겸손할 줄을 모른다. 하기야 글쓰기야말로 가장 적나라한 자기 현시 욕구의 구현인 만큼 어쩔 수 없는 노릇이긴 하다 (그래서 소설가는 물론이고 모든 글쟁이들은 허영꾼이라는 등식이 통하고, 다들 그 자

기 자랑 앞에서 기가 질리지만 마지못해 그 위상을 받들고는 있다. 사실상 모든 글쓰기는 책을 통해 얻은 자신의 앎을 송두리째 토해내는 제도에 불과하며, 그것은 곧 자기 자랑인데 그 현학이 독자 일반에게 제 잘난 체하지 않는 문맥으로 다가가기가 어려운 것이다). 글에서 허영기를 지우는 요령은 의외로 쉽다. 세상살이와 인생살이 전반에 대해 자기가 알고 있는 것이 보잘것없다는 사실을 솔직하게 인정하고, 자신이 분명히 아는 것만 진솔하게 풀어가는 자세가 그것이다. 그러려면 우선 자기가 정확하게 숙지하고 있는 어휘만을 구사해야 한다(공연히 문자 속을 드러낸답시고 어려운 관념어, 이를테면 '존재 · 이율배반 · 상황 · 개념' 같은 단어들을 쓰는 걸 적극적으로 피해야 한다는 소리다). 또한 기다란 문장은 가능한 한 삼가야 옳다. '~했는데 · ~하지만 · ~했으나' 같은 종속절이 앞서는 복문은 대체로 그 뒤의 주절과 싸우고 있어서 의미가 뿔뿔이 겉돌기 쉽다.

허영꾼은 하나같이 욕심이 사나워서 한꺼번에 이말 저말을 마구 쏟아놓으려고 덤빈다. 마음이 제멋대로 바쁜 것이다. 이런 낭패는 글에도 곧장 드러나게 마련이어서 앞문장과 뒷문장의 호응이 여의롭지 않게 되고 만다. 말하자면 문맥 곧 콘텍스트를 짜 맞추지 못해서 정신병자의 헛소리처럼 알아듣기 힘들어지는 셈이다. 자연스럽게도 그런 성마른 욕심은 했던 말을 하고 또 해대는 수다로 나아간다.

허영꾼은 제 잘난 멋에 사는 아주 못된 버릇을 흔히 아무 데서나 흩뿌리곤 한다. 그래서 그의 말에나 글에는 어떤 품위랄지 격조가 없어진다. 곧 남들도 아는 상식을, 쓰잘데없는 농담조의 이야기를, '들은 풍월 얻은 문자' 라는 속담대로 뻔한 지식 따위를 아무 앞에서나 지껄이는데, 남의 비웃음이나 사기에 꼭 알맞은 작태다. 그런 자기 현시욕은 글을 곱게, 재미있게, 남다르게 쓰려는 노력의 부족일 뿐이며, 자기만의 독특한 개성미를 온몸에 두르고 살아가려면 상당한 투자가 따라야 한다. 입성이나 말씨에서 배어나오는 독자적인 품위 만들기에도 오랜 시간과 공력을 들여야 하듯이 개성이 넘치는 문장을 활수하게 엮어내려면 평소에도 이런저런 종류의 좋은 책들에 대해 상당한 관심을 쏟아부어야 하는 것이다. 이 세상에 공짜가 없듯이 멋내기와 글쓰기에서의 일정한 세련미 확보는 들인 품과 끊임없는 숙달로만 이루어진다고 할 수 있다. 각자의 몸에 어울리는 그 미적 품격이야말로 이른바 '스타일' 에 값하는 셈이다.

(2) 허영을 잠재운 후 웬만큼 제 분수를 알고 난 단계에 이르면, 이제부터는 글쓰기가 한결 수월해진다. 왜냐하면 일정한 규칙을, 곧 문법을 좇아가면 되기 때문에 그렇다. 한

국 사람치고 우리말을 못할 수는 없다. 문법은 늘 쓰는 그 말을 그쪽의 전문가들이 옷가지 정리하듯이 조리정연하게 명문화시켜놓는 것에 불과하다. 따라서 말처럼 술술 읽히는 문장을 쓰면 그뿐이다. 그러나 이것은 말처럼 그렇게 쉽지 않다. 요즘의 우리 문장들이 대체로 이 어순(word order) 지키기에 소홀해서 도무지 무슨 소리를 하고 있는지 알쏭달쏭한 것들이 태반이다(아마도 영어 같은 외국어 번역문체가 어색한 채로, 또 난삽한 채로 활개를 치며 유통되고 있는 탓일 것이다). 물론 우리말은 어순 지키기에 관한 한 서구어에 비해 상대적으로 다소 자유롭지만, 말을 그대로 옮겨 적어 봐야 글이 안 되는 데서도 알 수 있듯이 의미가 통하는 글 만들기의 첫 번째 과제는 바로 이 어휘들을 제자리에 골라놓기이다(실은 엉터리 어순의 문장을 구사하는 사람은 정신적 장애가 심하거나 머리 · 마음이 두루 일시적으로 산만하다는 증거에 불과하다. 의외로 이런 사람이 많고, 그런 의미에서도 한국인의 반 이상은 정신적으로 문제가 많거나, '머리 따로 · 심정 따로 · 몸 따로' 식의 수준 낮은 상습적인 거짓말쟁이라는 것이 나의 확고한 지론이다).

알고 보면 글쓰기 곧 문장 만들기의 구성 요건은 따분할 정도로 단순하다. 문법에 맞도록 쓰고(이미 지적했다시피 어순 지키기가 그 대종이다), 뜻이 통하면 그것으로 족하다. 곧게 전해지려면 숱한 말들 중에서 골라 쓸 줄 아는 능력이 있어야 하는 것이다. 자기 자신이 가지고 있는 단어의 숫자가 빤히 보이는 형편으로는 무슨 뜻이든 올바르게 펼 수도 없으려니와, 같은 말을 되풀이할 수밖에 없다. 살림 형편이 찢어지게 가난해서는 손님이 찾아와도 마음만 뻔할까 대접할 무슨 먹을거리를 내놓을 수 없는 딱한 처지와 마찬가지다(덧붙인다면 미친 사람들의 공통점 하나는 같은 말, 같은 동작의 되풀이가 단시간 안에 집중적으로 연이어진다는 사실이다).

(3) 문장을 웬만큼 쓴다는 사람도 흔히 잘못 알고 있을 뿐만 아니라 함부로 써버릇하는 사례도 이쯤에서 특기해둘 만하다. 곧 오문과 비문에 대한 오해 내지는 곡해가 그것이다. 오문은 문법적으로나 의미적으로나 명명백백하게 틀려서 도대체 무슨 말인지 종잡을 수 없는 문장이다. 이것의 분별은 워낙 자명해서 더 이상 언급할 가치도 없다. 그러나 비문은 좀 다르다. 비문은 문장이 안 되는, 쉽게 말해서 비논리적인 문장인데 이것은 대체로 뜻은 통하므로 대화를 그대로 옮겨 적을 때라든지에는 만부득이하게 두루 쓸 수는 있다. 이를테면 전철 안 어느 화장품 광고 문안의 '전 주름이 좋아졌어요' 라든지, '내일이 시험이다' 같은 말을 듣게 된다. '주름이 좋아졌다' 는 말은 애매모호하다. 아마도

얼굴의 주름이 펴졌거나, 기왕에 있던 주름 부위의 살갗 탄력이 다소 팽팽해졌다는 의미일 것이다. 뒤엣것은 '너는 짬뽕할래, 나는 자장면이다' 처럼 '시험' 이 주격보어로 쓰이고 있어서 곤란하다. 물론 두 쪽 다 의미는 쉽게 전달되지만, 정확한 문장이라기에는 다소 어폐가 있다.

비문은 대체로 사용자의 품위를, 또 문맥 전반의 격조를 떨어뜨린다. 유심히 따져보면 이런 비문은 구어체에서나 문어체에서 자주 발견된다. '북한산도 간단치 않다' 같은 말도 한국인이라면 누구라도 무슨 말인지 알 수 있을 테지만, '북한산 등반도 만만하게 봐서는 안 된다' 는 뜻과는 너무 거리가 멀어서 듣는 사람을 헷갈리게 만든다. 아무튼 모든 문장은 옳은 문장과 틀린 문장으로 대별할 수 있을 뿐인데, 언어의 속성 중 제일 으뜸가는 덕목인 '세속성' 과 '유동성' 에 기대서 남들이 쓰니까 나도 덩달아 쓴다는 무심한 추수주의적 자세는 곤란하다는 지적일 따름이다.

(4) 우리는 흔히 문장을 평가할 때 '좋다/나쁘다' 는 이분법을 들이댄다. 트집을 일부러 잡는 게 아니라 이 이분법은 정당한 가치평가일 수 없다. '나쁜 문장' 은 물론 엉터리 문장이다. 그렇다면 '좋은 문장' 은 무엇이냐고 물으면 곧장 대답이 궁해진다.

'문체는 사람이다' 라든지, '문장은 개성을 드러낸다' 같은 말에서도 알 수 있듯이 문맥의 뉘앙스를 의도적으로 감추는, 좋게 말해서 '시적인 문장' 을 고집하는 사람도 있다. 당연히 그런 문장을 좋다고 말해도 상관은 없다. 그러나 치밀한 문장, 곧 논리적이고 정확한 산문적인 문체를 좋아하는 사람도 얼마든지 있을 수 있다. 좀 비약하면 1960년대 문장과 2000년대 문장은 다를 수밖에 없고, 전자에도 훌륭한 문체가 수두룩한가 하면 후자에도 엄범부렁해서 무슨 뜻인지 알 수 없는 '외계어' 가 흔하다.

손쉬운 예를 들어보겠다. 한때 『소설가 구보씨의 일일』을 쓴 박태원의 문장을 두고 '치렁치렁한 문체' 라며 다들 칭찬해 마지않았다. 그이의 문장이 당시로서는 웬만큼 이색적인 문장이었음에는 틀림없다. 한편으로 『삼대』를 쓴 염상섭의 문장도 박태원과 마찬가지로 만연체였으나, 그의 문장을 주목한 사람은 희귀했고, 평단의 세평도 '좋은 문장' 이라고는 하지 않았다. 그러나 오늘날 이 두 대가급 소설가의 문맥 전반을 뜯어보면 그 현격한 차이가 대번에 드러난다. 염상섭의 문체가 유창하고, 치열하며, 아주 정치해서 읽을수록 씹히는 맛이 있는 데 비해 박태원의 문맥은 대단히 피상적이고, 동어반복도 심하며, 좀 유치한 장난기도 비치는 것이다. 가부와 호오가 분명해져버린 이 평가도 지극히 주관적인 판정이라는 혐의로부터 무한정 자유로울 수는 없지만, '가독성'이라는 잣대를 대보면 염상섭의 문체가 지금도 술술 읽히며, 의미 전달이 시원시원한데다가, 표현의 묘미가 월등함에는 의심의 여지가 없다. 그럼에도 불구하고 한쪽에서는 횡보의 문체 전반이 너무 정색하고 있달까 그 진지성이 지나친 나머지 해학 · 말재미 · 아이러니 같은 요소가 전무해서 무미건조하다느니, 쇄말주의의 표본이라느니 까탈을 잡는 데 부지런을 떨고 있다. 뿐만 아니라 한 페이지마다 여러 번씩 사전을 찾게 만드는 그 수집가적 어휘의 집적에 기가 질려 술술 읽혀야 제 맛인 소설 읽기에 일부러 장애물을 설치해 놓는다느니, 따라서 소설산업의 시장성과 그 소비구조를 무시하는 반근대적 횡포라는 말로 폄훼를 일삼는 데 게으르지 않다. 일리 있는 지적인데, 그것은 각자의 취향일 수도 있다. 그러나 그런 취향 일체는, 당신은 왜 돈이 많냐고 대드는 불학무식과 상통하고, 스스로의 지적 수준을 정신지체아처럼 답보 상태에 방치해두려는 발악성 수작일 터이므로 어떤 대응도 삼가는 게 옳을 듯하다.

'남의 말도 석 달'이라는 속담대로 유행은 급변하며, 문장도 정확히 그렇게 변신을 일삼는다. 당연하게도 지금 '좋은 문장'이라는 재단 비평은 허풍스러운 과찬이기 쉽다(과외의 소루한 평가 한 자락을 내놓는다면, 21세기 벽두부터 떠오르기 시작한 이 땅의 신예 소설가 몇몇의 문장을 명문으로 통칭하는데 그들의 그 억지스러운 말맛, 어휘 취사에 풍기는 교만, 자위적인 재담의 기승스러움 등등은 가관이어서 이태준의 단아한 문체가 새삼스럽게 되돌아보인다는 사실이다). 그러니까 문장에는 '옳거나/틀리거나' 또는 '유치하고 천박하든가/정치하고 귀중하든가'의 분별이 있을 뿐이다. 좋은 문장을 구사하려면 우선 생활일기나 독서일기를 매일 일정한 분량씩 쓰도록 해야 한다. 물론 의젓하고 당당한 자세로, 꼼꼼하고 성실한 시각으로, 맛깔스런 표현을 걸러내기 위해서 머리를 쥐어짜는 고통을 낙으로 삼으면서 써야 하는 것이다. (김원우, 「산책자의 눈길」, 강, 2008)

위의 글을 읽고 저자의 견해를 요약해보자.

올바른 글을 쓰기 위해 어떤 전략이 필요한지 적어보자.

제2부

요약 · 확장

1. 요약하기

1) 주제문으로 요약하기
2) 핵심어로 요약하기
3) 문단의 유형과 요약하기
4) 글의 구조와 요약하기

2. 확장하기

1) 묘사로 확장하기
2) 서사로 확장하기
3) 설명으로 확장하기
4) 논증으로 확장하기

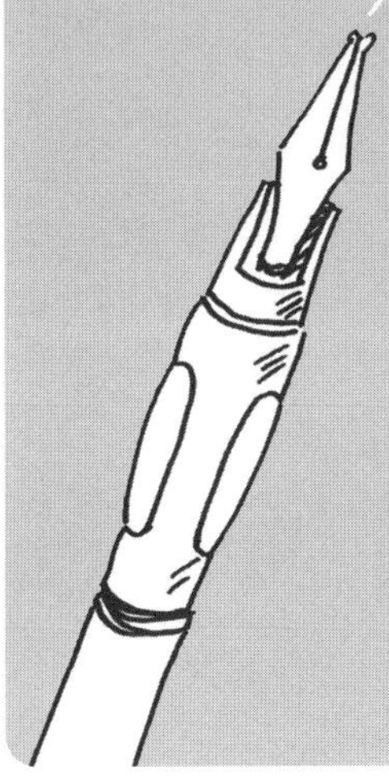

읽기의 조직화

주어진 글을 보다 효과적으로 이해하기 위해서는 읽는 방법도 조직화할 필요가 있다. 처음부터 글의 모든 내용을 자세히 이해하거나 한 번 읽고 모든 내용을 파악하는 방법도 있을 수 있지만 효과적으로 읽기 위해서는 '미리 읽기 → 비판적 읽기 → 요약하기 → 다시 읽기'의 단계를 따르는 것이 좋은 것이다.

미리 읽기

- 제목, 저자, 출처 등 확인
- 서두와 결말 부분을 읽고 논제 또는 주제와 그에 대한 결론 파악
- 통독을 통해 구성 파악

비판적 읽기

- 글을 정독하며 내용과 논거를 확인
- 논거의 타당성과 충실성 확인
- 핵심이 되는 어휘나 문장, 문단 파악

요약하기

- 글의 목적, 주장, 논거 등을 요약
- 핵심적인 어휘, 문장, 문단을 활용

다시 읽기

- 글의 내용과 요약한 내용 대비
- 가능한 경우에 새로운 논제 개발

✓ SQ4R

Survey(탐색): 글의 목적과 텍스트 구조의 개관

Question(질문): 주제, 부제에 대한 질문을 통한 목적 이해

Reading(읽기): 자기의 지식과 텍스트의 지식 연계

Recite(진술하기-요점 정리하기): 주요 개념과 핵심어의 요약 · 정리

Relate(연관): 새로운 정보, 개념과 다른 정보들의 연관

Review(복습): 주요 내용의 재확인, 중요성 평가

1. 요약하기

요약이란 무엇인지 적어보자.

요약이 필요한 이유를 두 가지 이상 생각해보자.

요약의 방법에는 어떤 것들이 있는지 세 가지 이상 생각해보자.

요약이란 무엇인가

요약의 개념

요약은 이미 있는 글을 읽고 그 주된 내용을 짧은 분량으로 정리하는 것이다. 요약은 있는 글을 그대로 옮기는 것이 아니다. 저자의 원래 논점을 명확히 하기 위해 그리고 논점을 명확히 이해하는 읽기를 위해 자신의 언어로 주어진 사고를 압축하여 다시 진술하는 것이다.

요약과 글쓰기

요약은 읽기와 쓰기에 모두 관여하는 과정이다. 먼저 다른 사람의 글을 올바로 읽기 위한 과정과 관련된다. 글을 올바로 이해하기 위해서는 그 글을 올바르게 요약할 수 있어야 한다. 글을 제대로 읽기 위해서는 중요한 부분과 그렇지 않은 부분을 구별하는 능력이 필요하다. 또한 구체적으로 제시되어 있는 내용을 비약 없이 추상화하는 능력과도 긴밀히 관련된다. 다른 사람의 글을 그 논지에 입각하여 자신의 언어로 압축하여 표현할 수 있을 때 그 글을 제대로 읽어낸 것이라고 할 수 있다.

어떤 사람이든 온전히 자신만의 생각으로 글을 써나갈 수 없다. 다른 사람의 생각이나 견해가 자신의 주장의 근거나 전제가 되는 경우도 많다. 이런 경우에 주어진 글에 대한 이해를 자신의 말로 표현하는 요약 능력이 필요하다. 또 객관적으로 다른 사람의 글을 요약하는 일은 자신의 생각과 남의 생각을 명확히 구분하는 데도 필요하다. 요약된 남의 사고를 구성하고 정리하는 과정 자체도 글쓰기의 과정이 된다. 또 명확한 요약은 자신의 생각이 구체적으로 무엇인지를 확인하는 데도 기여한다. 요약은 자신의 생각만이 아니라 세계를 이해하고 정리하는 데 효과적인 사고 과정이 되기도 한다.

요약의 필요성

요약의 필요성은 두 가지 측면으로 정리할 수 있다. 먼저 독자의 측면에서 글의 논점에 대해 정확하게 이해하기 위해 요약이 필요하다. 요약을 위해서는 '주제문, 문단, 문장, 핵심어' 등의 글의 구성요소들 간의 관계를 명확히 읽어낼 수 있어야 한다. 이런 관계를 읽어내는 과정 자체가 명확한 읽기의 과정이라고 할 수 있다. 또 이러한 정확한 분석은 자신이 읽은 글로부터 자신의 논의를 이끌어내는 준비 과정으로서의 역할을 할 수 있다. 즉 자신이 읽은 글의 입장에 대한 관점을 세우고 그에 대한 근거 제시 방법을 요약하는 과정에서 논지에 다각적으로 접근할 수 있는 기회가 될 수 있다. 저자가 말하지 않은 부분이나 저자가 잘못 말하고 있는 부분 등은 모두 필자로서의 쓸거리들이 된다는 말이다.

한편 인지심리학자들은 요약 능력이 대상을 오랫동안 기억할 수 있게 하는 기능을 한다는 점에 대한 타당성을 증명해왔다. 잘 읽기 위해서, 잘 쓰기 위해서, 잘 기억하기 위해서 요약이 필요한 것이다.

요약의 방법

요약에 익숙하지 않은 초심자들은 분량을 정하여 요약하는 훈련을 하는 것이 필요하다. 이론가들은 대개 원문의 1/5~1/4 정도의 분량으로 요약하는 훈련을 하는 것이 좋다고 말한다. 그러나 요약의 분량이 결정되어 있는 것은 아니다. 글을 쓰는 상황이나 읽는 상황에서 주어지는 요구에 따라 분량이 달라질 수 있다. 또 이에 따라 요약을 할 때 주목해야 할 사항이 달라지기도 한다. 일반적으로 논의되는 요약의 방법을 간추려 제시하면 다음과 같다.

① 주제문 찾기

요약의 과정은 핵심 논점과 구체화된 부분 중 중요한 부분을 파악하는 과정이다. 따라서 요약을 위해서는 '주제문'을 찾는 과정이 중요하다. 모든 글은 '주제문'을 부각하기 위한 과정이기 때문에 주제문을 찾아야 제대로 된 요약을 할 수 있다. 요약을 위해서 찾아야 할 주제문은 글 전체의 주제문과 단락 내부의 소주제문이다.

② 핵심어 찾기

핵심어란 글 속의 중심 내용을 담고 있는 단어이다. 따라서 핵심어를 찾는 과정은 글의 중심 내용을 파악하는 과정이 될 수 있다. 즉, 핵심어를 중심으로 글의 주제문을 구성하는 과정 자체가 요약의 과정이다. 또 핵심어들 간의 관계를 읽는 과정은 글의 구조를 읽어나가는 과정으로 이어진다.

③ 글의 구조 이해하기

글의 구조는 주제문을 부각하기 위한 틀이다. 올바른 요약은 글의 구조를 항목화하여 나타낼 수 있는 과정이 되어야 한다. 각 문단의 핵심어와 중심 문장들 간의 유기적 관계를 읽어내는 과정을 통해 저자가 의도한 구조를 재구성해낼 수 있다. 그리고 저자가 구성한 글의 구조를 명확히 요약할 수 있을 때 명확한 이해가 가능해진다.

④ 문단의 유형을 확인하기

문단은 몇 가지 유형으로 구분된다. 문제제기 문단도 있고 핵심 정보를 포함한 문단도 있다. 또 앞의 내용을 구체화하기만 하는 것도 있다. 이런 문단들의 유형을 확인하면 단락이 글 속에서 어떤 역할을 하는지 읽을 수 있다. 각 문단의 역할에 주목하면 글의 유기적 구조를 중심으로 요약하는 것이 가능해진다.

⑤ 요약문 다듬기

요약문도 하나의 글이다. 자신의 요약이 간결성과 명료성을 갖출 수 있도록 거듭 수정하는 과정을 거치는 것이 필요하다. 특히 서술형으로 요약하는 경우에 문장의 구성이나 문단 구성의 요건을 갖추었는지를 확인해야 한다. 또 글의 구성요소가 갖추어야 할 규범들을 준수하는지 거듭 확인할 필요가 있다. 특히 요약문만으로도 저자의 논지가 이해 가능하도록 구성하는 것이 중요하다.

요약을 할 때 주의할 점

첫째, 요약을 할 때는 어떤 논점도 덧붙이지 말아야 한다. 학생들 중에는 저자의 생각과 자신의 생각을 혼동하여 요약하는 경우가 많다. 읽기 자료에 대해 객관적인 거리를 두고 저자의 입장에서 요약을 하는 것이 중요하다.

둘째, 저자가 강조하는 지점이나 전제를 바꾸지 말아야 한다. 거꾸로 말한다면 요약을 위하여 저자가 강조하는 지점이 무엇인지, 저자가 전제하고 있는 것이 무엇인지를 분명하게 파악해야 한다. 전제나 강조점이 달라지면 글의 내용을 왜곡하는 것이 된다.

셋째, 요약을 할 때 원문의 내용을 그대로 옮겨 쓰는 것을 지양해야 한다. 요약이라고 할지라도 원문의 내용을 그대로 옮기는 것은 표절이라고 할 수 있다. 그러므로 원문의 내용을 그대로 옮길 때는 " " 등의 인용부호를 사용해야 한다.

요약의 종류

요약은 서술형 요약과 항목형 요약으로 나눌 수 있다. '서술형으로 요약하기' 는 글의 내용을 주제어와 중심 문장으로 요약하는 것을 말하고, '항목형으로 요약하기' 는 주제어를 중심으로 항목화하여 요약하는 것을 말한다. 두 요약에 관여하는 사고나 요약의 과정이 엄밀히 구별되는 것은 아니다. 항목화한 요약을 문장으로 풀어 쓰면 서술형 요약하기가 되는 것이 일반적이다. 그러나 두 가지 요약이 활용되는 국면은 차이를 갖는다. 서술형 요약은 '주제문' 과 '소주제문' 의 연결 관계를 확인하기 위한 훈련에 주로 활용된다. 항목형 요약은 글의 구조를 분석할 때 유용하게 활용할 수 있다. 상황에 따라 적절한 요약을 선택하여 연습하는 자세가 필요하다.

요약의 활용

글을 쓸 때 이전에 읽은 글의 내용이 명확히 기억나지 않아 낭패를 보는 일이 흔하다. 그렇다고 자신이 읽은 모든 글을 외우고 있을 수는 없다. 만일 자신이 읽은 글을 제대로 잘 요약하여 갈무리해둔다면 자신이 읽은 글을 언제, 어디서든 끄집어내 활용할 수 있는 저장고를 마련하는 셈이다. 요약한 글을 보관할 때는 주제별로 잘 분류하여 보관해야 한다. 컴퓨터의 파일로 저장할 때도 마찬가지이다. 잘 분류된 파일함은 잘 갈무리된 저장고의 역할을 한다. 아래와 같은 체크리스트를 활용하여 요약문의 형식을 확인하는 것도 유용하다.

요약하기를 점검하는 체크리스트	잘됨	보통	잘못됨
1. 먼저 제목과 저자의 이름을 쓸 것			
2. 논제를 명확하고 간결하게 제시할 것			
3. 각각의 핵심 내용이 하나의 문장으로 언급되게 할 것			
4. 필요하다면 각각의 핵심 내용에 대해 간단히 설명할 것			
5. 독자가 이해할 수 있는 한 부차적 정보들은 제거할 것			
6. 균형 있게 객관적으로 접근할 것			
7. 단락 구성이 잘 이루어지게 할 것 문장 구조, 문법, 맞춤법, 구두점들을 확인할 것			

*Norton, Sarah, and Brian Green, *Essay Essentials with Readings*, 3rd Ed. Scarborough, Thompson Nelson, 2003.

1) 주제문으로 요약하기

주제문 찾기

주제문이란 글 전체에서 저자가 말하고자 하는 바가 들어 있는 문장을 말한다. 아무리 긴 글이라도 저자가 말하고자 하는 바는 한 문장이나 두 문장으로 요약될 수 있다. 주제문을 찾아 전체 글이 말하는 바가 무엇인지를 포착하는 연습은 저자의 의도와 목적을 읽을 수 있는 길을 배우는 과정이 된다.

주제문 찾기와 읽기

주제문 찾기 단계에서 활용할 수 있는 읽기의 방법은 어떤 것이 있는지 말해보자.

소주제문 찾기

소주제문이란 문단 속에 들어 있는 저자의 중심 생각이다. 문단 속에서 저자가 말하는 바가 무엇인지를 찾는 것이 올바른 요약을 위한 시작이다. 소주제문을 찾기 어려운 경우에 아래와 같은 방법을 활용할 수 있다.

① 문단을 둘로만 나누어본다.

② 중요한 부분을 남기고 나머지를 버린다.

③ 중요한 부분에 소주제문이 있다.

④ '③' 의 과정도 여의치 않으면 '②' , '③' 의 과정을 반복하면 된다.

소주제문의 위치

소주제문의 위치에 따라 문단을 어떻게 나눌 수 있는지 5가지 유형으로 구분해보자.

연습문제 1

다음 문단을 읽고 소주제문을 찾아 적어보자.

(가) 디지털 시대에는 전문가와 아마추어 사이의 경계가 와해된다. 문학에서는 그것이 인터넷에서 이루어지는 아마추어 작가들의 연작소설, 또는 작가와 독자의 공동 창작의 형태로 나타나고 있다. 특히 '하이퍼 픽션'이라고 불리는 후자의 경우에는, 독자가 작가의 창작 과정에 적극 참여함으로써 문학 생산자와 소비자의 구분을 해체하고 있다. (김성곤, 「사유의 열쇠」 중에서)

(나) 특허는 기술 공개의 대가로 해당 기술의 독점적 권리를 부여하는 제도다. 전 세계적으로 특허제도가 정비되면서 특허권을 보유한 기업이 연구개발뿐만 아니라 마케팅 분야에서도 우월적 지위를 선점하는 세상이 도래했으며 이 때문에 특허 침해 사건에 연루돼 문을 닫는 기업 역시 속출하고 있다. 이는 곧 후발업체의 시장 진입이 갈수록 어려워짐을 의미하기도 한다. 원천기술을 보유한 업체가 쌓은 독점적 기술 장벽을 뛰어넘어 경쟁력을 키우기 위해서는 원천기술을 능가하는 기술 개발이 필요하다. (류병훈, 「정보화 사회 속 기업에 있어 특허의 의의」 중에서)

(다) '민족성'이나 '국민성' 같은 것이 실제로 존재한다는 생각이 있다. '독일인에게 공유한 게르만 민족혼(Volksgeist)'이라든가, '일본인이라면 가지고 태어나는 야마또(大和)혼'과 같은 종류의 신화다. 이런 비합리적 또는 배타적 신화는 민족이나 국민을 혈통적으로 혹은 문화적으로 동일한 실체로 파악하려는 허구에서 만들어졌다. 말할 것도 없이 민족이든 국민이든 실제로 그것을 구성하는 것은 혈통적으로도 문화적으로도 다양하고 잡다한 사람들이다. (서경식, 「시대의 증언자, 쁘리모 레비를 찾아서」 중에서)

연습문제 2

아래에 제시된 글을 읽고 50자 내외의 주제문을 만들어보자.

상상은 정신의 놀이다. 상상을 할 때 정신은 노동을 하지 않고 놀이를 한다. 미래에는 노동이 유희가 될 것이라는 카를 마르크스의 예언은 맞았다. 비록 인류의 미래는 공산주의의 것이 아니었지만, 상상력이 생산력으로 전화하면서 노동은 점차 유희에 가까워지고 있기 때문이다. 미래의 윤리학은 미학이 될 것이라는 그의 예언도 실현되고 있다. 상상력은 미학의 영역이며, 이 영역은 진위와 선악의 피안에 있으려 하기 때문이다. 사유가 이미 있는 것을 재현(representation)하려 할 때에는 '대상과 일치'라는 인식론적 구속을 받지만, 아직 없는 것을 있게 하는(presentation) 상상력은 그런 구속을 원하지 않는다.

상상력에도 여러 종류가 있다. 최근 전 세계를 열광시킨 ≪해리포터≫와 ≪반지의 제왕≫은 중세의 주술적 상상력에 속한다. 제임스 조이스와 같은 현대 작가들에게 영감을 준 루이스 캐럴의 ≪이상한 나라의 앨리스≫는 정상적 논리를 뒤집는 역설과 무의미의 수학적 · 논리학적 환상이다. 얼마 전 서구의 지성계를 휩쓴, '포스트모던' 의 선구가 된 보르헤스의 소설들은 철학적 판타지의 예로 볼 수 있다. 그리고 ≪매트릭스≫를 비롯한 할리우드 영화 속에 구현된 판타지는 150년 전 쥘 베른(1828~1905)에서 시작된 과학적 환상의 맥을 잇는 것이다.

쥘 베른의 소설을 우리는 흔히 '공상 과학' 이라 부른다. '공상(空想)' 이란 글자 그대로 '텅 빈 생각' , 터무니없는 얘기다. 하지만 잠수함 노틸러스 호를 비롯하여 쥘 베른의 과학적 허구는 오늘날 상당수가 현실이 되었다. 이렇게 허구(fiction)가 현실이 될 수 있었던 것은 물론 과학(science) 기술 덕이다. 과거에 상상은 허구에 불과했다. 그것을 실현하려 드는 시도는 그저 주술일 뿐이었다. 하지만 오늘날 허구는 테크놀로지에 힘입어 점점 더 현실이 되어가고 있다. 이것이 현대의 징후이다.

오늘날의 상상력은 기계공학, 정보공학, 유전공학이라는 테크놀로지의 뒷받침을 받고 있다. 그런 의미에서 오늘날의 상상력은 미디어 이론가 빌렘 플루서의 말대로 '기술적 상상력' 이라 부를 수 있는 것이다. 컴퓨터 시뮬레이션은 상상과 현실 사이에 놓여 있던 질료의 저항을 점점 더 무력화시키고 있다. 상상이 질료의 저항 없이 곧바로 현실로 전화하게 된 것이다. SF는 더 이상 문학의 장르가 아니다. 그것은 아예 현실의 조건이 되어 버렸다. 드디어 상상력이 힘이 되는 시대가 왔다. '상상력의 혁명' 은 이미 시작되었다. 미래의 생산력은 상상력이 될 것이다. (진중권, 「놀이와 예술 그리고 상상력」 중에서)

연습문제 3

아래에 제시된 글을 읽고 아래의 질문에 답해보자.

(가) 50년이나 100년 후쯤 초등학교 교과서에 어떤 노래가 실릴까? 이탈리아 가곡이나 오페라의 아리아가 실릴 가능성이 적다는 데는 대다수가 동의할 것이다. 아마도 동요나 한국 가곡이 실릴 가능성이 크지만 민요 혹은 대중요라는 이름으로 조용필의 「돌아와요 부산항에」나 김정구의 「눈물 젖은 두만강」이 실릴 수도 있을 것이다. 두 노래의 생명력이 얼마나 될지는 아무도 모르지만, 지금까지 수십 년 동안 사랑받아온 것을 보면 그때까지 살아남을 가능성이 커 보인다. 그렇게 된다면, 우리는 왜 두 곡이 한국을 대표하는 노래인지를 분석해야 할 것이다. 멜로디, 가사, 창법 등 모든 면을 분석한다면 한국인이 좋아하는 노래의 특징을 도출할 수 있을 것이다. 지금 우리는 서구의 팝 음악을 무척 좋아한다. 팝송이 우리 음악 시장에서 차지하는 비중은 클래식보다 크다. 따라서 대중가요보다는 덜 대중적이지만 클래식보다는 더 대중적이다. 대중성이 정체성 판단의 기준이 된다면, 팝송도 판단의 대상이 된다. 아마도 50년 후에나 100년 후에도 여전히 사랑받는 팝송이 있다면, 예를 들어 비틀스의 「예스터데이」가 그렇다면 역시 교과서에 실리고 그에 상응하는 분석이 뒤따를 것이다. 시원에 관계없이 대중성을 확보한다면 그 무엇이든 우리의 정체성 탐구의 대상이 되어야 한다.

(나) 그런데 대중성이 정체성 판단의 기준이 되어야 한다는 이야기는 애써 어떤 것을 한국적인 것이라고 보존하는 것이 무의미할 수 있음을 함축한다. 즉 판소리의 맥이 끊어지면 한국 고유의 정신이 사라지게 되므로 이것을 막기 위해서 국가가 지원하고 언론이 후원해야 한다는 생각은 잘못이라는 뜻이다. 우리의 옛것을 발굴하여 소개하는 것은 지금의 문화를 풍요롭게 하므로 환영할 일이다. 더욱 많은 선택지를 갖는 것이 제한된 선택지를 갖는 것보다 낫지 않은가? 옛것이 지금의 취향에 잘 맞지 않을 가능성이 크기 때문에 국가나 공공기관에서 어느 정도의 후원을 하는 것은 경쟁의 공정함을 지키는 방편이 될 것이다. 문제는 마치 이것이 없어지면, 즉 이것이 계승되지 않으면 한국 문화의 원형을 이루는 중요한 한 부분이 상실되는 것처럼 과장하는 데 있다. 잃어버린 우리의 옛것을 찾아 한국의 전통문화를 우리에게 소개하는 것까지는 아주 바람직한 일이다. 하지

만 그것으로 충분하다. 공정한 경쟁이 이루어진 다음에는, 대중성을 확보하는 것이 지배적인 문화, 즉 우리의 것이 된다고 보아야 할 것이다.

(다) 지금 우리나라에서 판소리가 대중적인가? 판소리가 소개된 적이 없어 인기가 없는 것인가? 판소리에 대한 탄압이 있는가? 나는 판소리가 대중성을 확보하지 못해서 한국 음악에서 차지하는 비중이 줄어든다면, 판소리를 한국의 정체성 탐구의 주대상에서 제외해야 한다고 생각한다. 판소리가 계속 대중성을 확보하지 못하면, 더 이상 판소리는 한국의 소리가 아닐 것이다. 그래도 아무 상관없지 않은가? 우리는 다른 것을 향유하고 있을 것이고, 그것을 한국의 것이라고 할 수 있기 때문이다. (탁석산, 「한국의 정체성」 중에서)

1. (가)~(다) 중 가장 중요한 문단을 골라보자.
2. 질문 1의 답에서 주제문을 찾아 50자 내외로 적어보자.

1

2

연습문제 4

아래에 제시된 글을 읽고 아래의 질문에 답해보자.

(가) 우리는 흔히 민족의 역사라든지 민족사의 흐름을 잘 알아야 한다는 식의 말을 하거나 듣는 경우가 많다. 또는 우리 민족은 우수하다든지 아니면 민족의 이익을 위하여 개인을 희생할 수도 있다든지 하는 말도 흔히 듣는 말이다. 그래서 우리의 역사라고 하면 으레 민족의 역사를 지칭하며, 민족의 역사라고 하면 숭고하고 신성한 그 어떤 것으로 이해하고 있는 경우를 쉽게 찾을 수 있다. 열렬하기는 하지만 지나치게 소박한 이런 역사의식에 젖어 있는 사람들을 대할 때마다 이런 관념에서 그들을 해방시키지 않는다면 나의 공부, 나의 강의는 아무런 쓸모도 없는 것이 아닐까 하는 절박한 생각에 젖을 때가 많다. 왜냐하면 민족을 위해서라면 목숨이라도 바칠 수도 있을 것처럼 열렬한 그들의 일상적 생활 속에서는 역사적 경험으로부터 지혜를 얻으려는 노력을 발견할 수가 없었기 때문이었다.

(나) 지금 우리나라는 유례가 없는 격렬한 변화를 겪고 있다. 그러는 과정에서 우리 사회는 그야말로 다원화되어 가고 있다. 하루하루가 다르다고 느낄 정도의 변화를 겪으면서 우리들은 나날이 새로워지는 환경에 익숙해지기도 어려워하고 있다. 한 사회 안에서 이해관계를 달리하는 수많은 집단이 동시에 존재하고 있으며, 이들 사이에는 항상 평화로운 공존 관계만이 있는 것이 아니라, 격렬한 갈등과 대립이 자리하고 있는 현실 속에서 우리는 살고 있는 것이다. 그럼에도 불구하고 지난 한 세대 동안 진행되어 온 이와 같은 급격한 변화 속에서도 우리의 역사를 연구하고 교육하는 방향은 예나 지금이나 그다지 변한 것 같지는 않다. 그러나 현금의 이러한 현실을 성찰할 때마다 나는 지금까지 한국사를 연구하고 배우고 가르치고 하는 우리의 태도와 방식에 그 어떤 심각한 반성이 있어야 된다고 생각할 때가 많다. 그리고 이러한 새로운 방향의 모색은 우리의 역사를 이 나라에서 사는 평범한 사람들의 일상적인 삶의 한가운데로 끌어들이는 일로부터 시작되어야 한다고 생각한다. (정두희, 「한국사 시민강좌」 20집에서)

1. (가)~(나) 중 가장 중요한 문단을 골라보자.

2. 윗글에서 주제문을 찾아 50자 내외로 적어보자.

1

2

2) 핵심어로 요약하기

핵심어란 무엇인가

핵심어란 글 속에서 중심 내용을 담고 있는 단어나 구를 말한다. 기본적으로 핵심어는 주제를 구성하고 있는 요소라고 할 수 있다. 글이 주제문을 풀어낸 것인 만큼 주제문의 구성요소인 핵심어는 글 속에서 지속적으로 강조된다.

핵심어 찾기

전체 글 속에서 핵심어를 찾기 위해서는 핵심어의 특성을 활용하는 것이 좋다. 핵심어는 다음과 같은 특성을 지닌다.

첫째, 글 속의 핵심 내용을 포함한다.

둘째, 전체 글을 이해하는 실마리가 된다.

셋째, 빈번하게 강조되어 나타난다.

넷째, 개념 정의의 대상이 된다.

다섯째, 항목화의 기본이 된다.

핵심어의 활용

글을 요약할 때 핵심어를 중심으로 항목형으로 요약해놓으면 효율적인 자료로 사용할 수 있다. 분량이 적으니 관리에 편할 뿐만 아니라 시간이 부족할 때 글을 읽는 시간을 절약할 수도 있기 때문이다. 그러나 유념할 것은 항목을 단순히 나열만 해서는 부족하다는 점이다. 요약할 당시에야 항목만 보고도 무슨 내용인지 파악할 수 있지만 시간이 흐르면 항목만으로는 내용을 파악하기 어려운 경우도 있을 수 있기 때문이다. 따라서 항목형 요약에서 중요한 것은 항목 사이의 관계를 요약에 반영하는 것이다. 항목 사이의 관계를 표시하는 데에는 기호를 사용하는 것이 효과적이다. 예를 들어 A 항목과 B 항목이 조건의 관계이면 '→' 기호를, 대립 관계이면 '↔' 기호를, 나열의 관계이면 '+' 기호를 사용할 수 있다. 물론 어떤 기호를 사용할 것인가는 요약하는 사람이 결정하면 된다.

✓ '훑어 읽기'(scanning)

훑어 읽기란 글 전체의 중요 내용을 파악하기 위해 빠르게 읽어 내려가는 것을 말한다. 훑어 읽기는 꼼꼼하게 읽기 못지않은 효용을 갖는다. 먼저 저자가 말하고자 하는 중심 내용을 빠르게 파악하는 데 유용하다. 이 중요한 내용을 중심으로 저자의 의도와 목적을 파악할 수 있고 이를 구체화한 주제문을 찾을 수 있다. 또 중요한 것과 중요하지 않은 것을 구별하는 읽기는 정독해야 할 부분이 어디인지를 골라내는 효과를 갖는다. 또 전체 조망이 가능해짐으로써 구조를 분석할 수 있는 기반을 마련할 수 있다.

연습문제 1

다음 글에서 핵심어를 찾아 한 단락으로 요약하시오.

통상적으로 우리가 인식하는 세계는 아날로그 세계이다. 다시 말해 우리 눈으로 보았을 때 세계는 연속성의 세계이다. 아날로그 방식이 신호 흐름의 강도와 연속성으로 이루어지듯, 아날로그의 세계에서는 갑자기 켜지거나 꺼지는 일, 검정색에서 흰색으로 바뀌는 일은 일어나지 않는다. 즉 어떠한 상태에서 다른 상태로 급변하는 일 없이 모든 것은 단계적으로 이루어지며, 마르크스의 말처럼 모든 사물은 끊임없이 변화하고 운동한다.

다른 한편 아날로그 상태에서 모든 대상은 하나의 집합적 결합체로 존재한다. 각각의 질료는 오로지 결합되어 있을 때만 그 의미를 가질 뿐, 분리되어서는 결코 존재하지 못한다. 책상은 나무와 못이 결합하여 책상의 형태를 갖추었을 때만 책상이 되며, 같은 나무라고 해서 책상과 의자가 같을 수는 없다. 낱장으로 찢어진 책은 책이 아니며, '국적 없는 사람', '인종 없는 사람', '성 없는 사람' 이란 존재하지 않는다. 아날로그 상태에서 모든 대상은 다양한 질료들의 집합적 결합체로 존재하며, 각각의 질료는 그때그때의 환경에 따라 자신의 형질로 밖으로 드러내게 된다.

그러기에 아날로그 상태에서 대상은 하나의 정점(dot)을 지니지 않는다. 빛의 흐름과 신호의 강약에 따라 그것은 끊임없이 변화해 간다. 아날로그 상태에서 대상은 모호하고 다중적일 수밖에 없으며, 항상 변이하는 대상을 인식한다는 것은 사실상 불가능하다. 우리가 할 수 있는 것은 다만 사회적인 약호체계에 따라 다중적인 기의를 포획하는 것일 뿐. 기표와 기의 사이에는 '영원히 메울 수 없는' 간격이란 것도, 라캉(J. Lacan)이 말하는 타자의 욕망이라는 것도, 실상은 아날로그 상태에서 복수적인 형질과 다의적인 기의로 존재하는 재현되지 않는 욕망을 말하는 것이다. 아날로그 세계란 곧 네그로폰테(N. Negroponte) 식으로 얘기하자면 아톰(atoms)의 세계이고, 들뢰즈(G. Deleuze) 식으로 말하면 몰(mole)적 세계인 것이다.

이에 반해 디지털 세계에서 물질은 비트의 형태로 존재한다. 아날로그의 아톰과는 달리 비트는 연속성이 아닌 불연속적 단면으로 구성된다. 모든 대상은 끊임없이 절단하여 더 이상 나눌 수 없는 하나의 '점(dot)'들로 전환되고, 각각의 점에는 0과 1의 이진법 부호가 입력된다. 그에 따라 대상은 아날로그 상태와는 달리 '연속성이 아닌 불연속성으로', '복수적 형질이 아닌 단형의 형질로' 변환되게 된다. 각각의 질료는 대상으로부터 분리된 채, 자기 스스로를 재현하며, 독립적으로 존재하게 된다. 모든 대상이 집합적 결합체로 존재하는 몰적 상태의 아날로그와는 달리, 디지털 세계에서 대상은 분자(molecule)적 상태로 존재하게 되는 것이다. (라도삼, 「비트의 문명 네트의 사회」 중에서)

연습문제 2

다음 글에서 핵심어를 찾고 항목형으로 요약하시오.

『도덕경』은 81장으로 되어 있는데, 1장부터 37장까지를 「도경」, 38장부터 81장까지를 「덕경」이라 한다. 최근에 출토된 『도덕경』은 『덕경』이 앞에, 『도경』이 뒤에 배치되어 있는데, 이는 『한비자』등 법가의 배치 방법과 같다. 『도덕경』을 해설한 『한비자』의 「유로」편과 「해로」편을 보면, 「덕경」과 「도경」의 순서로 언급되어 있다. 그래서 『한비자』가 참고한 『도덕경』과 최근 출토된 『도덕경』을 '덕도경'이라 부르기도 한다.

"말할 수 있는 도는 진짜 도가 아니다. 부를 수 있는 이름은 진짜 이름이 아니다. 이름 없는 것은 천지의 시작이고, 이름 있는 것은 만물의 어머니이다." 이렇게 시작되는 『도덕경』의 첫 구절은 여태까지 언어로 표현된, 도와 관련된 모든 주장을 한꺼번에 부정한다. 노자의 도(道)는 모든 것의 근원이자 모든 변화의 원인이라 보았다. 예컨대 최후의 질문에 대해서는 항상 알 수 없는 벽에 부딪히게 마련이다. 소립자든 쿼크든 '최초의 것'에서 어떤 계기로 새로운 것이 탄생하여 만물이 생겨났다 하더라도 그 '최초의 것'은 어디에서 왔는가, 왜 거기에 있었고, 왜 그런 성질을 가졌는가 하는 질문에는 '그냥'이라든가 '원래'라 답할 수밖에 없다. 이처럼 도는 모든 변화의 원인이지만, 그 자체는 더 이상 다른 원인을 필요로 하지 않는다.

다음으로 주목해야 할 도의 특징은 '무위(無爲)', 곧 '아무것도 하지 않음'이다. "도는 언제나 아무것도 하지 않으면서도 못하는 것 없다"라는 노자의 말은 도, 곧 자연적 질서의 특성을 가리킨다. 낮과 밤의 되풀이, 계절의 변화로 대표되는 자연의 운행은 아무 생각 없이 진행되는데, 여기에는 사사로운 감정이나 목적의식이 개입되지 않는다. 만물은 자연의 질서에 따라 생성되었다가 제 할 일을 다한 뒤 사라져 가는 것이다. 노자는 인간과 사회도 그러한 도를 본받아야 한다고 주장하고 있다.

어진 군주는 백성을 위해 일하면서 그들의 사소한 행동 하나까지 간섭해야 한다고 본 유가나 묵가와는 달리, 노자는 "아무것도 안 하고 말없이 가르침을 실천"하는 사람이야말로 성인(聖人)이라 보았다. 교육을 통해 '인륜'을 깨우치고 실천하도록 가르쳐야 한다는 유가에 맞서, 도덕규범은 사람을 부자연스럽게 만들고, 지식과 욕망은 인간의 자연성을 파괴한다고 주장한 것이다. 그에 따르면, 유교에서 중시하는 덕, 인, 의, 예 등의 도덕규범은 '도가 버려져서 생겨난 일시적 대용품'으로, 사회 문제의 근본적 처방이 될 수 없기 때문에 오히려 혼란을 가져온다.

뒷날 한비 같은 법가는 이를 원용하여 우민 정책을 펼치기도 했다. 그러나 노자의 주장은 우민 정책과는 달랐다. 그는 지배자 자신도 무지·무욕·무심해야 한다고 말하고 있으며, 백성의 입장에서 그들의 행복에 대해 고민하고, 모두가 함께 행복해지는 길을 제시하려 했다. (한국철학사상연구회, 「노자의 도덕경」 중에서)

연습문제 3

다음 글에서 핵심어를 찾고 이를 중심으로 한 문단으로 요약하시오.

인간은 자연에서 생존에 필요한 물질을 획득한다. 그러나 자연 자체가 인류 전체의 생존에 필요한 만큼 충분히 주어져 있더라도 이를 어떻게 나누어 가질 것인가는 인간 사회가 해결해야 할 중요한 문제다. 바로 이와 같은 문제를 해결하기 위해 도입된 개념이 노동이다. 즉 인간은 자연에 자신의 노동을 부가하여 자연의 산물을 소유하는 것이다. 노동을 기반으로 하는 사적 소유권은 근대 시민사회를 구성하는 원칙 가운데 가장 핵심적인 것이다. 근대 시민사회 형성 과정에서 가장 중요한 소유의 대상은 토지였다. 당시의 기본적인 생활기반이 농업임을 고려할 때 토지의 중요성은 쉽게 인지할 수 있다.

그러나 근대 시민사회가 산업혁명을 겪으면서 생산력이 고도로 발전하고 토지 공급의 유한성이 절실히 인식됨과 동시에 자유시장 경제 이념이 확산됨에 따라 토지에 관한 생각도 차츰 변화하기 시작했다.

자유시장 경제 원리는 19세기 말에 왈라스(L. Walras)가 창안한 '일반균형이론' 이라는 정교한 분석틀을 가지고 있다. 일반 균형이론에 따르면 자유 경쟁이 지배하는 시장경제에서는 생산에 참여한 모든 생산요소는 자신이 생산에 기여한 만큼의 대가(한계생산성)를 받으며 이와 같은 경제 상태가 형평의 관점에서도 가장 공정하다는 것이다.

현대 사회에서도 개인의 노동에 근거한 사적 소유권이라는 시민사회의 기본 정신이 계속 유효함은 물론이다. 그러나 왈라스의 체계에서는 토지가 더 이상 생산요소로 등장하지 않는다. 즉, 자유시장 경제제도에서 소유권은 근본적으로 노동과 자본을 중심으로 성립되는 것이다. 왈라스의 표현을 직접 빌리자면 "인류는 토지를 영구히 소유하지만,

현세대는 다만 토지의 사용자일 따름이다."

그에 따르면 희소한 토지는 당세대에서만 임대료를 지불하여 사용하되, 사용 후에는 모두 국가에 반납해야 한다. 이런 의미에서 토지 공개념은 자유시장 경제제도와 배타적이기보다는 오히려 왈라스가 설정한 자유시장 경제제도의 전제 조건이라고 생각된다. 토지소유가 자기 노동에 기초한 대가의 획득이라기보다는 불로소득의 원천인 우리나라의 현실에서는 더더욱 그러하다. (정운찬, 「토지 공개념과 자유시장 경제제도」 중에서)

연습문제 4

다음 글에서 각 단락의 핵심어를 찾아 항목형으로 요약하시오.

첫째, 우리는 흔히 죽음에 대한 정의(定義)를 의사, 생리학자, 신경학자들이 내리는 것으로 생각한다. 그러나 전통적으로 철학에 있어서 죽음의 문제는 곧 삶의 문제이며 인간의 본질이 무엇이냐는 문제이다.

만약 죽음이 육체와 정신(혹은 영혼)의 분리라면, 인간의 육체와 정신은 각기 어떤 속성을 가지고 있으며, 또한 그들은 상호 어떤 관계에 있는가? 죽음으로 인하여 그들이 분리된다는 것은 어떤 의미를 가지고 있는가? 만약 죽음이 육체와 정신의 분리가 아니라 육체의 일부분(심장, 뇌세포, 혈관)과 나머지 부분의 분리라면, 정신은 육체의 어느 곳에 존재하며, 이 일부분과 나머지 육체와의 관계는 무엇인가? 만약 인간의 본질이 〈생각하는 존재〉라면 식물인간은 그대로 인간일 수 있는가? 더 나아가서, 인간이 육체와 정신의 이원론적인 존재가 아니라 육체와 정신과 영혼으로 구성된 삼원적인 존재라면 죽음이란 과연 무엇인가?[1] 이런 것들이 죽음의 정의에 얽힌 철학적 문제들이다.

둘째, 우리는 흔히 내세에 대한 문제는 종교인들이 결정하는 것으로 생각한다. 그러나 전통적으로 철학의 여러 분야 중에서도 가장 중요한 것으로 간주되어 온 형이상학은 죽음 이후의 인간 운명을 중점적으로 취급한다. 불멸(immortality)과 부활(resurrection)의 차이는 무엇인가? 또한 환생(reincarnation)이란 무엇인가? 그리고 불멸, 부활, 환생은 상호 배타적인 개념들인가? 더 나아가서, 인간이 죽은 다음에 천당이나 극락에 다시 태어났다고 가정하자. 그러면 다시 태어난 B라는 존재가 과연 현재 이 세상에서 살았던 A라는 존재와 동일하다고 볼 수 있는 근거는 무엇인가?

만약 불교의 주장대로, 내가 내세에 당나귀로 태어났다고 주장하려면, 이 양자 간의 육체적 동일성이나 유사성이 있어야 하지 않을까? 이것이 바로 인간의 개인적 정체성(personal identity)의 문제가 된다. 또한 내세가 존재한다면, 인간은 신의 은총을 통해야 하는가? 그렇지 않으면 각자의 업(카르마)을 통해야 하는가? 이런 것들이 이른바 〈삶 이후의 삶(life after life)〉에 얽힌 철학적 문제들이다.[2]

셋째, 죽음에 대한 철학의 중요한 문제로는 인식의 문제를 들 수 있다. 사람은 자신이 죽는다는 사실을 알고 있다. 그리고, 어느 경우에는 그 시기까지 짐작할 수 있다. 예를 들어서, 이 글을 쓰는 필자는 앞으로 50년을 살지 못한다는 것을 알고 있다. 그러면 인간은 어떻게 죽음을 알게 되는가? 그리고 이 죽음에 대한 앎은 인간의 일상적인 앎과 어떤 차이가 있는가? 또한 비인간적인 존재(동물과 식물)도 그들의 죽음을 미리 알고 있는가?

일찍이 파스칼로부터 시작되는 실존철학자들은 인간만이 자신의 죽음을 예견할 수 있다고 말했다. 그러나 과연 그럴까? 강아지도 죽을 때가 되면 죽음을 준비하는 듯이 보이

---

1 여러 가지 번역이 있겠으나 성서에도 "네 몸과 마음과 영혼을 다하여 하느님을 섬겨라"라는 구절이 있다. 여기서 인간은 삼원론적인 존재가 된다. 더 나아가서 우리는 인간이 정신과 육체로 구성되어 있다고 말하면서도 일상 언어에서는 정신(mind)과 영혼(soul)을 혼동해서 사용한다.

2 이상의 문제들에 대하여는 다음을 참조할 것. 황필호 편역, 「종교철학개론」, 종로서적, 1988, pp. 161~190.

지 않는가?

그러나 죽음에 대한 인식 중에서 가장 복잡한 철학적 문제로는 〈나는 과연 나의 죽음을 알 수 있느냐?〉는 것이다. 우리는 타인의 죽음을 경험할 수 있다. 그러나 과연 나의 모든 경험의 종말인 죽음을 어떻게 경험할 수 있는가? 이 문제에 대하여, 나는 나의 죽음을 상상할 수 없다(unimaginable)는 입장과, 타인을 기술할 때 사용되는 〈죽음〉이라는 어휘가 본인의 경우와는 전혀 다른 의미를 가지고 있다는 입장이 있다. 그리고 이 두 가지 입장에 대한 반대의견도 없지 않다.[3]

넷째, 죽음에 대한 중요한 철학적 문제로는 죽음의 공포(the fear of death)라는 문제가 있다. 이 문제에 대하여는 크게 5가지 견해가 있다. 첫째는 죽음에 대한 공포는 죽음이 괴로울 것이라는 가정에 근거를 두고 있으나 죽음 그 자체는 절대로 괴로움이 될 수 없다는 에피쿠로스(기원전 341~270)의 주장이며, 둘째는 죽음의 공포를 극복하려면 죽음을 항상 염두에 두고 살아야 한다는 스토아 철학자들의 주장이며, 셋째는 인간은 절대로 죽음을 정확히 알거나 직시할 수 없다는 스피노자(1632~1677)의 견해이며, 넷째는 행복한 사람은 행복한 죽음을 가지고 온다는 입장이며, 다섯째는 죽음 자체에 아무런 의미를 부여할 필요가 없다는 쇼펜하우어(1788~1860)의 주장이다.[4]

다섯째, 철학은 동시에 죽음을 맞이하는 사람의 심리적 변화 및 살아남는 사람들의 심리 현상에 관심을 가지고 있다. 이 방면의 권위자인 퀴블러 로스(Elizabeth Kübler-Ross)에 의하면, 죽는 사람의 심리는 5단계로 구분될 수 있다는 것이다. 첫째는 무조건 죽음을 부인하고 고립화시키려는 단계(the stage of denial and isolation)이며, 둘째는 왜 내가 죽어야 하느냐는 분노의 단계(the stage of anger)이며, 셋째는 죽음과 일종의 협상을 벌이는 단계(the stage of bargaining)이며, 넷째는 협상이 잘되지 않는 데서 오는 의기소침의 단계(the stage of depression)이며, 다섯째는 모든 것을 포기하고 죽음 자체를 받아들이는 수용의 단계(the stage of acceptance)이다.[5]

철학은 이상의 문제들에 대하여 여러 가지 답변 · 대안 · 해소책을 제시했으며 이러한

---

3 Paul Edwards, "My Death", *Encyclopedia of Philosophy*.

4 Robert G. Olson, "Death", 같은 책.

5 Elizabeth Kübler-Ross, *On Death and Dying*, MacMillan, New York, 1969.

논란은 오늘도 계속되고 있다. 그러나 남은 글에서 필자는 죽음의 문제에 접근하는 현대 서양 철학의 시각을 몇 가지로 분류해서 설명하겠다. 물론 이 분류가 정확한 것은 아니다. 그러나 이러한 논의를 통하여 우리는 죽음의 문제를 가지고 씨름하는 현대철학의 몇 가지 줄기를 읽을 수 있을 것이며, 더 나아가서 죽음에 대한 우리들의 태도를 정리하고 〈동양의 대안〉을 이해하는 데 도움이 될 것이다. 그러므로 독자는, 지금부터 논의되는 구분은 어디까지나 독자의 이해를 돕기 위한 작업가설적 구분(operational classification)임을 잊지 않기 바란다. 필자는 이 구분을 하이데거(Martin Heidegger), 사르트르(Jean-Paul Sartre), 필립스(D. Z. Phillips), 힉(John H. Hick)으로 대표하겠다. (황필호, 「죽음에 대한 현대 서양 철학의 네 가지 접근과 한국인의 접근」 중에서)

3) 문단의 유형과 요약하기

내용문단과 형식문단

문단은 내용문단과 형식문단으로 나눌 수 있다. 내용문단이란 내용의 관련성에 따라 구분하는 문단이라고 할 수 있고, 형식문단이란 외형적으로 구분해놓은 문단이라고 할 수 있다. 좋은 글은 내용상의 구분을 형식문단으로 형식화해놓은 글이다. 그러나 모든 글이 이러한 형식상의 일치를 보이는 것은 아니다. 따라서 독자는 형식문단을 중심으로 글을 읽되, 이 구분이 내용상의 흐름과 일치되는가를 확인하면서 읽어나갈 필요가 있다.

기능에 따른 문단의 유형

문단은 그 기능에 따라 핵심문단(주지 문단)과 연계문단(부차적 문단)으로 나눌 수 있다.

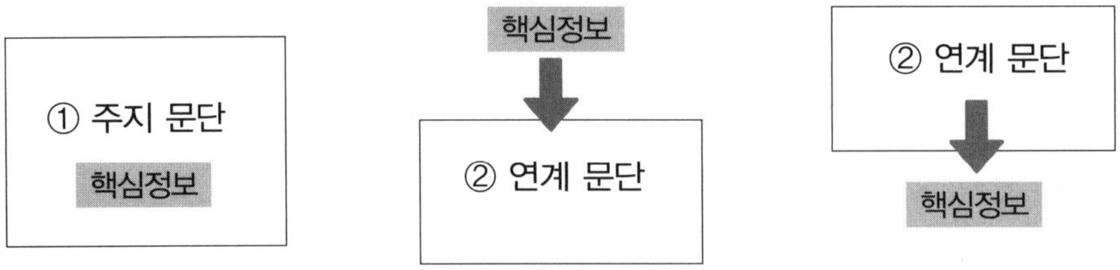

주지 문단은 문단 속에 핵심 정보가 포함된 문단이다. 이런 문단은 소주제문을 찾는 과정이 문단을 요약하는 과정이 된다. 연계 문단은 핵심정보가 들어 있지 않은 문단으로서 문단과 문단을 연결하거나 앞선 단락의 내용을 요약 · 정리하거나 강조하는 문단을 가리킨다. 문단의 기능에 따라 독해를 해나가면 글에 들어 있는 저자의 전략을 읽을 수 있게 된다.

기능에 따라 문단을 구분하면 아래와 같다.

① 주지 문단

② 도입 문단

③ 상술 문단

④ 요약, 강조 문단

⑤ 승전기후 문단

⑥ 부연 문단

전개 방식에 따른 문단의 유형

문단은 소주제문을 전개하는 방식에 따라 유형화할 수 있다. 그 예로는 다음과 같은 것들이 있다. 이러한 유형을 익히는 것은 문단의 구조를 읽는 데 유용할 뿐 아니라 주제문을 확장하는 데도 도움을 준다. 다음은 글의 전개 방식의 예들을 보인 것이다.

묘사 · 서사 · 비교 · 대조 · 예시 · 구분 · 분류 · 분석 · 인과 · 지정 · 정의 · 과정 · 유추

연습문제 1

다음 문단을 읽고 제목을 정하고 전체 내용을 항목형으로 요약하시오.

장서가는 세 가지 유형으로 나누어 볼 수 있다. 첫째는 읽지도 않고 거의 손도 대 보지 않은 전집물이나 베스트셀러 등을 모으는 사람이다. 이런 사람들은 실제로 책을 가지고 있는 것이 아니라 잉크를 묻힌 종이 묶음을 가지고 있을 뿐이다. 둘째는 숱한 책을 가지고 있으면서 일부는 읽고 대부분은 때도 묻히지 않고 깨끗이 보존하고 있는 사람이다. 이런 사람은 책을 좋아하기는 하나 그 겉모습에 더 관심을 쏟고 있는 축이다. 셋째는 가지고 있는 책의 분량이 많든 적든 모두 접히고 구겨지고 오래 만져서 일부는 떨어져 나가기도 하며 페이지마다 손때가 묻고 줄이 쳐지기도 한 책들을 가진 사람이다. 이런 사람은 진짜 책을 가진 장서가이다. (서정수, 「논리적인 글쓰기」 중에서)

잉여 음식 에너지를 지방질로 저장하는 능력은 산업사회 이전 전체 기간 동안의 인류의 경험에 의해 형성된 생물학적 유산이다. 그 경험의 핵심에는 배고픔이 놓여 있다. 극단적인 형태로는 전쟁이나 포위 등으로 또는 살인적인 바람과 가뭄, 추위, 지진 등으로 인해 생긴 또 다른 바르샤바 주민들의 아사를 생각할 수 있다. 하지만 그런 일시적인 재난 이외에도 사냥할 동물이나 채집할 식물이 없어서 주기적으로 굶어야 했던 상황도 역시 심각했다. 부족함과 풍족함의 연중 리듬과 맞서 싸울 필요가 없었던 선조는 거의 없었다. (마빈 해리스, 「작은 인간」 중에서)

미국의 소더 박사는 일중독 환자를 치유하는 방법 몇 가지를 제시하고 있다. 첫째, 그들에게 과중한 업무는 판단을 흐리게 한다는 점을 주지시킬 것. 둘째, 정시에 퇴근하도록 하고, 회사일을 집으로 갖고 가지 못하게 할 것. 셋째, 가족이나 친지와 더 많은 시간을 갖도록 할 것. 넷째, 영화나 스포츠 경기 등을 관람하여 생활에 여유를 갖도록 할 것. 다섯째, 주중에 한나절을 지정하여 쉬도록 하게 할 것 등이다. (박영선, 「일 중독증」 중에서)

연습문제 2

아래 단락에서 주로 사용된 '내용 전개 방식'을 쓰고 이에 유념하면서 항목형으로 요약해보자.

아날로그 시대의 글쓰기가 직접 손으로 쓰는 형태라면 디지털 시대 글쓰기는 컴퓨터와 같은 디지털 기기를 활용하여 글을 쓰는 형태를 말한다. 컴퓨터의 워드프로세서 프로그램을 통해 글을 쓰는 것, 인터넷 게시판이나 블로그에서 이루어지는 글쓰기, 휴대폰과 같은 모바일 기기를 이용한 메시지 쓰기, 메신저 프로그램이나 트위터를 이용한 온라인 글쓰기 등이 모두 디지털 글쓰기의 형태들이다.

아날로그 시대의 글쓰기와는 다른, 디지털 시대 글쓰기의 특징을 꼽아보자면 우선 쌍방향성과 실시간성을 들 수 있다. 글을 쓰는 속도나 그것이 문자화되어 모니터 화면에 띄워지는 속도가 거의 일치하고 곧바로 상대방에게 전송하는 것도 가능하기 때문에 글의 내용에 대한 반응도 즉각적으로 이루어진다. 메신저나 채팅은 거의 실시간으로 글을 써서 주고 받게 되며, 인터넷 게시판의 글도 흔히 '리플(reply)'이나 '댓글'이라고 부르는 반응글을 통해 신속한 쌍방향적 소통이 이루어질 수 있다.

과거 아날로그 시대에 붓으로 쓴 글이나 인쇄소에서 찍어낸 글은 쉽게 수정을 할 수가 없었던 데에 비해 디지털 시대의 글은 언제든지 손쉽게 고칠 수 있다. 자료가 잘못되었거나 자신의 생각이 바뀌었을 경우, 인쇄된 책의 내용을 수정하여 다시 인쇄하기 위해서는 많은 시간이 소요되고 절차도 번거롭다. 하지만 인터넷 상의 게시판에 쓴 글은 글쓴이가 로그인을 하거나 비밀번호 입력만 하면 언제든지 쉽게 수정을 할 수 있으며, 심지어 수정한 흔적도 거의 남지 않을 수 있다.

쉽게 수정할 수 있고 쌍방향적인 소통이 빠르게 이루어질 수 있다는 특성 때문에 디지털 글쓰기는 한층 역동적이라고 할 수 있다. 발신자와 수신자 사이의 의사소통이 언제든지 가능하고 자신과 타인의 사고, 행동을 변화시킬 가능성이 커지기 때문이다.

과거의 글쓰기의 방식에서는 글을 써서 많은 사람들에게 자신의 정보와 생각을 전달하는 것은 소수의 사람들에게만 허용된 것이었다. 물론 일기나 편지는 문맹(文盲)

만 벗어나면 누구나 쓸 수 있는 것이었겠지만, 수많은 일반적 대중들을 대상으로 글을 쓰는 사람은 기자나 작가, 학자처럼 별도의 자격을 갖춘 사람이어야 했다. 하지만 지금은 별다른 훈련이나 자격 요건 없이도 누구나 인터넷 게시판에 글을 써서 수많은 사람들이 그 글을 읽게끔 할 수 있다. 그만큼 글쓰기의 대중화가 이루어졌다고 할 수 있다.

이모티콘(emoticon)이나 줄임 표현 등을 통해 생각과 감정을 최대한 간략하게 표현하려는 것도 디지털 글쓰기의 특징이다. 과거의 글쓰기에서도 압축적인 표현은 많이 있었다. 하지만 PC 통신 시대와 인터넷 시대, 스마트폰 시대를 거치면서 신속한 커뮤니케이션이 미덕인 시대가 되다보니, 과거보다도 더욱 간결한 표현을 즐겨 쓰게 되었으며 각종 신조어(新造語)들도 급격히 늘어나게 되었다.

과거의 글이나 책은 그 자체로 완결성을 갖춘 텍스트(text)들이었지만 인터넷 상의 웹 문서들은 수많은 하이퍼링크(hyperlink)들로 연결되어 있는 하이퍼텍스트(hypertext)들이다. 어디가 처음이고 끝인지 알 수 없도록 무한하게 연결된 망에서 수많은 글들이 상호 연결되고 상호 참조적인 관계에 놓여있다.

하지만 디지털 시대의 글쓰기가 지닌 여러 가지 문제점도 부각되고 있다. 깊은 이성적 사유를 통해 나온 글보다 즉흥적이고 감각적인 가벼운 글들이 주를 이루고 있으며, 정보의 사실 여부나 출처를 신뢰하기 힘든 글들도 흔히 볼 수 있다. 남의 글을 베끼고 옮겨오는 일, 혹은 구입하는 일이 너무나 손쉬워졌기 때문에 표절과 짜깁기 글이 난무하는 상황을 맞게 되면서 글쓰기의 '윤리적 불감증'을 지적하는 사람도 많아졌다. 뿐만 아니라 인터넷 상의 글쓰기가 익명성(匿名性)에 기대어 이루어지는 경우가 많다는 이유로 예의 없고 거친 글이 넘쳐나고 있다. 디지털 기기에 익숙한 정도나 세대에 따라 사용하는 표현과 어휘가 크게 달라서 사회적 갈등의 요인으로 대두되기도 한다.

내용 전개 방식:

"딱! 한 잔만"으로 출발했던 술자리가 2, 3차를 돌며 끝없이 이어지곤 하는 음주 습관이나 "딱! 한 프로만"을 위해 켠 TV를 밤새 시청하고 결국 애국가까지 듣고 마는 TV 시청 습관은 비슷한 점이 많다. 2, 3차로 이어지면 예외 없이 사람이 술을 마시는 게 아니고 술이 사람을 마시게 되듯이 TV 시청도 점차 몰입이 더해지면 사람이 프로그램을 고르는 게 아니고 TV가 오히려 시청자를 고르는 형세가 되는 것도 유사하다. 술 취한 사람들이 스스로 취했다고 말하지 않듯이 대부분 TV 시청 중독자들도 자신이 TV 시청 중독자들도 자신이 TV 시청에 깊이 빠져 있다는 사실을 시인하려 들지 않는다는 점에서도 비슷하다.

과음한 다음날 아침 두통이 나는 것도, 밤늦게까지 잠을 설친 채 TV 시청으로 시간을 보낸 사람에게 머리가 아파 오는 증세가 나타나는 것과 유사하다. 전날 과음과 과시청으로 인해 계획된 일을 그르치고 후회하는 것도 비슷하고, 무절제한 음주 및 TV 시청을 반복하지 않겠다는 다짐에도 불구하고 며칠을 못 가 번번이 약속을 깬 후 자책하며 허망한 자괴감에 빠지곤 하는 것도 유사하다. 이렇듯 과음과 과시청의 피해는 비슷한 점이 많다. (김기태, 「TV 중독」 중에서)

....

....

....

....

....

....

내용 전개 방식:

연습문제 3

두 문단을 읽고 각각을 요약하시오. 또 두 문단의 관계를 말하시오.

딜타이(W. Dilthey)는 사람이 지닌 성격의 유형을 다음의 세 가지로 나누고 있다. 그것은 감능적(感能的) 인간형과 명상적 인간형, 그리고 영웅적 인간형이다. 첫째 유형은 매사를 감성적으로 처리하며, 충동적인 생활을 영위하는 자들이다. 이들은 단체 생활이나 회의에서 분위기에 따라 협조적일 수가 있다. 둘째 유형은 앞서와는 달리 침착하며, 조용하게 당면 문제에 대처하는 명상적인 세계관을 가진 자들이다. 셋째 유형은 의지적인 영역이 우세하며 자신의 목적을 달성하기 위해서는 어떠한 장애 요소나 저항도 단호히 극복해 내는 과격한 성격의 소유자를 말한다.

이 세 가지 인간형 가운데 사회생활에서 문제가 되는 것은 바로 셋째 유형이다. 여기 속한 이들은 얼른 보기에는 매우 활동적이고 적극적인 면이 있어 좋은 듯도 하지만, 얼마를 지나고 나면 생산적인 결과보다는 그렇지 못한 결과를 초래하기가 일쑤다. 이들은 자기의 생각과 행동은 가장 정당하며 타당하다고 믿기 때문에 그 어떤 것보다도 우선해야 하며, 그렇지 않을 때는 비협조적이 되거나 아니면 방관자가 되어 버리고 만다. 이를테면, 회의 같은 데서 논의해야 할 의제보다는 자신의 과시와 권위를 더 중요시함으로써 핵심적인 협동 문제보다는 자기중심적이고 주변적인 문제에 집착하여 아집을 부린다. 더구나 자기 의견대로 일이 되지 않았을 때는 우월감과 열등감이라는 이율배반적인 감정에 사로잡혀 분란을 일으키거나 비협조자가 되고 마는 것이다. 이런 유형의 사람은 교육계나 교회 등에서도 볼 수가 있다. (정길남, 「권위주의」 중에서)

연습문제 4

아래의 글을 읽고 물음에 답하시오.

(가) 사회가 건전하게 발전하기 위해서는 여러 가지 조건들이 충족되어야 하겠지만, 그중에서도 사회 성원들 간의 연대 의식은 사회의 발전을 이룩하는 데 있어서 필수적인 조건이다. 더욱이 산업과 과학의 발달로 말미암아 사회의 조직과 기능이 점점 분화되고 전문화되어감에 따라, 사회의 연대 의식은 그 어느 때보다도 절실하게 요청되고 있다. 왜냐하면 오늘날 사람들의 사고방식이나 생활양식도 크게 달라지고 다양화되어, 사회에 대한 일체감이나 소속감이 약해져서 사회 전체의 결속과 단결이 어렵게 되어가기 때문이다. 사회 연대 의식은 사회의 분열을 방지하고 사회에 대한 개인의 소속감이나 공동체 의식을 키워서 개인 상호간의 협동을 가능하게 해주는 것이다.

(나) 인간이 구성하는 사회관계 중에서 성원 각자의 어떤 행위가 전 구성원의 책임으로 돌려지는 경우, 이를 연대 관계라고 한다. 그런데 이런 연대 관계는 모든 개인이 자기의 행위뿐 아니라 다른 성원의 행위에 대해서도 책임을 진다는 소극적이고 수동적인 연대를 넘어서 어떤 성원의 일정한 행위로 인해 생겨나는 이익을 함께 향유할 자격을 갖는다는 능동적이고 적극적인 연대도 포함된다. 그런데 이러한 연대 관계는 인간이 공동의 수단을 가지고 공동의 목적을 위해 함께 일하는 데서 갖게 되는 이해관계의 공동성에서 생겨나며, 이는 나아가서 동료에 대한 의무감, 공동의 목적이나 이념을 위한 헌신, 드디어는 몰아적인 희생감으로까지 발전하기도 한다.

(다) 그런데 가족이나 씨족과 같이 성원들이 같은 피로 맺어져 있는 자연적 기초에 입각한 연대 관계에 있어서는 일반적으로 그 성원에 대한 절대적인 소속을 요구하고 그 균형 상태를 분열 파괴시키는 모든 힘에 대해서 봉쇄적인 태도를 취한다. 그리고 만일 어

느 한 성원이 외부로부터 공격을 받을 경우에는 그 전체가 이에 반응하고 반대로 한 성원이 범한 죄에 대해서도 그 전체가 책임을 부담한다. 이와 같이 동질적 성원의 유사성을 기반으로 하여 형성되고 그 공통의 가치 이념이 개인의 그것을 초월하여 구속력을 행사하는 경우의 결합 관계를 기계적 연대라고 부른다. 그것은 기능적으로도 미분화된 상태이며, 집단이 개인들을 흡수하여 동질적 단위로 환원함으로써 성립하는 관계, 즉 마치 무기물의 분자결합에도 비유할 수 있는 그러한 결합 관계이다. (황경식, 「철학 속의 논리」 중에서)

1. 각 문단에 사용된 전개 방식을 적어보자.

(가)

(나)

(다)

연습문제 5

마지막 문장을 이어서 전체 글을 요약하는 결론을 쓰시오.

좀벌레 한 마리가 나의 〈이소경(離騷經)〉에서 '추국(秋菊)', '목란(木蘭)', '강리(江蘺)', '게거(揭車)' 등의 글자를 갉아먹었다. 처음에는 너무 화가 나서 잡아죽이려 했는데, 조금 지나자 그 벌레가 향기로운 풀만 갉아 먹은 것이 기특하게 여겨졌다. 그래서 특이한 향내가 그 벌레의 머리와 수염에 넘쳐나는지를 조사하고 싶어서 아이를 사서 반나절 동안 집안을 대대적으로 수색하게 했다. 갑자기 좀벌레 한 마리가 기어나오는 것이 보여 손으로 잡으려 했는데, 빠르기가 흐르는 물과도 같아 순식간에 달아나 버렸다. 그저 은빛 가루만 번쩍이며 종이에 떨어뜨릴 뿐 좀벌레는 끝내 나를 저버렸다.

지영은 〈천자문〉을 팔백 번이나 썼고, 홍경로는 〈자치통감〉을 세 번이나 직접 베꼈다. 호담암이 양구산을 만났는데, 양구산이 팔뚝을 들어 보이며 이렇게 말했다.

"이 팔뚝을 책상에서 서른 해 동안 떼지 않았더니 그제야 도에 진전이 있었네."

또한 횡포로 간 귀양 간 장무구는 14년 동안 매일 새벽녘이면 항상 책을 안고 창 아래에 서서 책을 읽었는데, 돌 위에는 두 발뒤꿈치 자국이 은은하였다. 두곡 고응척은 젊었을 때 직접 사면이 모두 벽이고 단지 구멍만 두개 뚫린 집을 지었다. 두 구멍 가운데 하나는 음식을 넣는 곳이고 다른 하나는 바깥 사람과 말을 주고받는 곳이었다. 고응척은 3년 동안 〈중용〉과 〈대학〉을 읽고 나서야 집을 나왔다. 중봉 조헌은 평생토록 잠이 없어서 밤에는 책을 읽고 낮에는 밭을 갈았다. 밭두둑에 나무를 걸쳐 책을 세우고는 소를 몰고 왔다 갔다 하면서 여러 책을 두루 읽었다. 밤에는 또한 어머니 방에 불을 때면서 땔나무 빛에 비춰 책을 보았다. 옛사람이 학문을 닦는 데 이렇게 열심이었으므로 남보다 크게 앞섰던 것이다.

이에 비하면 우리 같은 무리들은 그저 물 마시고 밥 먹고 잠 잘 뿐이다. (이덕무, 「이목구심서(耳目口心書)」 중에서)

연습문제 6

다음 글을 읽고 마지막 문장의 내용으로, 전체 글을 요약하는 결론을 한 문단으로 쓰시오.

지나간 옛 역사는 과연 현재의 우리에게도 필요한 것인가. 이것은 어쩌면 어리석은 질문에 지나지 않을는지도 모르겠다. 그러나 실은 누구나가 한번쯤은 스스로에게 물어보는 질문이기도 하다. 지나간 날에 자기 민족이 위대한 대제국(大帝國)을 건설하였다든가 혹은 또 찬란한 문화를 창조하였다든가 하는 것을 오늘의 자랑으로 삼으려고 생각하는 사람들이 있다. 그러나 이것은 몰락한 양반(兩班)의 후예들이 옛 족보(族譜)를 붙들고 한 가닥 마음의 위로를 받는 가련한 모습과 같은 것이어서는 안 된다. 한편 지난날의 초라한 역사를 부끄러이 여겨서 되도록 이를 잊어버려야 한다고 생각하는 사람들도 있다. 이것도 자기 조상이 상놈이었다든가 혹은 백정(白丁)이었다든가 하는 사실을 애써 숨기려고 하는 따위와 같은 것이어서는 안 된다. 현재에 있어서 역사란 자랑스럽다거나 혹은 부끄럽다거나 하는 감정적인 것 이상의 무게를 지닌다.

그러면 역사와 현실은 어떻게 연결되는 것인가. 역사가들은 종종 현재라는 창구를 통하여 과거를 가장 잘 이해할 수 있다고들 한다. 과거가 이미 죽은 것이 아니고 현재와 어떤 연결을 맺고 있는 것이라고 한다면, 현재의 상황으로부터 과거를 이해하는 실마리를 찾는다는 것은 불가능한 일이 아니다. 그렇기 때문에 허다한 과거의 사실들 중에서 역사적 사실로서 서술할 것에 대한 선택을 할 수가 있게 된다.

역사는 단순한 과거의 사실만은 아니다. 적어도 역사라는 것을 서술된 역사로서 이해하는 경우에 그러하다. 거기에는 일정한 기준에 따르는 선택이 불가피하다. 그리고 현재의 절실한 요구에 그 선택의 기준을 둔다는 것은 올바른 태도다. 가령 현재 민권의 문제가 중요한 관심이 되어 있다면 이에 대한 역사를 살펴보는 것은 바람직한 일임이 분명하다.

그러나 이것은 역사의 의미에 대한 해석을 현재에 기준을 두고 한다는 뜻일 수는 없다. 만일 그렇다면 현재에 동시에 존재한 몇 개의 대립된 현실관(現實觀)은 서로 모순되는 몇 개의 역사서술(歷史敍述)을 가능하게 한다는 이야기가 된다. 이러한 이론은 극단적으로 말하면 진리가 아니라 권력에 아부하는 어용사학(御用史學)의 가능성을 인정한다는 이야기도 된다. 이것은 결국 학문으로서의 역사학을 부정하는 결과밖에 가져오지 않는다.

오히려 반대로 과거의 객관적인 역사적 사실에 입각해서 현실을 봐야 한다. (이기백, 「역사를 보는 눈」 중에서)

4) 글의 구조와 요약하기

구조 파악의 필요성

글을 제대로 읽기 위해서는 글쓴이의 의도와 목적을 정확히 파악할 수 있어야 한다. 글의 구조를 읽는 과정은 글쓴이가 주제를 부각하기 위해 구성요소들을 어떻게 조직화했는가를 파악하는 것이다. 이 조직화의 과정 속에 들어 있는 글쓴이의 의도와 목적까지 제대로 파악할 수 있어야 글을 제대로 읽었다고 말할 수 있다. 여기서 구조란 부분과 부분, 부분과 전체의 유기적 틀을 의미한다. 글 속의 문장들은 단순히 나열되어 있는 것이 아니다. 문장들은 어떤 의도에 의해 다른 문장들과 관계를 맺고 있다. 문단 역시 저자의 의도에 의해 다른 문단들과 유기적 관계를 맺는다. 즉, 문장과 문단들은 글 속에서 구조화되어 있는 것이다. 정확한 구조 읽기를 위해서는 앞서 논의된 핵심어 찾기, 문단의 유형 등을 통해 각 문장이나 문단의 역할을 파악하는 연습이 필요하다.

구조도 그리기

글의 내용과 구조를 명확하게 파악하기 위해서는 글 속의 주요 내용들을 계층화할 수 있는 능력이 필요하다. 여기에 관여하는 것이 범주화나 항목화 능력이다. 글의 내용을 범주화와 항목화를 통해 그려낸 예가 아래의 그림이다.

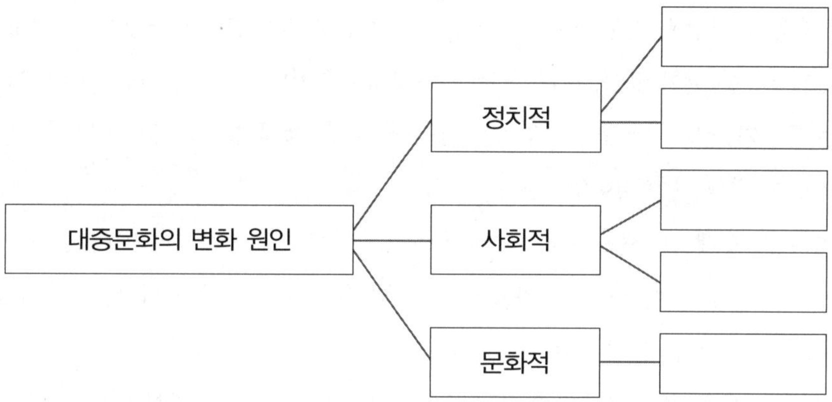

위와 같은 그림은 글의 구조를 보여주는 것이라고 할 수 있다. 글을 읽을 때는 각각의 범주를 중심으로 항목형으로 요약하는 것으로 구조도를 대치할 수 있다.

항목화와 범주화를 통해 구조를 그려내는 활동은 자신의 글을 구성하는 데도 유용하다. 글의 설계를 위해 구조도를 그릴 때 주의해야 할 점은 아래와 같다. 첫째, 상위 개념과 하위 개념의 관계가 일관되어야 한다. 상위 개념을 하위 개념으로 나누는 기준을 명확히 하고 각각의 기준이 일관되게 해야 한다는 것이다. 둘째, 동일 위치에 놓이는 개념들끼리는 대등한 값을 가져야 한다. 즉 하위 항목들 간에 겹치는 부분이 생기지 않도록 하는 것이 좋다. 셋째, 상위 개념을 하위 개념으로 나눌 때 빠진 부분은 없는가에 대해 사고하는 과정이 중요하다.

연습문제 1

다음 글을 읽고 아래 물음에 답해보자.

(가) 오래 전 러시아에 갔을 때, 외국인에겐 아주 고가로 팔리는 세계 최고 수준의 연주회, 공연 등의 입장권 일부를 아주 싼 값으로 가난한 자국민에게 공급하는 제도가 있는 걸 듣고 감동한 일이 있다. 정확한 액수는 잊어버렸지만, 요컨대 대중 교통비를 조금 상회하는 정도의 돈만 가지고도 '볼쇼이 발레단' 같은 세계 정상의 문화예술을 즐길 수 있는 시스템이 돼 있다는 것이었다.

(나) 역시 또 오래 전, 샌프란시스코에서 로스앤젤레스로 내려오다가 작은 마을의 아담한 도서관에 들른 적이 있었다. 카펫이 깔린 바닥 위의 마춤하게 짠 서가 사이사이에 혹은 의자에 앉은, 혹은 서가에 비스듬히 기댄, 혹은 아예 카펫 위에 길게 엎드린 사람들이 독서삼매에 빠져 있었는데, 놀랍게도 젊은 엄마들이 데려온 돌쟁이조차 안 된 아이들이 여기저기에서 엉금엉금 기어다니고 있었다.

(다) 지금 여기, 내 책상 위에 두 장의 인쇄물이 있다. 한 장은 8만 원짜리 어떤 공연 티켓이고, 다른 한 장은 책 사들일 돈이 없다면서 내 저작물을 좀 무료로 보내줄 수 없느냐는 어느 지방대학 도서관의 호소문이다. 요즘 웬만한 공연의 좋은 자리는 몇 만원이야 기본이고 10만 원을 상회하는 것도 많다. 세계적인 연주단체의 연주나 공연은 10만 원 단위를 훌쩍 뛰어넘기도 한다. 그보다 좀 싼 공연이 전혀 없는 건 아니지만, 대개 싼 게 비지떡이다. 가난한 서민들로선 몇 년이 지나도 연주회장이나 공연장에 갈 엄두조차 낼 수 없다. 그러면서 동시에 다른 한 편에선 저자에게 책을 구걸하는 몰상식한 도서관도 있다.

(라) 90년대 이후 문화예술판도 완전히 자본에 잠식당했다고 본다. 돈 놓고 돈 먹기다. 정부 예산이나 기타 문화예술을 위한 공공기금은 비약적으로 늘어났지만, 자본의 논리에 따른 한건주의 지원이거나, 잘못된 평등주의에 밀린 나눠먹기가 대부분이다. 자존심 때문에 나눠먹기에 차마 끼어들 수 없는 참된 창작인들은 문화예술의 공공적인 투자가 아무리 늘어나도 기실 거의 혜택이 없다.

(마) 지난주 모처럼 환한 뉴스 하나를 만났다. 세종문화회관이 매월 하루씩 천 원짜리

공연을 기획한다는 내용이었다. 공연 내용도 알차게 꾸미겠다고 했다. 좀 더 공연 일수를 늘렸으면 좋겠다는 생각이 없는 건 아니지만 첫술에 어찌 배부르기를 바라랴. 이렇게 시작해 차츰 공연 일수도 늘어나고, 나아가 국립극장, 예술의 전당은 물론 상대적으로 좀 더 바닥이 튼튼한 공연 단체의 공연에 이르기까지, '천 원짜리의 행복' '3천 원짜리의 행복' 이런 식으로 세종문화회관의 훌륭한 기획 의도가 도미노처럼 번져 갔으면 좋겠다.

(바) "국민적 증오심은 문화가 얕은 나라일수록 심하다."

오스카 와일드의 말이다. 우리 사회의 온갖 분열과 경계, 또는 양극화의 문제는 절대 경제적 성장만으로는 모두 치유할 수 없다. 반사회적인 이런 단층은 무엇보다 양질의 예술문화로 그 틈을 효과적으로 메워 갈 수 있다고 본다. 그런데, 문화예술에 대한 공공적 투자가 잘못돼 오히려 '국민적 증오심'을 부추기는 결과가 된다면, 얼마나 어리석은가. 갈망이 있어도 돈이 없어 예술판에 갈 수 없는 사람들, 뛰어난 예술 재능을 가졌으나 역시 돈 없어 그 재능을 황폐화시키는 사람들까지 마침내 '국민적 증오심'을 갖게 된다면, 경제고 정치권력이고 간에, 우리 사회는 사막이 될 수밖에 없다. (박범신, 「1000원짜리 문화의 행복」 전문)

1. 핵심어를 사용하여 (가)~(바)의 문단을 요약해보자.

(가)

(나)

(다)

(라)

(마)

(바)

2. (가)~(바)의 요약을 한 문단으로 서술해보자.

3. 각 단락의 요약으로부터 전체를 요약하는 과정으로 이동하기 위해 반드시 필요한 과정은 무엇인지 말해보자.

요약은 원문을 그대로 옮기는 것이 아니다. 아래 그림은 '연습문제 1' 에서 각 단락의 핵심 어구를 뽑아 구조화한 것이다.

총 6개의 단락에서 핵심 어구를 뽑아낸 것만으로는 요약문을 제대로 구성할 수 없다. 이들 단락 간의 관계가 어떤 것인지를 제대로 파악해야 글을 정확하게 이해했다고 할 수 있다. 단락 간의 관계를 그린 것을 위의 그림과 비교해보자.

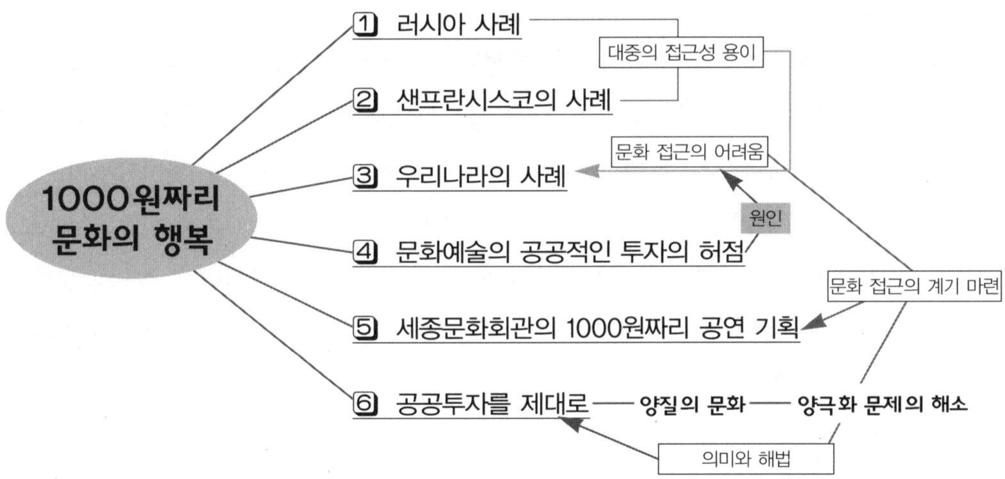

이와 같이 단락들 간의 관계를 조망했을 때만이 정확한 요약을 할 수 있게 된다. 이를 통해 요약한 예문을 보면 아래와 같다.

러시아나 샌프란시스코의 사례에서는 대중이 문화예술에 접근할 수 있는 시스템이 갖추어져 있다는 사실을 알 수 있다. 그러나 우리나라의 현실은 그렇지 않다. 대중이 문화에 접근할 수 있는 통로는 막혀 있다. 문화예술에 대한 공공투자가 이루어지고 있다고는 하나 제 역할을 하지 못하는 실정이다. 세종문화회관에서 '1,000원짜리 문화 공연'을 기획했다는 소식이 전해진다. 대중이 문화예술에 접근하는 계기를 마련했다는 점에서 의미가 있다. 공공투자가 제대로 이루어져야 대중이 양질의 문화를 접할 수 있고 이를 통해 양극화 문제 등을 해소할 수 있다.

연습문제 2

다음 글을 읽고 구조를 그려보자. 구조를 중심으로 요약해보자.

고전 중의 고전인 『논어』가 동양의 지적 전통에서, 특히 조선조 이래의 우리 전통에서 발휘한 기능은 무엇보다도 사대부 혹은 독서인의 수신제가의 지침서로서였다. 혹은 엘리트 집단으로서의 신분 상승을 꾀하는 사람들의 과거시험을 위한 필수 독서목록의 하나로서였다. 적어도 유가(儒家)에서는 마치 서양 쪽에서 '그리스도의 추종'이 그러했듯이 삶의 추종과 형성의 원본으로 기능했다고 할 수 있다. 그러나 구시대적 추종의 교과서라는 성격을 사상하고 단순히 하나의 옛 고전으로 이 책을 대할 때 보통 독자가 발견하는 것은 무엇일까?

우리는 우선 인간 선의에 대한 믿음에 기초한 긍정적 인생론으로서 이 책이 매우 재미있다는 것을 알게 된다. 또 금언으로 축약된 지혜에 감동한다. 그리고 앞에서 보았듯이 인간미 넘치는, 그러면서도 그릇 큰 공자의 인간상에 감복한다. 그러나 무엇보다도 그 간명한 언어와 평명한 사상에 깊은 인상을 받는다. 언어와 표현의 간결한 강건성은 특히 영어 번역본을 읽어보면 그 특징이 드러난다. 그 사고의 평면성은 알게 모르게 유가사상이 우리 삶 속에 스며 있었기 때문이라고 할 수도 있다. 그러나 그 어느 항목을 읽어보더라도 심오한 난해성이나 유현한 신비성과는 거리가 멀다. 처음부터 저작으로 쓰인 것이 아니고 공자의 언행을 기록했다는 발생학과 연관되는 국면이기는 하나 일상적 덕목을 간략하게 요약해서 일러주는 교사적 태도에서 나온 것이라 할 수 있다. 무량한 훈고와 해석의 원천이 되어 주고 있는 명징성과 간결성은 어디서 오는 것이며 그 지혜는 어떻게 뽑아낸 것일까?

공자의 상고주의(尙古主義)는 이름난 것이고 그가 서(書), 시(詩)의 고전을 숭상하고 연구했음은 말할 것도 없다. "내가 종일토록 먹지도 아니하고 밤새도록 자지도 아니하면서 곰곰이 생각해 보았지만 소용이 없었다. 배우는 것이 제일이다"(吾嘗終日不食, 終夜不寢, 以思, 無益, 不如學也: 「衛靈公」篇)라고 토로하고 있는 것도 사실이다. 그러나 마르크스가 '인류의 유아기'라 부른 바 있는 고대에 있어 시인이나 철인은 대체로 지적 전통의 과도한 부담이나 매개에서 자유로운 채 아직 이름 붙여지지 않은 인간현실을 유아적 경이와 발견의 눈으로 바라볼 수 있었고 그 결과 간명한 표현으로 집약할 수 있었다고 생각할 수도 있다. 인간현실과 인간행동의 원형적 상황을 집약적으로 포착하고 그 윤곽을 또렷하게 부각시킴으로써 간결한 명징성에 도달했다고 할 수 있다. 자질구레한 심리묘사나 인정의 기미는 사상한 채 극한적 원형적 주제나 줄거리만을 부각시키는 고전비극의 경우와 비슷하다고 할 수 있다. 고전비극과 견주어 볼 때 근대극이나 근대소설이 잔소리나 자질구레한 세목의 나열이라는 감개를 주는 것은 어쩔 수 없다. 고전비극이 주는 충격적인 감동은 그 원시적 사나움과 함께 고대적 단순성에서 온다. 『논어』에서 보게 되는 것도 이러한 고대적 단순성이다. "가는 것이 이와 같구나, 밤낮을 가리지 않는다"(逝者如斯夫, 不舍晝夜: 「子罕」篇)는 강변의 사색이 갖는 호소력은 그것이 아마도 최초의 발언이라는 데서 오는 것이라 할 수 있다. 유사한 감개의 토로는 그 후 얼마든지 발견되는 것이다. 그러므로 고전을 읽는다는 것은 인류의 유아적 경이나 최초의 원형적 감개와 접하는 것이고 상호텍스트성이라는 혼합적인 메아리의 단초와 접하는 것이다. 그것은 대체로 후속의 메아리들이 가지고 있지 못하는 강건하고 뚜렷하며 싱싱한 울림을 가지고 있다. 그리고 아득한 역사성이 지니게 마련인 고유의 '옛 것의 향기'를 가지고 있다. 『논어』이건 그리스 고전비극이건 삶과 사람에 대한 명상과 성찰을 담고 있지만 모두 도덕적이라는 특성을 가지고 있다. 좁은 의미의 도덕이 아니라 매튜 아놀드가 지적한 대로 '어떻게 살 것인가'란 문제와 유관한 것은 모두 도덕적이라는 넓은 의미로서 말이다. 다른 점이 있다면 그리스 비극의 주인공이 고매함과 숭고함을 지닌 위대한, 그러면서도 보통 사람에게는 범례보다는 경고로 작용하는 인물임에 반해서 『논어』가 권면하는 인물은 원만하고 덕성스러우며 이웃과 더불어 즐기며 살아가는 낙천적 현실주의자란 점일 것이다. 『논어』에는 즐긴다는 말이 자주 나온다. 행복하지 않고서는 어진 사람이 될 수 없다는 시사로 읽어도 크게 잘못은 아닐 것이다. 심리적 기미를 쉽게 간파하는 섬세한 심성의 소유자였던 공자는 세상의 자그마한 일을 소홀히 하지 않았다. 상중에 있는 사람 옆에서는 배불리 먹지 않았고 곡소리가 들리는 날이면 노래를 부르지 않았다(「述而」篇).

삶의 근원적인 의문에 대한 대답(그것이 곧 문화이다)이 풍성하지 못했던 인류의 유아기에 있어 지혜로운 사람일수록 그 물음은 치열하고 빈번하고 초급한 것이었을 것이다. 사회적 · 문화적 소외라는 개인적 불우가 혹종의 사상가로 하여금 사상적 유리점으로 작용하여 새로운 시각과 전망을 가능하게 하는 경우가 흔히 있다. 문화적 매개나 기존의 해답에서 비교적 자유로운 채 세계와 대지의 신비를 생각하고 사람이 가야 할 길을 모색하는 계기와 필요성은 인류의 유아기일수록 초급하고 절실했을 것이다. 따라서 고대의 고전 속에서는 질박하고 단순한 대로 이 근원적인 것과의 대결에서 생겨난 정신적인 반응과 응답이 엿보인다. 강건하고 단순하면서도 후대의 번쇄(煩碎)함에 물들지 않았다는 점에 고전의 본원성이 있다고 해야 할 것이다.

문자 그대로 언행록인 『논어』에는 체계적인 내용 분류나 배열의 순서가 없다. 애당초 그러한 분류나 순서 설정이 무의미하다. 그것은 이 책의 발생학과 관련되는 사항이지만 선행 저작의 구속을 별로 받지 않은 단초성과 연관될 것이다. 우리는 거기서 인공과 인위의 간섭이 배제된 자연의 숨결을 느낀다. 고전은 선행 저작과 경쟁하지 않고 자연과 경쟁하는 것이기도 하다.

동양 고전의 성격을 말해주는 또 하나의 국면에 주의를 돌리는 것도 쓸모 있다. 문학작품을 내용과 형식이 합일된 유기적 통일체로 간주하는 관점이 있다. 그런데 책의 내용과 체재 사이에도 어떤 상관관계가 있다. 동양 고서는 대체로 장정이나 표지가 요란하지 않다. 색인 항목도 없다. 목차가 있는 경우에도 대략적인 것이고 쪽수가 적혀 있지 않은 것이 보통이다. 효율성과 능률을 존중하는 관점에서 본다면 이용하기가 불편한 책이다. 그러나 이러한 불편함은 독자에게 편의적인 책읽기를 거부하면서 통독을 요구한다. 필요한 대목만 찾아서 참조하는 사무적 속독이 불가능한 체재다. 한편 장정이나 표지가 담담한 무표정을 특색으로 한다는 것은 책 내용 이외의 외적인 요소로 독자를 현혹하지 않겠다는 진정성의 선언이다. 요컨대 책 자체에 끌린 독자로 하여금 철두철미 통독을 요구하는 체재인 것이다. 상업적 동기에서 책도 만들고 또 유동시킨 것이겠지만 그것이 별로 드러나지 않고 있다. 동양 고서의 이러한 전근대성에 고전의 고전다움이 구현되어 있다 해도 망발은 아닐 것이다. 고전이 읽혀지지 않는 대신 고전의 축약적 참고서가 널리 읽히는 것은 고전적 희화이다. (유종호, 「우리에게 고전은 무엇인가」 중에서)

〈구조 그리기〉

연습문제 3

다음의 글을 읽고 아래 물음에 답해보자.

(가) 어떤 기업 광고에서 '콜럼버스의 달걀'을 소재로 삼아 상식을 뛰어넘는 발상의 전환을 강조하는 것을 보았다. 콜럼버스의 아메리카 대륙 상륙이 뭐 별거냐고 시비가 붙자 즉석에서 달걀 세우기 논쟁이 벌어졌다. 콜럼버스가 달걀을 집어들고 퍽 하니 그 밑동을 깨고 세웠다는, 소문으로 전해지는 유명한 이야기다. 이 이야기에는 일이라는 것이 해놓고 보면 별것 아닌 듯싶지만 언제나 '최초의 발상 전환'이 어렵다는, 매우 자존심 강한 메시지가 담겨 있다.

(나) 그런데 우리는 이 콜럼버스의 달걀에 대하여 문제성을 느껴본 적은 없는가. 그 기업과 광고 작성자에 대해 비판하려는 것이 아니라 우리의 문명사적 의식 전반에 깔린 무의식의 성격에 문제를 제기해보려 하는 것이다. 여기서 주목하고자 하는 점은, 콜럼버

스의 달걀이 이제는 상식을 넘는 발상이라기보다는 도리어 그것이 상식이 되어버린 역사적 과정과 현실이다.

(다) 달걀의 겉모양은 어떻게 생겼는가? 그것은 타원형이다. 애초에 세울 이유가 없도록 설계되어 있는 것이다. 둥지에서 구르더라도 그 둥지의 반경을 벗어나지 않도록 고안된 생명의 섭리가 담겨 있다. 만일 원형이었다면 굴렀을 경우 자칫 둥지에서 멀리 이탈되어버리기 십상이다. 각이 졌다면 어미 새가 품기 곤란했을 것이다. 타원형은 그래서 생명을 지키는 원초적 방어선이다.

(라) 따라서 달걀을 세워보겠다는 것은 그런 생명의 원칙과 맞서는 길밖에 없다. 먹기 위해서가 아니라면. 둥지에서 벗어나지 않도록 만들어진 생명체를 자신이 원하는 자리에 고정시켜 장악해야겠다는 생각이 콜럼버스의 달걀을 가능하게 만드는 뿌리이다. 그래서 그것은 상식을 깬 발상 전환의 모델이 아니라, 생명을 깨서라도 자신의 구상을 달성하겠다는 탐욕적 · 반생명적 발상으로 확대된다.

(마) 실로 콜럼버스와 그의 일행은 카리브 해안과 아메리카 대륙에 상륙해서 자신들이 원하는 금과 은을 얻기 위해 무수한 생명을 거리낌 없이 살육했다. 결국 콜럼버스의 달걀은 서구의 제국주의적 팽창 정책을 뒷받침하는 사고의 원형이 된다. 그것이 전개되는 과정에서 아시아 · 아프리카 · 중동 등지에서 얼마나 많은 생명이 이런 식으로 무지막지하게 달걀 세우기를 당했는지 모른다. 우리도 그 가운데 하나다. 콜럼버스의 손에서 달걀이 지표면에 내리쳐지기까지의 거리는 짧고 그 힘은 개인에게 한정되어 있지만, 그 거리와 힘 속에는 제국주의라는 문명사적 탐욕이 압축되어 있었던 것이다.

(바) 오늘날 이 달걀 세우기는 콜럼버스 시대 이후 여러 가지 변형된 모습으로 우리의 삶을 지배하고 있다. 그래서 가령 인간의 탐욕을 채우기 위해서는 지구의 생명이 파괴되는 것이 문제가 아니며, 지식 수준만 높이면 된다는 교육관이 아이들의 정신 생명을 시들게 해도 무감각하며, 기득권을 독점하려는 생각은 국민의 정치 생명을 상처 내는 현실을 끊임없이 만들어내고 있다. 또한 팔아먹기만 하면 된다는 발상들은 음란물을 양산하여 인류의 문화 생명 그 밑동을 으스러뜨려 놓고 있다. 폐수로 범벅이 되었다는 한탄강의 비극은 이런 달걀 세우기의 상식이 도달하는 운명적 종착역이다.

(사) 정작 오늘날 필요한 발상의 전환은, 달걀을 어떻게 하면 세울 수 있을 것인가라는 질문에 갇혀 그 답을 모색하는 일에서 가능한 것이 아니라, 달걀의 모양새가 왜 타원

형인가를 진지하게 묻는 일에서 시작된다. 원래의 타원형을 지키는 새로운 노력이 '오늘의 상식'을 깨지 못할 때 생명의 신음 소리는 도처에서 계속 들리게 될 것이다. 그리고 그것은 다름 아닌 우리 자신의 죽음으로 다가오게 된다. 바로 이러한 문명사적 위기를 극복하려는 마음이야말로 진정한 발상 전환의 출발점이 아닌가. (김민웅, 「콜럼버스의 달걀에 대한 문명사적 반론」 중에서)

1. (가)~(사) 문단을 핵심어를 중심으로 요약해보자.

(가)

(나)

(다)

(라)

(마)

(바)

(사)

2. 각 단락의 관계를 중심으로 윗글의 개요를 그려보자.

3. 각 단락의 요약과 개요도를 참조하여 윗글을 한 단락으로 요약해보자.

연습문제 4

다음의 글을 읽고 아래 물음에 답해보자.

(가) 가치란 옳은 것과 그른 것의 본질에 대한, 네가 네 삶에 있어 사물, 사람, 사건에 부여하는 상대적인 값어치에 대한 꽤 지속되는 개념이다. 가치는 보통 복잡해지고 산업화된 가장 '기초적'인 것으로부터, 모든 문화와 사회에 존재하는 복잡한 도덕이나 종교 체계로 형체화된다. 가치는 사람들의 행동의 척도다. 그것은 바람직한 것이 무엇이고, 어느 정도로 바람직하고, 그러므로 사람들은 무엇을 갈구해야 하는가를 지적해 준다. 그것은 또 남들에게 여러 가지 선택과 행동이 가능할 때 '올바른' 선택을 할 수 있게 해 준다고 생각되는 안내 체계를 제공한다.

(나) 가치 판단을 하면서 사용하는 '나쁘다', '좋다', '도덕적', '비도덕적'과 같은 말들은 그것이 적용되는 대상이나 사람 자체의 질을 나타내는 것이 아니다. 가치 판단은 인간에 의해 대상에 규정된 것이다; 그것은 대상 '자체'의 속성이 아니다. 어떤 것이 어떤 개인이나 집단에게 선한 이유는 선하다고 규정되었기 때문일 따름이다.

(다) 의사소통할 수 있는 능력이나 언어 사용 능력이 없었다면 평가(즉, 가치 판단하

는 것)는 불가능했을 것이다; 기호 없이는 어떤 것이 선하다 악하다는 말을 다른 사람에게 전해 듣지 못했을 것이다. 우리의 도덕 체계를 가능하게 해 주는 것은 의사소통이다. 미와 추에 대한 판단도 선함과 악함의 경우와 마찬가지다. 미란 보는 사람의 눈에 달렸다고들 한다. 네가 미를 발견할 수는 없다— 너는 단지 사람들이 그것을 어떻게 규정하나를 발견할 따름이다. 이것들은 인간에 의해 만들어진 구분인 것이다.

(라) 가치는 기본 욕구와 처한 환경의 특수성 사이의 복잡한 상호 작용에 의해 형성된다. 예를 들어, 모든 인간은 생존하기 위해 먹고자 하는 욕구가 있지만 같은 음식에 모두 같은 가치를 두지 않는다. 미국에서는 소고기를 일상적으로 먹지만, 인도에서는 신성한 소에 손을 댈 수 없다. 어떤 지역, 종교, 국가에서 어떤 음식이 가치 있느냐는 부분적으로는 어떤 음식이 더 유용하냐에 의해 결정된다. 그러므로 가치는 장소에 따라 다르다. 각각의 욕구는 다양한 방식으로 충족되어질 수 있기 때문이다.

(마) 무엇에 가치를 두느냐는 그때 사람들이 충족시키려고 하는 욕구가 무엇이냐에 근거한다. 이차 세계 대전 후의 풍요함 속에서 대부분을 산 세대들의 '물질주의'는 미국에서 대공황을 겪은 세대들에 의해 비난받았지만, 그 물질주의는 욕구 단계의 변화에 영향을 끼쳤다. 사람들이 신체적, 사회적 욕구를 충족시키는 물질적 풍요라는 단계를 알게 되자 더 이상 필요 없게 된 신체적, 사회적 욕구들을 거절했다. 그것이 다음 단계의 욕구를 채워주지 못했기 때문이었다. 그래서 그 다음 단계의 욕구가 이제 훨씬 두드러졌다.

(바) 가치는 잘 변하지 않는다. 그것은 인간의 기본 욕구에 의해 형성되며, 아주 어린 나이에, 어찌 보면 절대적인 방식으로 습득되기 때문이다. 너희는 이것을 해야 한다, 그리고 저것은 하지 말아야 한다 하는 식으로. 그러나 집단에 의해 지지되는 많은 가치들 가운데는 서로 대립되는 가치들이 있을 수 있으며 또 실제로 종종 대립된다. 네가 대립되는 가치들과 관련된 어떤 행동을 하기 위해서는 대립되는 가치들 가운데 어떤 것이 더 중요하며 더 본질적인가, 어떤 것이 다른 것에 선행하는가를 결정해야만 한다. (G. E. Myers & M. T. Myers, 「대인관계와 의사소통」 중에서)

1. (가)~(바) 문단을 핵심어를 중심으로 요약해보자.

(가)

(나)

(다)

(라)

(마)

(바)

2. 각 단락의 관계를 중심으로 윗글의 개요를 그려보자.

3. 각 단락의 요약과 개요도를 참조하여 윗글을 한 단락으로 요약해보자.

심화문제: 생명과학의 발전과 새로운 사회윤리

다음의 예문을 읽고 물음에 답해보자.

생명과학의 눈부신 발달이 새로운 사회윤리를 요구하고 있다. 바야흐로 인간 유전체(genome)가 거의 그 전모를 드러냈고, 양에서 출발한 체세포 복제가 급기야 원숭이에 이르렀다. 인간 유전체의 염기서열을 밝힌다는 것은 실로 엄청난 과학적 개가다. 하지만 그것은 우리 유전체에서 어느 유전자가 어디에 앉아 있느냐는 배치도를 그린 것에 불과하다. 왜 그 유전자가 그곳에 있게 되었는지, 무슨 일에 관여하는지 등을 밝히려면 앞으로도 몇 십 또는 몇 백 년이 더 걸릴 것이다.

요즘 우리 사회는 인간 배아 연구를 허용할 것인가, 허용한다면 어디까지 할 것인가를 놓고 뜨거운 논란을 거듭한 끝에 급기야 2001년 5월, 과학기술부 생명윤리자문위원회가 '생명윤리기본법(가칭) 기본 골격안'을 발표하기에 이르렀다. 인간의 존엄성을 지키면서 생명과학의 발전을 꾀해야 한다는 두 마리 토끼를 좇아야 하는 어려움을 안고 있었던 이 법안이 배아 복제 연구를 사실상 원천적으로 금지함으로써 논란이 수그러들지 않고 있다.

이 논란의 한가운데에는 '수정 후 14일 기준'이라는 웃지 못 할 쟁점이 있다. 수정이 된 지 14일을 전후하여 인간 배아는 이른바 원시선(primitive streak)이라는 형태를 갖추는데, 이곳으로부터 모든 기관들이 만들어지기 때문에 그 이전의 '세포덩어리'와는 구별해야 한다는 주장과 수정란부터 생명을 지닌 인간으로 봐야 한다는 주장이 팽팽히 맞서고 있다.

그러나 14일 기준에 과학적인 객관성을 부여하기는 사실 어렵다. 14일이란 시각도 사람에 따라 조금씩 다를 수 있고 기관이 만들어지는 시각이 가져야 할 중요성이 그리 특별날 이유도 따로 없다. 수정란을 생명체로 간주하는 견해는 더욱 큰 문제를 안고 있다. 이번에 발표된 생명윤리기본법은 수정이 되는 순간부터 인간의 생명이 시작된다는 입장을 취하고 있다. 수정란에 생명을 부여한다는 것은 수정란도 성체와 똑같이 보호해야 한다는 윤리적 당위성을 수반하기 때문에 그 파급 영향이 자못 크다.

이 같은 결정에는 과학적으로 피할 수 없는 모순이 도사리고 있다. 인간의 경우 임신의 거의 80%가 이런저런 이유로 산모의 몸 속에서 자연 유산이 되는 것으로 알려져 있는데, 그렇다면 여성들의 절대 다수는 자기도 모르는 가운데 생명체를 죽이는 살인자가 되는 셈이다. 수정란이나 초기 배아를 중시하자는 의견들은 다 생명 경시 풍조를 지적하는데, 비록 모르고 저지르는 일이기는 하지만 엄연한 살인이 되는 걸 어찌하랴. 그것도 자기 자식의 생명을 죽이는 일인데.

새들을 비롯한 지구 상의 거의 모든 동물들은 수정란을 몸속에 품지 않는다. 물고기나 개구리들은 아예 수정도 몸 밖에서 하지만 체내 수정을 하는 새들도 수정이 되기 무섭게 알을 몸 밖으로 내놓는다. 둥지에 놓여 있는 알을 과연 '생명체' 로 봐야 할 것인가. 그렇다면 오리 알을 날것으로 들이마실 때 한 생명체를 통째로 그것도 산 채로 삼키는 셈이 된다.

생명, 생명체, 그리고 유전자

'생명의 시작' 을 얘기하려면 어쩔 수 없이 유전자로 환원할 수밖에 없다. 어차피 생명체란 유전자가 더 많은 유전자를 만들기 위해 만들어낸 매개체에 불과하기 때문이다. 생명체란 유전자의 정보에 따라 만들어져 이 세상에 태어나 일정한 시간을 보내곤 허무하게 사라지는 존재이지만 유전자는 세대를 거듭하며 살아남는다. 생명의 역사는 한마디로 DNA라는 기막히게 성공적인 화학물질의 일대기에 지나지 않는다. 생명은 이처럼 한 생명체의 탄생에서 시작하는 것이 아니라 태초부터 지금까지 면면히 이어온 DNA의 표현일 뿐이다.

그렇다면 '생명체의 시작' 은 과연 어디인가. 생명체, 즉 스스로 숨 쉬고 번식하는 독립적인 실체의 시작 말이다. 일란성 쌍둥이의 경우에는 하나의 수정란이 포도송이와 같은 세포덩어리가 되었다가 무슨 이유에선지 둘로 갈린 후 완벽하게 정상적인 두 개체로 성장한다. 하나의 수정란이 세포덩어리가 되기 이전의 그들을 과연 두 생명체로 봐야 할지 아니면 아직은 하나의 생명체로 봐야 할지 참 애매한 일이다. 이런 관점에서 보면 배아는 완전한 생명체로 보기 어렵다.

배아는 유전자가 생명체를 만들어내는 중간 과정일 뿐이다. 다시 말하면 유전자가 생명 현상을 독립적으로 수행할 수 있는 '몸'을 만들어주고 그 몸이 '의식'을 얻어야 비로소 하나의 생명체가 탄생한다고 봐야 한다. 인간은 특별히 완전하지 않은 신경계를 가지고 태어나는 동물이다. 그래서 만일 신경계가 '자의식'을 확립하여 하나의 완벽한 '영혼'으로 거듭나는 시기를 기준으로 삼아야 한다면, 어머니의 몸을 빠져나와서도 한참이 지난 후이다.

이처럼 생명체의 시작을 논한다는 것은 공허한 일이다. 생명은 연속적인 것이기 때문이다. 생명의 시작은 DNA의 탄생과 때를 같이한다. 그 태초의 바다에 떠다니던 많은 화학 물질들 중에 어느 날 우연하게도 자기 자신을 복제할 줄 아는 묘한 화학물질인 DNA가 나타나 지금에 이르기까지 수십억 년 동안 다양한 '몸'들을 만들며 살아온 것이 바로 생명의 역사다. 지금은 비록 인간의 몸속에, 그리고 개미와 은행나무의 몸속에 들어앉아 있지만, 그 모든 DNA는 전부 하나의 조상 DNA로부터 분화한 자손들이다.

이런 점에서 생명이란 하나의 생명체의 관점에서 볼 때 분명히 한계성(ephemerality)을 지니지만, DNA의 눈으로 보면 태초부터 지금까지 면면히 이어온 영속성(perpetuity)을 지닌다. 무성생식을 하는 생물들의 경우에는 DNA가 복제된 후 몸이 갈라지기만 하면 번식이 이뤄지지만, 유성생식을 하는 생물들은 자신의 DNA의 절반을 운반하는 난자와 정자를 만들고 그들이 서로 만나야 비로소 수정란이 된다. 난자와 정자도 생명의 연장선상에 있다. 그러나 그들을 별개의 생명체로 보기는 어렵다. DNA가 가진 생명은 생명체에서 생명체로 이어진다. 난자와 정자는 연결고리에 불과하다. 생명은 계속 이어지고 있으나 생명체는 잠시 단절된다.

수정란을 완벽한 생명체로 볼 수 없다고 해서 그들을 마구 다뤄도 괜찮다는 것은 결코 아니다. 배아 복제 실험을 마친 후 그 배아를 어떻게 처리할 것인가 하는 문제는 결코 가볍게 다룰 수 없다. 지금 이 순간에도 우리나라를 비롯하여 세계 각처에서 벌어지는 낙태 시술의 현장을 재현해서는 절대 안 된다. 우리 모두 이마를 맞대고 이런 모든 순간에서 절대로 생명의 존엄성이 훼손되지 않도록 해야 할 것이다. 다만 '생명체의 시작'을 논한다는 것이 공허한 일이며 그 공허하고 모호한 기준에 따라 생명과학자들의 연구 활동을 원천적으로 봉쇄하는 일은 더욱 불합리하다.

수정란의 생명을 절대로 인정해선 안 된다는 논리도 성립할 수 없다. 지나치게 인간 중심적인 사고에서 벗어나 자연계를 두루 둘러보면 수정란을 하나의 완벽한 생명체로 보기 어려울 뿐이다. 또 인간이 자의식을 얻어야만 비로소 생명체로 인정할 수 있는 것도 아니다. 의식과 자의식 간에는 엄청난 차이가 있다. 인간을 제외한 다른 동물들에게 자의식을 부여하기는 힘들지만 그들에게 의식이 없는 것은 아니다. 그래서 억지로 '생명체의 시작'을 논해야 한다면 유전자가 만들어준 몸이 독립적인 의식을 확보할 때로 보는 것이 수정란으로 보는 것보다 덜 비합리적일 것이라고 생각한다.

복제 인간과 함께 사는 세상

밤새 눈이 엄청나게 많이 내려 이웃 사람들이 미끄러지기 전에 집 앞을 치워야겠다는 생각에 밖에 나와 보니, 이미 말끔하게 치워져 있었다. 알고 보니 옆집에 새로 이사 온 젊은 부부가 치웠다고 한다. 자기 집 앞도 치우지 않는 사람들이 많은 요즘 같은 세상에 참 보기 드물게 예의 바른 부부란 생각에 흐뭇했다. 이웃을 잘 만난다는 것만큼 큰 행복도 별로 없지 않은가. 그러던 어느 날 우연히 그 부부가 복제 인간이라는 사실을 발견했다고 하자. "어쩐지 어딘가 수상쩍다 싶었다니까" 할 것인가. 아니면 "복제되었으면 어때, 사람만 성실하고 좋으면 됐지"라고 할 것인가?

섬뜩하게 들릴지 모르지만 그리 먼 훗날의 얘기가 아니다. 지난 세기말 영국의 윌머트(Ian Wilmut) 박사가 복제양을 만든 것을 시작으로 세계는 마치 경쟁이라도 하듯 인간 복제를 향한 발걸음을 재촉해왔다. 우리는 바야흐로 우리 자신을 복제할 수 있는 시대에 살게 되었다. 기술적으로는 더 이상 큰 어려움이 없다. 그래서인지 종교계는 신성(神聖)을 훼손하는 일이라며 엄청나게 술렁이고 있다. 과학이 우리 삶의 질을 향상시킨다는 것을 부정할 사람은 적으나, 왠지 점점 더 거대한 공포의 대상으로 우리를 몰아넣고 있다는 느낌 역시 지울 수 없다.

그러나 과학에 대한 좀 더 명확한 이해가 필요할 것 같다. 사람들은 마치 금방이라도 히틀러나 무솔리니 같은 이들이 여기저기에서 나타나 온 세상을 쑥밭으로 만들기라도 할 것처럼 호들갑이다. 지금 우리가 하고 있는 일은 어디까지나 유전자 복제이지 결코 생명체 복제가 아니다. 아무리 칭기즈칸을 복제한다 하더라도 그가 칭기즈칸으로 성장할 가능성은 거의 없다. 위대한 정복자가 될 약간의 포악한 성격은 타고날지 모르나, 세상이 완전히 딴판으로 바뀐 현대에 그가 제2의 칭기즈칸이 될 확률은 거의 영에 가깝다. 테레사 수녀를 여럿 복제한다 해도 그들이 모두 남을 위해 평생을 바치지는 않을 것이다.

복제 인간은 출산 시간이 좀 많이 벌어진 쌍둥이에 불과하다. 나는 쌍둥이로 태어나지 않았지만, 내가 만일 지금 나를 복제한다면 무슨 이유에선지 어머니의 뱃속에서 몇 십 년을 더 있다가 쌍둥이 동생이 뒤늦게 태어난 것뿐이다. 몇 초 간격으로 태어난 쌍둥이 형제들도 결코 똑같은 사람으로 자라지 않는 것과 마찬가지로, 그 늦둥이 쌍둥이 동생이 나와 완벽하게 같을지라도 그 유전자들이 발현되는 환경이 나와 다르기 때문에 전혀 다른 인간으로 성장하게 될 것이다.

그렇다면 세상에 쌍둥이들이 좀 많아진다는 것이 그렇게도 끔찍한 일인가? 유전자 복제보다 우리가 더 심각하게 고민해야 할 것은 유전자 조작의 문제이다. 복제 인간은 한두 번 만들어보다 시들해질 가능성이 크지만, 유전자 조작은 걷잡을 수 없는 방향으로 마구 뻗어나갈 것이다. 복제양이 만들어진 이후 미국에서는 누구를 복제하고 싶으냐는 여론 조사가 있었다. 마이클 조던과 레이건 대통령을 비롯한 저명인사와 인기인들의 이름들이 거론되었다. 우승을 갈망하는 어느 농구 구단주가 마이클 조던을 복제하여 운동장에 내놓을지는 모르지만, 그런 일이 얼마나 많이 벌어지겠는가? 부족한 노동력을 충당하기 위해서나 세상을 무력으로 정복하려는 계획을 세운다면 모를까 대규모로 복제 인간들을 생산할 이유는 그리 많지 않을 것이다.

유전자 조작의 매력은 복제 인간에 대한 기대에 비할 바가 아니다. 유전자의 기능들이 속속 밝혀지고 내가 가진 결함들이 어떤 유전자에 의해 발생하는 것인지를 알게 될 때, 그 유전자를 보다 훌륭한 유전자로 바꾸고 싶은 욕망이 왜 일지 않겠는가. 노화의 비밀이 밝혀져 다만 몇 개의 유전자만 바꾸면 몇 십 년을 더 살 수 있게 된다면 누군들 마다하겠는가.

얼마 전 미국에서는 불치의 병을 앓고 있는 첫째 아이에게 골수를 이식해줄 수 있는 사람을 찾다가 실패하자 현대 유전학의 힘을 빌려 계획적으로 건강한 둘째 아이를 임신한 어느 부부의 행동에 대해 뜨거운 논란이 있었다. "물에 빠진 사람 지푸라기라도 잡는다"는 옛말처럼 죽어가는 자식을 살리기 위해 과학에 기댔기로 누가 과연 그들에게 돌을 던질 수 있단 말인가. 생각하기조차 끔찍한 일이지만 내가 만일 그런 상황에 놓인다면 나는 두 번도 생각하지 않을 것이다.

영혼은 복제되지 않는다

앞에서 언급한 대로 생명체는 누구나 한계성 생명을 지닌다. 최소한 지구에서 사는 생명체는 모두 그렇다. 그래서 종교에서는 대체로 우리의 생명은 한계성을 지니지만, 믿음과 의식을 통해 영원불멸의 경지에 도달할 수 있다고 가르친다. 기독교와 천주교의 가르침에 따르면 우리가 우리를 창조하신 영원불멸의 존재를 믿고 그를 거역하여 지은 원죄를 인정하면 내세에 이르러 영원한 생명을 얻을 수 있다고 한다. 불교에서는 생명이 한계성을 지니되 그것을 담아줄 그릇, 즉 육체를 바꿔가며 윤회한다고 가르친다. 생명체를 일시적 집합체로 보는 불교의 무아설(無我說)은 DNA가 하나의 생명체를 만들었다가 해체시키곤 또 만들고 하는 진화의 기본 원리와 흡사하다. 한계성을 전제로 한 생명의 개념이지만, 영생의 가능성을 배제하지 않는 것이다.

그러나 생명이 한계성을 지닌다는 것은 어디까지나 개체의 관점에서 보았을 때의 얘기다. 생명체는 누구나 어김없이 죽을 수밖에 없지만, 그의 형질들은 유전자를 통해 길이 자손 대대로 전달될 수 있다. 그래서 『이기적인 유전자』(*The Selfish Gene*)의 저자인 옥스퍼드 대학 진화생물학자 도킨스(Richard Dawkins)는 유전자, 즉 DNA를 '불멸의 나선(immortal coil)'이라 부르고 생명체는 그 불멸의 나선을 복제하기 위해 태어난 '생존 기계(survival machine)'에 불과하다고 했다. 하버드 대학 생물학자 윌슨(Edward Wilson)도 이 관계를 "닭은 달걀이 더 많은 달걀을 얻기 위해 잠시 만들어낸 매체에 불과하다"라고 비유했다. 개체의 관점에서 본 생명은 한계성을 지니지만, 유전자의 눈높이에서 바라본 생명은 영속성을 지닌다.

DNA의 기본 구조는 현재까지 확인된 모든 생명체에서 동일하다. 다윈이 주장한 대로 오늘날 이처럼 다양한 지구 상의 모든 생물들은 모두 태초에 우연히 생성된 그 어느 성공적인 복제자 하나로부터 분화되어 나왔기 때문이다. 비록 오랜 세월이 지난 지금에는 제가끔 보다 효율적인 복제를 위하여 다른 생존 기계들 안에 들어앉아 있지만, 과거로 거슬러 올라가보면 모두 하나의 조상을 모시는 한 집안 식구들이다. 이처럼 생명은 무수히 많은 가지를 뻗었으나 모두 하나로 연결되어 있는 연속성(continuity)을 지닌다.

지금까지 늘 그래왔듯이 DNA는 어떤 방법으로든 계속 복제의 길을 걸을 것이다. 그러나 영혼은 절대 복제되지 않는다. 자연과학자인 나는 영혼도 결국 물질의 표현일 수밖에 없다고 믿는다. 그러나 같은 DNA를 지녔다고 영혼도 똑같아질 것이라고 생각하는 것은 잘못이다. 왜냐하면 한 사람의 영혼이란 부모로부터 물려받은 DNA 위에 세상을 살며 터득한 온갖 지식들이 한데 어울려 엮어진 산물이기 때문이다. 인간 복제가 현실로 우리 앞에 설 것은 기정사실이다. 무지에 바탕을 둔 두려움을 앞세울 것이 아니라 열린 마음으로 대처해야 한다. 복제된 인간과 그렇지 않은 인간들 간의 화합과 평등을 걱정하는 것이 현명할 것이다.

학제 연구의 필요성

어떤 형태로든 유전자 조작 기술이 우생학적으로 사용되는 것은 막아야 한다. 아시아가 낳은 가장 위대한 지도자 중 한 사람으로 추앙받는 싱가포르의 전 수상 리콴유도 한때 엄청난 실수를 범할 뻔한 일이 있었다. 좁은 나라에서 모두가 자식들을 낳아 기르면 안 된다는 조급한 마음에 지능과 능력이 월등한 사람들만 자식을 가질 수 있게 하자는 법령을 만들려다 국민들의 거센 반발에 서둘러 철회하고 말았다. 조작 기술이 인간을 차별하는 도구로 전락하면 그것이 바로 우리의 존엄성을 해치는 일이다.

시간문제일 뿐 유전자 조작을 비롯한 인간 복제 전반에 관한 실험이 어떤 형태로든 일어날 것은 불을 보듯 뻔하다. 인위적으로 규제한다고 영원히 막을 수 있는 문제가 아니다. 구더기가 무섭다고 판도라의 상자를 닫아둘 수는 없다. 인간 유전자의 호기심이 절대 그대로 내버려두지 않을 것이다. 우리나라에서 막는다고 해서 세계가 함께 참아줄 것도 아니다. 결국은 어느 나라에선가 하게 되고 지나치게 소극적인 정책을 편 우리나라는 그런 나라들로부터 정보를 사들여야 하게 된다. 판도라의 상자를 열되 조심스럽게 열 수 있도록 생명과학자들을 도울 일이다.

과학자들의 연구는 충분히 보장해야 한다. 구더기가 무서워 장 담그기를 멈출 수는 없다. 다만 그러한 지식을 어떻게 활용할 것인가를 심각하게 논의해야 한다. 과학자라고 해서 책임을 회피할 수는 없다. 현대의 과학자들은 더 이상 노벨이 걸었던 길을 걸을 수 없다. 현대 과학이 자칫하여 저지를 수 있는 사고는 더 이상 다이너마이트에 비할 바가 아니기 때문이다. 생명과학의 자기반성과 성찰이 그 어느 때보다 절실하다. 과학자들 스스로 국민이 납득할 수 있는 가이드라인을 세워야 한다. 다른 모든 일이 다 그렇듯이, 자율 규제가 지나친 외부의 간섭을 막는 제일 좋은 방법이다.

생명과학 분야의 거의 모든 정보가 미국의 손아귀로 흘러들고 있다. 복제양은 영국이 처음 만들어냈지만 특허권은 미국의 손에 들어가버렸다. 미국은 현재 자체적으로 가장 활발한 연구를 하고 있는 것은 물론 다른 나라에서 개발된 기술과 지식도 모두 사들이고 있다. 이대로 가면 전세계가 생명과학 지식에 관한 한 미국의 속국이 될 날이 멀지 않았다. 원천적으로 봉쇄할 것이 아니라 우리 모두가 함께 연구에 참여해야 한다. 생명과학자들로 하여금 스스로 합당한 윤리 규범을 만들도록 시간을 줘야 한다. 아직 족쇄를 채울 때가 아니다. 인문사회학자들과 생명과학자들의 학제적 공동 연구가 절실하다.

인간 유전체 연구 결과가 발표되기 얼마 전, 당시 클린턴 미국 대통령과 블레어 영국 총리가 공동 기자회견을 갖고 인간 유전체 정보는 세계가 함께 공유해야 한다고 주장한 바 있다. 그렇게 엄청난 예산을 쏟아 부으며 추진해온 사업인데 갑자기 자선 사업을 하겠다니 선뜻 이해가 가지 않은 행동이었다. 그 두 정치인이 그런 주장을 하게 된 배후에는 엄청난 재원을 투자하여 시작한 사업이 자칫하면 일개 유전공학 회사에 뒤지고 말지 모른다는 위기감이 자리하고 있었다.

그러나 우리나라 같은 유전 정보 후진국들은 그들의 발언에 책임을 물을 필요가 있다. 생명과학 정보와 기술은 발견하는 것이지 발명하는 것이 아니다. 새로운 과학적 발견에 특허를 준다는 것은 어딘가 모순이 있어 보인다. 나 역시 중미 열대 지방에서 알려지지 않았던 곤충을 찾아내 신종으로 발표한 적이 있지만, 그 종에 대한 특허를 내지는 않았다. 인간은 물론 다른 모든 생명체 안의 유전자에 관한 정보들에 선진국들이 특허를 내며 독점하는 행위에 제동을 걸어야 한다. 인문사회과학자들의 도움이 절실하다. 우물 안 개구리들처럼 누구는 뛰려 하고 누구는 발목을 잡으려 할 것이 아니라 함께 가장 실리적이고 합리적인 길을 모색해야 할 때다. (최재천 엮음, 「과학 · 종교 · 윤리의 대화」 중에서)

앞의 글을 읽고 글쓴이의 견해를 요약해보자.

2. 확장하기

사관(史觀)

미래는 불확실하지만 과거는 확실하다. 시간의 흐름은 단선적이므로 미래는 아직 오지 않은 상태이고 과거는 이미 있었던 일이 된다. 미래와 과거를 바라보는 기본적인 상식에 의하면 그렇다. 하지만 미래는 그렇다 쳐도 과거도 그럴까? 흔히 미래는 알 수 없으나 과거는 다 안다고 생각한다. 정말 그게 사실일까?

안다는 것을 어떻게 규정하느냐에 따라 그 답은 달라진다. 과거에 관한 인식이 누구나 똑같다면 과거를 다 안다고 할 수 있을 것이다. 하지만 그렇지 않기 때문에 과거는 미래에 못지않게 미지의 영역이다. 과거를 바라보는 눈, 역사를 보는 관점을 사관이라고 한다.

1909년 10월 26일 만주의 하얼빈 역에서 조선의 안중근이라는 청년이 일본의 거물 정객인 이토 히로부미를 권총으로 사살했다. 일본 제국주의가 조선을 식민지로 병합하려는 시점에서 일어난 일이기에 조선 민족은 이 사건을 의로운 쾌거로 해석했고, 오늘날까지 안중근을 의사(義士)로 부르며 존경하고 있다. 그 반면에 메이지유신의 핵심 인물이며 일본의 총리를 몇 차례나 지낸 이토 히로부미는 일본의 건국 영웅이나 다름없었으므로 일본 민족은 안중근을 테러범으로 규정했다.

여기서 어느 관점이 옳다고 말할 수는 없다. 조선과 일본의 관점은 물론이고 제3자의 관점이라 해도 반드시 옳은 것은 아니다. 다만 사관이 다르면 역사 해석이 달라진다고만 말할 수 있을 따름이다.

이런 사관의 차이는 같은 민족 내부에도 얼마든지 있을 수 있다. 안중근의 저격 사건이 있은 지 꼭 70년 뒤인 1979년 10월 26일 대통령 박정희가 중앙정보부장 김재규에게 암살을 당했다. 박정희 지지자들은 이 사건을 부모나 임금을 죽일 때 사용하는 시해(弑害)라는 말로 표현했다. 공화국 시대에 어울리지 않는 시대착오적인 발상이다. 그 반면 김재규를 포함한 박정희 반대자들은 의거(義擧)라고 주장했다. 결국 박정희는 '시해' 되었고, 그 사건은 의거가 되지 못했으나 그렇다고 해서 박정희 지지자들의 논리가 옳은 것은 아니다.

이렇듯 역사는 지나간 과거에 속하지만 한 사람의 행위가 아니라 수많은 사람들의 행위와 이해관계가 엇갈려 있기 때문에 객관적인 평가가 불가능하다. 게다가 사관은 시대에 따라 달라지기도 한다. 고대 이집트의 파라오는 피라미드를 건설하기 위해 수십만 명의 인력을 동원했고 그 건설 과정에서 무수한 인명이 희생되었으나 오늘날 그들의 후손들은 피라미드 덕분에 해마다 막대한 관광 수입을 올린다. 7세기 중국 수나라의 황제인 양제는 화북과 강남을 잇는 대운하를 건설하기 위해 국력을 탕진하고 백성들을 도탄에 빠뜨려, 이후 고구려에 패배하고 멸망의 비운을 겪었다. 하지만 그 대운하가 없었다면 후대의 중국의 번영은 기대할 수 없었을 것이다.

사관과 역사의 평가는 구분해야 한다. 사관은 반드시 필요하고 또 없앨 수도 없지만 역사의 평가는 대체로 특정한 시대의 관점이 반영되므로 오히려 역사를 왜곡할 가능성이 있다. 걸핏하면 되살아나 민족 감정을 건드리곤 하는 한일 고대사의 해묵은 문제도 마찬가지다. 고대에 한반도 남부 가야 지역에 한반도와 일본의 교역을 중재하던 무역기지가 있었다는 역사적 사실을 현대적 관점에서 무리하게 평가하려 하면 현재의 국가 이데올로기가 개재되게 마련이다. 그 결과 고대에는 한국이나 일본이라는 나라가 존재하지 않았음에도 불구하고 한국은 그 기지를 통해 한반도 문명이 일본으로 전래되었다고 주장하고, 일본은 그 기지를 통해 한반도 남부를 지배했다고 강변하는 우스꽝스러운 대립이 생겨난다.

과거에 무인도였던 독도가 지금 누구 땅이냐는 문제에 역사를 끌어들이는 것도 역사에 대한 심각한 왜곡이다. 근대적 개념의 영토국가가 성립하기 이전 무인도였던 곳에 대해 역사적인 소유권을 주장할 수는 없다. 어느 나라 고지도에 어디 소유라고 기재되어 있다고 해서 그것이 옳다는 근거는 전혀 없다. 따라서 독도의 소유권은 역사적 문제가 아니며, 역사와 별개로 관련 국가들의 현재적 입장에 의거해 해결해야 할 문제다. (남경태, 「개념어 사전」 중에서)

확장

확장의 개념

확장은 앞서 제시된 요약에 대응되는 글쓰기 전략이다. 요약이 주어진 글을 이해하고 추상화하는 것이라면, 확장은 새로운 글을 쓰기 위해서 제시된 주제나 문장, 단어를 보다 길게 쓰는 것이다. 확장적 글쓰기는 써야 할 글에 대한 창의성과 자신의 감정과 사고를 확장하는 능력을 기르는 글쓰기이다. 따라서 글쓰기를 시작하는 사람이 글에 대해 자신감을 갖고 다양한 내용을 글쓰기에 활용하기 위해서 확장적 사고는 필요하다. 확장은 일차적으로 자신이 쓰려고 하는 글의 내용이 무엇인지를 파악하는 능력과 함께, 글쓰기의 내용을 구체화하는 능력과도 깊이 관련되어 있다.

확장의 활용

확장적 글쓰기는 자신의 느낌이나 글의 주제, 어려운 내용 등을 이해하고 그것을 풀어서 구체적으로 설명하거나 글의 내용을 독자에게 정확하게 전달하기 위한 방편으로 사용된다.

확장의 방법

이론적인 차원에서 글쓰기의 방식은 묘사 · 서사 · 설명 · 논증으로 분류된다. 그리고 그러한 분류는 확장의 차원에도 마찬가지로 적용될 수 있다. 우리는 설명의 방식을 통해 혹은 서사의 방식을 통해 보다 설득력 있는 확장에 이를 수 있다. 본 장에서는 글쓰기의 하위 방식들인 묘사 · 서사 · 설명 · 논증 등을 통해 글감을 확장해보면서 보다 효율적인 글쓰기를 위한 여러 가능성들을 탐색하게 될 것이다.

✓ 용어 '사관'(史觀)은 국어사전에는 "역사관"이라고 짧게 설명되어 있다. 그러나 필자는 '과거에 대한 인식이 똑같을 수는 없다'는 생각을 전제로, '안중근의 이토 히로부미 저격'과 '박정희 암살' 사건들이 서로 다른 시각을 갖는 사람들에 의해 다르게 의미화되고 있음을 설명한다. 그러면서, 사관과 역사를 구별해야 함을 서술하고, 동아시아 역사 분

쟁에 휘말린 여러 사건들에 대해 중립적 시각을 갖기를 바라고 있다. 단순히 '사관'이라는 단어의 의미만을 이해하는 것이 아니라, 그 말이 갖고 있는 역사학적 논의들과 현재 사회의 현상을 비판적으로 서술하며, '사관'이라는 말을 확장하고 있다.

1) 묘사로 확장하기

보라색 황혼빛이 은은하게 비껴 있는 안동 제비원 석불을 멀리서 바라본 일이 있는 사람이면 마치 꿈속에서처럼 아름답고 황홀한 마음의 울렁임을 금하지 못했을 것이다. 비바람에 보오얗게 석삭은 화강석 살결 위에 시시각각으로 변화를 일으키면서 혹은 보라색으로 혹은 연분홍색으로 환하게 피어나는 너그러운 얼굴은 아마 누구의 기억에도 영영 잊혀지지 못할 것이다. 10m나 되는 높은 자연 석벽에 몸체를 부각하고 그 위에 2.43m나 되는 큰 얼굴을 따로 새겨 얹어서 서향으로 앉힌 구상은 마지 자연과 인공의 미묘한 해화에서 오는 화음처럼 주위의 산천에 아름다움의 정기를 불어넣어 주었고, 부처님의 높은 공덕을 대자연의 공간과 시간 속에 메아리치게 해 주었다는 느낌이다. 생긴 대로의 석벽에 욕심 없이 손 가는 대로 내려 그은 옷주름 하며 밑도 끝도 없이 끝나버린 부처님의 아랫도리 등을 보면 과연 잔재주를 모르는 욕심 없는 백성의 것이로구나 싶어진다.

경상북도 안동시에서 영주로 가는 신작로를 10리쯤 나가면 조그마한 능선을 넘는 고갯길이 있고, 3층석탑이 서 있는 고갯마루턱 서면의 한 절벽 위가 바로 이 부처님의 고장이다. 이러한 마애불이나 독립석상은 한국 안의 도처에 남아 있지만, 이 여래상이 우리의 마음을 이렇게 사로잡는다는 것은 그만큼 이 부처님의 모습과 숨결이 우리 백성들의 마음에 스스럼이 없는 까닭이라고도 할 수 있고, 또 백성들의 선의와 몸집과 동떨어지지 않은 너그럽고도 정다운 모습이 석양 놀에 비칠 때 향수에 젖은 인간들의 선의가 아마 이 부처님의 얼굴에 거울처럼 옮아가는 까닭인지도 모른다.

오른손은 무릎 위에까지 너그럽게 드리웠고, 왼손은 왼편 가슴 위에 들어서 중품하생의 인계를 보인 점이라든가 서향 정립한 자세로 보면 아마 이 석불은 아미타여래상인 듯도 싶으나, 그 불명을 분명히 밝혀 주는 요건이 매우 희미한 점에 한층 한국 부처님다운 어수룩한 점이 서려 있는 것이라고 보고 싶다. (최순우, 「안동 제비원 석불」, 『무량수전 배흘림기둥에 기대서서』, 학고재, 2008 중에서)

묘사

묘사의 개념

묘사(描寫)란, 대상으로부터 받은 인상을 구체적이고도 감각적으로 재현해내는 정신의 그림 그리기이다. 바꾸어 말해 대상의 외양이나 색깔 · 소리 · 감촉 · 냄새 · 소리 따위를 그림 그리듯 구체적으로 쓰는 서술(기술) 방식이다.

묘사의 활용

묘사는 인물이나 상황 · 행동 · 풍경 같은 대상의 특성에 대해 추상적인 개념을 빌려서 설명하는 것이 아니다. 글쓴이가 대상을 자신의 감각을 통해 받아들인 대로 읽는 이에게 구체적으로 제시하면, 그것을 다시 읽은 이가 상상력을 발휘하여 그림으로 재현하여 간접 체험하는 글쓰기 방식인 것이다. 그러므로 묘사를 잘 했느냐 못 했느냐는 결국 대상의 모습을 얼마나 구체적으로 정확하고 생생하게 읽는 이에게 재현해주느냐에 달려 있다.

묘사의 방법

묘사를 잘 하기 위해서는 자신만의 관점과 시각으로 대상을 통찰하여 '지배적 인상'(가장 도드라진 인상)을 읽는 이에게 전달하는 것이 중요하다. 즉, 묘사는 초상화, 아니 더 정확히 따지자면 캐리커처(caricature)에 비유될 만한 글쓰기이다. 인물을 그대로 판박이처럼 재현하지 않고 대신에 그 특성을 날카롭게 간파하여 보는 사람에게 대상 인물이 누구인지 쉽게 떠올리게 하는 캐리커처처럼 써야 진정한 묘사라고 할 수 있다.

연습문제 1

다음 글을 읽고 지배적 느낌과 감상이 도드라지는 인물에 대한 묘사문을 한 편 써보자.

뜯어보니 여자는 나이져 보였다. 목엔 주름살이 졌고 웃을 때도 눈가에 주름살이 많았다. 서른 살 가까이 되었을까. 눈이 깊고 콧날과 입모양새도 오밀조밀 규모가 있었다. 키는 크지 않았으나 결코 작은 키는 아니었으며 어깨에서 팔로 흐른 선이 유연했다. 목덜미에 살짝 얹힌 짧은 머리가 나이 든 얼굴을 가려 주는 구실을 하였다. 원래 곱게 생긴 여자라고 생각되었다. 다만 그녀는 사내들의 시달림을 받고 있어 얼마 가지 않으면 남아 있는 모습을 잃어버릴 것 같았다. (이균영, 「어두운 기억의 저편」 중에서)

연습문제 2

아래의 글은 필자가 여행 중에 느낀 감상을 표현한 것이다. 다음 물음에 따라 글을 써보자.

- 글쓴이처럼 자신에게도 인상 깊었던 여행지가 있다면 그 풍경을 묘사해보자.
- 그러한 풍경에서 전달받은 느낌과 감상을 한 편의 글이 되도록 확장해보자.

상하이

상하이에서 오나라의 수도였던 소주까지는 두 시간이 조금 넘게 걸린다. 중국인들의 생각으로는 '금방'인 거리다. 질주하는 버스 차창 밖으로 농촌의 풍경이 보인다. 띄엄띄엄 집들이 있고 논밭이 넓게 펼쳐져 있다. 산은커녕 조그만 언덕 같은 것도 없다. 주변에 황산이 있다는 표지는 있지만 잘 믿기지 않는다. 가도 가도 끝이 없을 것만 같다. 그렇게 한참을 가다가 소주에 도착하니 대도시의 거리가 눈에 들어온다. 오밀조밀한 한국의 풍경과도 다르다.

상하이의 외탄 지역에는 근대에 지어진 서양식 건물들이 죽 늘어서 있다. 당시를 다룬 영화 촬영에서 늘 이용하는 건물들이라고 한다. 그러고 보니 〈황비홍〉에서 본 것도 같다. 외탄에서 황포강을 사이에 두고 보이는 곳은 포동이라는 신흥 개발지역이다. 외탄을 포함한 포서 지역이 과거 상하이의 영광을 간직한 곳이라면, 포동은 지금 아시아의 금융 중심으로 새롭게 부상하는 상하이의 위업을 상징한다. 270미터가 넘는 동방명주탑을 필두로 거대한 고층빌딩이 즐비하다. 세계 각국 은행의 아시아 지점이 속속 입주했고, 사무실 비용도 세계 최고 수준이다. 허허벌판이었던 포동 지역은 단 10년 만에 첨단의 신도시로 성장했다. 외탄에서 포동을 바라보면, 시간 혹은 역사라는 것의 의미를 실감할 수 있다. 원하지 않아도 우리는 그 거대한 시간 속에서 딸려가고 있다.

중국 대륙을 가본 것은 처음이었다. 홍콩이나 싱가포르에 갔을 때의 느낌과는 현저히 달랐다. 동구권이 완전히 무너진 후에도 사회주의를 고수하고 있는 곳. 여전히 공산당의 깃발이 난무하지만, 이미 모든 것이 자본주의의 틀로 움직이는 곳. 중국은 이 세상의 모든 곳이 혼재된 기묘한 곳이었다. 발 달린 것은 책상 이외에 모두 식재료로 쓰인다는 농담처럼, 중국은 사회주의와 자본주의는 물론 세상의 모든 것을 받아들여 이용하고 있었다. 그러면서도 중국 스타일로 자신들의 원칙을 버리지 않으면서. 그게 좋은 것인지 나쁜 것인지는 잘 모르겠다. 다만 실리를 중시한다는 중국인의 위력이 엄청나다는 것만은 느낄 수 있었다.

세상은 넓다. 세계 어디를 가도 그걸 느낄 수 있다. 하지만 다른 생각도 든다. 세상이 넓지만, 살아가는 것은 누구나 제각각이다. 중국이 빠른 속도로 발전하고 있지만 그건 개발 독재의 힘이라고도 한다. 역사적 경험에서 알고 있듯이 가장 효율성이 높은 것은, 독재다. 바보가 독재자라면 하는 일마다 어그러지겠지만. 수완가이거나 통찰력이 있는 독재자의 빠른 판단과 결정으로 모든 일이 이루어지는 독재는 비교할 수 없을 정도로 효율적이다. 그러나 효율성만으로 살아갈 수 없는 게 또 인간이기에, 역사는 비틀거리며 돌아오는 것이다.

중국의 멋진 풍경과 특히 상하이의 화려한 스카이라인을 보면서, 나는 별다른 생각이 들지 않았다. 아름다운 풍경이고 그것을 보는 것만으로 충분했다. 거기에 뭔가를, 이를테면 한국을 비교하고 싶은 생각도 없었다. 인천공항에서 버스를 타고 돌아오는 길에는 언덕과 밭, 집들이 한데 어울린 풍경이 펼쳐졌다. 그것도 좋았다. 무엇이 좋고 나쁜지 단칼로 가를 수는 없다. 개인적으로 좋고 나쁘고는 단지 취향일 뿐이다. 누구는 아이슬란드가 좋고 누구는 남국의 해변이 좋을 수도 있다. 살아가는 방식도 마찬가지다. 중국의 경제성장을 보면서 따라 할 수도 있고 그냥 우리의 길을 걸을 수도 있다. 사회주의가 끝장난 것도 분명하지만 그렇다고 자본주의가 미래의 희망을 걸 만한 경제체제로 보이지도 않는다.

그러면? 그냥 가보는 거다. 자신이 옳다고 믿는 길을, 단호하게. 아직 믿음이 없다면 길이 열리는 대로, 순리에 맞게 그냥 앞으로만 가보는 거다. 돌아갈 길도 골목길과 샛길도 숱하게 있는 곳이 세상이니까. (김봉석, 「전방위 글쓰기」 중에서)

묘사하기

느낌 쓰기

2) 서사로 확장하기

소년은 개울가에서 소녀를 보자 곧 윤 초시네 증손녀(曾孫女) 딸이라는 걸 알 수 있었다. 소녀는 개울에다 손을 담그고 물장난을 하고 있는 것이다. 서울서는 이런 개울물을 보지 못하기나 한 듯이.

벌써 며칠째 소녀는, 학교에서 돌아오는 길에 물장난이었다. 그런데, 어제까지 개울 기슭에서 하더니, 오늘은 징검다리 한가운데 앉아서 하고 있다. 소년은 개울둑에 앉아 버렸다. 소녀가 비키기를 기다리자는 것이다. 요행 지나가는 사람이 있어, 소녀가 길을 비켜 주었다.

다음 날은 좀 늦게 개울가로 나왔다. 이 날은 소녀가 징검다리 한가운데 앉아 세수를 하고 있었다. 분홍 스웨터 소매를 걷어 올린 목덜미가 마냥 희었다. 한참 세수를 하고 나더니, 이번에는 물 속을 빤히 들여다본다. 얼굴이라도 비추어 보는 것이리라. 갑자기 물을 움켜 낸다. 고기 새끼라도 지나가는 듯.

소녀는 소년이 개울둑에 앉아 있는 걸 아는지 모르는지 그냥 날쌔게 물만 움켜 낸다. 그러나, 번번이 허탕이다. 그대로 재미있는 양, 자꾸 물만 움킨다. 어제처럼 개울을 건너는 사람이 있어야 길을 비킬 모양이다. 그러다가 소녀가 물속에서 무엇을 하나 집어낸다. 하얀 조약돌이었다. 그리고는 벌떡 일어나 팔짝팔짝 징검다리를 뛰어 건너간다. 다 건너가더니만 홱 이리로 돌아서며,

"이 바보."

조약돌이 날아왔다. 소년은 저도 모르게 벌떡 일어섰다.

단발머리를 나풀거리며 소녀가 막 달린다. 갈밭 사잇길로 들어섰다. 뒤에는 청량한 가을 햇살 아래 빛나는 갈꽃뿐.

이제 저쯤 갈밭머리로 소녀가 나타나리라. 꽤 오랜 시간이 지났다고 생각됐다. 그런데도 소녀는 나타나지 않는다. 발돋움을 했다. 그러고도 상당한 시간이 지났다고 생각됐다.

저쪽 갈밭머리에 갈꽃이 한 옴큼 움직였다. 소녀가 갈꽃을 안고 있었다. 그리고, 이제는 천천한 걸음이었다. 유난히 맑은 가을 햇살이 소녀의 갈꽃머리에서 반짝거렸다. 소녀

아닌 갈꽃이 들길을 걸어가는 것만 같았다. 소년은 이 갈꽃이 아주 뵈지 않게 되기까지 그대로 서 있었다. 문득, 소녀가 던진 조약돌을 내려다보았다. 물기가 걷혀 있었다. 소년은 조약돌을 집어 주머니에 넣었다. (황순원, 「소나기」 중에서)

서사

서사의 개념

우리는 어떤 사건의 의미 있는 시간적 과정을 표현하고자 한다. 사건은 웅장하거나 평범한 것일 수도 있고, 전쟁 또는 축구나 야구 경기, 대통령 선거나 들놀이인 경우도 있을 것이다. 어떤 사건이든, 필자는 시간 속의 한 연속과, 경우에 따라서는 한 사건이 다른 사건으로 어떻게 전개되는가 하는 이유를 제시하고자 하는 것이다. 이러한 의도로 서술하는 것이 서사이며, 서사의 방법으로 서술된 문장을 서사문이라고 한다. 뉴스의 기사이건, 전기이건, 소설이건, 사건의 시간적 연속을 제시하는 것이 서사이다.

결국 서사는 사건을 표현하는 서술의 한 양식이다. 그것은 '무슨 사건이 일어났느냐?' 하는 물음에 대한 대답으로서 이야기의 형태를 취한다. 그렇다면 사건이란 무엇인가? 사건은 행동, 시간 그리고 의미의 세 요소를 내포한다. 모든 서사는 의미 있는 행동의 시간적 과정인 것이다.

서사의 방법

서사는 사건의 전개 그 자체를 표현한다는 점에서 사건에 대한 지식이나 이해를 돕는 '설명'과 구별된다. 또 어떤 사건이 어떻게 전개되느냐를 표현하려면 반드시 시간의 흐름을 중시해야 하기 때문에 대상에 대한 공간적 인식을 바탕으로 하는 '묘사'와도 차이가 있다.

아무 사건이나 처음부터 끝까지 무작정 그대로 써나간다고 모두 서사가 되는 것은 아니다. 서사 대상으로서 무엇이 의미 있는 사건이며 본질적으로 중요한 것들인가를 찾아내는 판단력과 이를 적절히 유기적으로 표현할 수 있는 능력이 필요하다.

그러므로 서사의 글을 잘 쓰려면 사건을 적절하게 선택하고, 그 내용이 복잡할 때에는 몇 개의 단계나 양상으로 나누어본다. 그리고 가장 본질적으로 중요한 것들을 중심으로 정확히 구체적으로 쓴다.

✓ 앞의 글은 한국인이 가장 좋아하는 소설 작품 중 하나로 꼽히는 황순원의 「소나기」의 첫 대목인데, 간결한 문장, 선명한 이미지, 순박한 소년과 그를 유혹하는 소녀의 미묘한 심리의 움직임이 사건의 진행에 따라 점점 분명하게 드러나고 있다. 황순원의 「소나기」는 이처럼 별다른 심리묘사 없이 간결한 서사만으로도 얼마나 많은 효과를 이끌어낼 수 있는지를 잘 보여주고 있다. 서사란 단순히 사건의 경과만을 보여주는 것이 아니다. 사건의 경과만을 보여주는 것은 일종의 보고서일 뿐이다. 서사적 확장은 사건의 경과를 통해 긴장감을 조성할 수 있어야 한다.

연습문제 1

다음의 만화에서 일어난 사건을 표현해보자.

나는
살금살금…
우히히..
장난쳐야지..
살금
살금..
들키지 않게
뒤로 다가갔다.
우히히..
친근감
유발..!!
이렇게 조금씩
친해지는 거야.
나는 사실
지선이와
지금보다
더 많이
친해지고
싶었다.
친숙한 장난을
쳐서 더욱
가깝게
느끼도록
해야지..
누구우~게?
덥썩!
나는
공부하고
있는
지선이의
두 눈을
가렸다.
그리고는
장난을
쳤다.
아이 맞춰봐~
누구우우~게~?
이거 안 놔준다?
찡긋!
꼬옥.
……
부비
부비.
뭐야 저건…
지선이의
눈을 가린
내 손바닥…
지선이가
보지 않게
눈을 가린
손바닥에
더욱 세게
힘을 주자
헉….!!
이거 안 놔
자식아?
완전
정색
어머야..
지선이는 정색을 했다…
나는 황급히 손을 뺐고
지선이는 그대로
얼굴을 감싸고
고개를 숙였다.
엇.. 이건 뭐지..?
그런데 그 때…
휴우…
손바닥에
뭔가 느낌이…
내 손바닥에 붙어있는
것들은…
지선이의 인조 속눈썹들…
……
머쓱…
우, 우냐..?
……
뭔가
대단한
실수를
한 느낌..
푸욱…
아뇨…
오싹..!!
싸, 쌍꺼풀도
사라졌어..
죽을래?
지선이의
부릅 뜬 두 눈은
아주 작지만
되게 매서웠다.
고개
들지마.. 무, 무서워..
스윽..

연습문제 2

아래의 글은 김승옥의 소설 「무진기행」에 대한 줄거리와 인물평이다. 좋아하는 소설 작품을 읽고 그 줄거리와 인물의 성격을 풀어 설명해보자(예: 김영하의 「흡혈귀」, 정이현의 「오늘의 거짓말」, 천운영의 「바늘」 등).

「무진기행」은 서울의 한 제약회사 간부로 있는 윤희중이라는 인물의 귀향을 그리고 있는 작품이다. 2박 3일에 불과한 이 귀향의 여정에서 그는 세무서장으로 있는 중학교 동창과 모교의 교사로 있는 박이라는 후배를 만나기로 하고, 후배인 박군과 같은 학교 동료로 있는 하인숙이라는 여인을 알게 되어 관계를 맺기로 한다. 하지만, 서울로 돌아오라는 아내의 전보를 받고는 하인숙에게 쓴 편지를 찢어버리고 곧바로 무진을 떠난다. 외견상 윤희중의 귀향담은 이처럼 비교적 간단하게 요약될 수 있는데, 그러나 문제는 그다지 간단하지 않다. 그것은 그가 무진을 떠나면서 원인 모를 '부끄러움'의 감정을 내보이고 있기 때문인데, 사실상 이 작품을 기행문이 아닌 한 편의 소설로 만들어주고 있는 것은 그가 느낀 이런 부끄러움 때문이라고 해도 과언이 아닐 정도다. 따라서 그가 느낀 부끄러움의 정체를 밝히는 과정이 작품 해석의 관건이 되는데, 작품을 재구성해볼 때 우리는 이에 대한 분명한 근거를 발견하게 된다.

그 첫 번째는 그의 속물의식이다. 그의 무진행은 자신을 비정상적인 방법으로 전무로 승진시키려는 아내와 장인의 권유에 따라 이루어진 것인데, 작품의 말미에서 그는 아내의 전보가 환기시켜주는 공작 성공의 메시지를 읽어내고 서둘러 무진을 떠난다. 하인숙과 만나 대화를 나누던 중 드러나는 그의 속생각에서처럼, 윤희중은 "'빽이 좋고 돈 많은 과부'를 만난 것을 반드시 바랐던 것은 아니지만 결과적으로는 잘되었다고 생각하고 있는 사람"인데, 이런 윤희중이 다시금 아내와 장인이 보장해준 출세의 길을 마다할 이유는 전혀 없는 것이다. 그런데도 그는 무진을 떠나면서 심한 부끄러움을 토로한다. 왜일까. 이유는 간단하다. 그것은 아내의 전보가 일러주는 삶의 행로를 밟는 것이 부끄러운 속물의 길이며, 그것은 6 · 25 당시 친구들이 자원 입대하여 전쟁터로 나아갈 때조차 어머니에게 붙들려 골방에 갇혀 지내야 했던 과거의 행동을 되풀이하는 비주체적인 행동이라는 것을 그 자신이 분명히 인식했기 때문이다.

〔중략〕 "당신 안색이 아주 나빠져서 큰일 났어요. 어머님의 산소에 다녀온다는 핑계를 대고 무진에 며칠 동안 계시다가 오세요. 주주총회에서의 일은 아버지하고 저하고 다 꾸며놓을게요. 당신은 오랜만에 신선한 공기를 쐬고 그리고 돌아와보면 대회생제약회사의 전무님이 되어 있을 게 아니에요?" 라고, 며칠 전날 밤, 아내가 나의 파자마 깃을 손가락으로 만지작거리며 나에게 진심에서 나온 권유를 했을 때 가기 싫은 심부름을 억지로 갈 때 아이들이 불평을 하듯이 내가 몇 마디 입안엣소리로 투덜댄 것도 무진에서는 항상 자신을 상실하지 않을 수 없었던 과거의 경험에 의한 조건반사였었다. (강조는 필자)

윤희중이 무진을 떠나면서 느낀 부끄러움의 정체는 이 지점에서 가장 명쾌하게 드러난다. 하인숙을 서울로 데려오는 일이 곧 자신을 무진에서의 "어둡던 청년"에서 건져올리는 일인 것을 알면서도 다시금 아내가 보장해주는 세속적인 성공의 유혹을 떨치지 못해 어렵사리 도달한 재생의 길을 스스로 외면하는 인물이 부끄러움 말고 달리 느낄 감정이란 존재하지 않을 것이기 때문이다. 죽은 어머니와 산 어머니인 아내 사이의 이런 기능적 동일성은 아울러 서울과 무진이라고 하는 이질적 공간의 가치론적 동일성까지도 알려준다. 즉, 위 인용문에서도 드러나는 것처럼, 그에게 있어 무진은 어머니가 자신을 감금했던 과거의 골방의 직접적인 확장 이상도 이하도 아니다. (김경수, 「2005년의 「무진기행」」중에서)

줄거리 요약

인물의 성격

연습문제 3

다음의 이야기를 읽고 느낀 점을 한 단락으로 확장해보자.

어느 날, 스승과 제자는 여행을 하던 중에 한 농장에 도착합니다. 주변 환경이 기름진 곳임에도 불구하고 농장은 황량했습니다. 농장 한가운데 있는 낡은 집에 사는 세 아이를 둔 부부 역시 누더기 차림이었습니다. 농장 주인은 젖소 한 마리에서 나오는 우유로 생계를 겨우 유지한다고 했습니다.

그 이야기를 듣고 농장을 떠나는 길에 스승이 제자에게 말했습니다.

"저 사람들 몰래 젖소를 절벽으로 끌고 가 떨어뜨리고 오너라."

스승을 절대적으로 믿고 따르던 제자는 가난한 농장의 생계수단인 젖소를 절벽에 떨어뜨리고 왔지만 마음이 아팠습니다.

몇 년이 지난 후, 제자는 기업가로 대성공을 하여 그 농장을 다시 찾았습니다. 그때의 일에 대해 용서를 구하고 경제적인 도움을 줄 생각이었죠. 그런 마음으로 농장에 도착했는데, 그곳은 놀랍게도 아름답고 풍요롭게 변해 있었습니다. 농장 주인은 한눈에 제자를 알아보고 그간의 이야기를 해 주었습니다.

모든 일이 젖소 한 마리가 절벽에 떨어져 버리고 난 다음에 벌어진 일이었습니다. 젖소가 없어지자 농장 주인은 허브와 채소 농사를 시작했고, 주위에 있는 나무를 베어 팔고, 새로운 묘목을 심었습니다. 그렇게 몇 년을 보내고 나자 생활이 달라진 겁니다. 주인은 말합니다.

"이곳에서 그 모든 일들을 할 수 있으리라고는 한 번도 생각해 본 적이 없었습니다. 그때 젖소가 절벽에서 떨어진 것이 얼마나 다행인지……."

우리는 누구나 이런 젖소 한 마리씩을 가지고 있을 겁니다. 당신의 젖소는 무엇입니까? (원재훈, 「오늘만은」 중에서)

심화문제 1

아래의 글은 지금껏 제대로 소개되지 않은 여성 인물의 면모를 서사를 통해 밝히고 있다. 이처럼 역사상에서 소외되어온 인물을 선정해서 서사적 방식을 통해 소개해보자.

안중근의 어머니 조마리아

자기희생을 마다하지 않은 독립투사들의 뒤엔 꼭 위대한 어머니가 있었다. 가장 대표적인 인물로 김구 · 안중근의 어머니를 들 수 있다.

1896년 김구(1876~1949)가 명성황후 시해에 대한 보복으로 일본인을 살해하여 일제 통감부하의 인천형무소에 수감되었을 때의 일이다. 아들을 면회하러 온 어머니 곽낙원은 사형선고가 틀림없을 아들에게 "나는 네가 경기감사를 한 것보다 더 기쁘다"고 큰 소리로 외쳐 아들을 격려하였다. 김구의 어머니는 나중에 상해로 가서 아들의 독립운동을 도왔는데, 김구는 50대까지 어머니에게 '사랑의 매'를 맞기도 했다.

1909년 10월 26일 을사늑약의 주범인 이토 히로부미를 처단한 안중근(1879~1910)의 어머니 조마리아는 그해 12월 중국 뤼순(여순)에서 진행된 1심 재판에서 안중근이 유죄판결을 받자 아들에게 다음과 같은 편지를 보냈다.

"응칠(안중근 의사의 어릴 때 이름)아! 네가 이번에 한 일은 우리 동포 모두의 분노를 세계만방에 보여준 것이다. 이 분노의 불길을 계속 타오르게 하려면 억울하더라도 상고를 하지 말고 우리 민족의 대의를 위해 거룩한 죽음을 택해야 될 줄로 안다. 옳은 일을 한 사람이 그른 사람들에게 재판을 다시 해 달라고 하는 것은 사리에 맞지 않는다. 더욱이 그들의 영웅으로 대접을 받고 있는 이토 히로부미를 죽인 너를 일본 놈들이 살려줄 리가 있겠느냐. 혹시 자식으로서 늙은 어미보다 먼저 죽는 것이 불효라고 생각해서 상고하겠다면 그건 결코 효도가 아니다. 기왕에 큰 뜻을 품고 죽으려면 구차히 상고를 하여 살려고 몸부림치는 모습을 남기지 않기 바란다."

이에 「대한매일신보」는 '시모시자(是母是子; 그 어머니에 그 아들)'란 표현을 썼다. 조마리아는 경찰 책임자에게 "이 나라 국민으로 태어나 나라의 일로 죽는 것은 국민된 의무다. 내 아들이 나라를 위해 죽는다면 나 역시 아들 따라 죽을 따름이다."고 말했다.

1910년 2월 7일 오전 9시 여순법정, 당시 15만 부를 발간하던 영국 최대의 주간지 「더 그래픽」의 기자 찰스 모리머는 재판 참관기를 통해 "세기적인 재판의 승리자는 안중근이었다. 그는 영웅의 월계관을 거머쥔 채 자랑스레 법정을 떠났다. 그의 입을 통해 이토 히로부미는 한낱 파렴치한 독재자로 전락했다."고 썼다. 모리머는 재판을 참관하던 많은 일본인들조차 안중근에게 지극한 존경심을 가졌으며 그들에게서는 살해된 정치인의 추억보다 안중근의 명성이 더럽혀지도록 내버려둘 수 없다는 분위기가 형성됐다고 말했다. 또 그는 안중근에 대해 "그는 삶의 포기를 열렬히 염원했다."며 "이 사건으로 인해 재판에 오른 건 다름 아닌 일본의 현대문명이었다."고 말했다.

안중근은 2월 14일 공판에서 사형이 확정되어 3월 26일 사형을 당했다. 당시 그의 나이 33세였다. 어머니 조마리아는 사형이 확정되었을 때 안중근에게 "살려고 몸부림하는 인상을 남기지 말고 의연히 목숨을 버리라."고 당부했다.

이후 조마리아는 가족과 함께 노령 연해주로 망명, 교포들의 분쟁을 해결하거나 독립운동가들에게 숙식을 제공했다. 1920년 상하이로 거처를 옮겨 김구 어머니 곽낙원과 한 집에 살며 항일 독립운동계의 대모 역할을 했다. 조마리아와 곽낙원은 조선에서 같은 마을에 살며 "형님, 아우" 하며 지낸 사이였다.

2007년 3월 3 · 1여성동지회 회장 박용옥은 「안중근 의사 어머니 조마리아의 항일구국적 생애」라는 논문에서 "안중근이란 인물을 만든 것은 그 어머니의 '모성 리더십'이었다"며 "인자하면서도 강인한 모성 리더십으로 아들을 키워냈고, 안 의사 서거 이후엔 항일 독립운동계에 절대적으로 필요한 존재로서 활동한 조 여사에 대한 체계적 조명이 필요하다"고 말했다. (강준만, 「어머니 수난사」 중에서)

3) 설명으로 확장하기

대중음악의 가장 중요한 이슈를 꼽으라면 저항적 록이라는 담론일 것이다. 저항적 록 담론을 우리나라 록에 곧이곧대로 끼워 맞추기란 쉽지 않다. 우리 대중 음악계의 록은 그 출발부터 그다지 저항적이지 못했기 때문이다. 1970년대 포크의 저돌성에 비해 록은 감각적으로는 새로웠지만 저항적이라는 말이 내포하는 의식적인 저항성이 없었다. 꼭 사회 비판이 있고 없고의 문제가 아니다. 자기 자신, 인간과 세상, 사랑에 대한 기성의 선입견들을 뒤엎는 새로운 내용, 그리고 형식과 기법 및 감각의 파격성과 조응하는 작품은 1970년대에는 물론, 대학가요제에 나온 캠퍼스 밴드의 작품들에 이르기까지 찾아보기 힘들었다. 1970년대에 우리나라의 포크 정신은 이야기할 수 있을지언정 록 정신을 이야기하기는 힘들다. 그래서 1980년대 중반의 언더그라운드 록들이 더욱 소중하다. 바로 이 시기에 와서야 비로소 록은 새로운 할 말을 조금씩 드러내게 된다. 이제 한국의 록은 외국 록그룹으로부터 배운 연주와 형식과 기법에 탐닉하는 정도에 그치지 않고, 그 속에 있는 록의 세상에 대한 태도, 록의 인간관을 드러내기 시작한다.

도저히 포기할 수 없는 기본 욕망이 좌절될 수밖에 없는 세상에서 스스로 순응하여 살아가는 사람들의 자학적 자괴감을 외향적인 탄식과 눈물로 표현하는 것이 트로트였다면, 서구 근대가 이룩해 놓은 문명과 이성, 발전에 대한 동의를 드러내는 것이 팝이었다.

반면 포크는 기존의 타락한 세상에서 감춰져 보이지 않는 작고 초라하지만 젊고 참신한 순수에 대한 기대를 버리지 않고 세상을 지적이면서 관조적으로 바라보는 태도를 드러내는 것이었다고 요약할 수 있을 것이다.

그렇다면 록은 무엇일까? 록은 서구의 근대가 이룩해 놓은 이성과 발전의 신화를 부정하는, 도시의 개인화된 인간들의 차가운 절망의 몸부림이라 할 수 있다. 우선 록에서는 인간과 인간이 정상적인 목소리로, 정상적인 언어로, 이성적으로 의사소통할 수 있다는 것이 부정된다. 록은 속으로 웅얼거리거나, 목소리를 비틀어 절규하고, 몸을 흔들어 대면서 말이 아닌 몸으로부터 뿜어져 나오는 에너지로 무언가를 전달하고자 한다. 정상적인 방법의 의사소통은 없다. 지금까지의 미의식이 파괴되고 불협화음과 찌그러진 음향이 선택된다. 선율과 화성이 발전하는 것이 아니라 반복되기 일쑤이며, 각 부분들은 매끄럽게 이어지지 않고 의도적으로 분절되며 이성적으로 통제되지 않고 자유롭게 방치된다. 그렇다고 그들이 과거를 그리워하거나 미래에 대한 이성적인 전망을 하는 것은 아니다. 이미 개별화되어 주관과 객관의 균형을 상실한, 그런 점에서 지극히 주관적인 이들에게 그런 이성적 태도는 가능하지 않다.

1980년대에 한 록그룹은 음반을 통해 바로 그렇게 주관적인 사고로 개별화되고 자폐화된 현대인의 모습을 본격적으로 드러냈다. 이들의 인기곡은 사랑 노래가 아니다. 언더그라운드 록그룹의 노래가, 그것도 달콤한 사랑 노래가 아닌 작품이 큰 인기를 얻을 수 있었다는 것은, 그 속에 이전의 작품들에서는 찾아볼 수 없었던, 중요한 무엇이 있다는 말이기도 하다. 이 노래는 객관적이고 이성적 사고를 별로 갖지 않은 채 자신의 주관적 세계 속에서 살아가면서 지향도 없이 팍팍한 콘크리트 위를 사막을 걷듯 희망도 없이 그저 걸어만 가는 한 인간의 모습을 보여준다. 그는 과거를 후회하지 않고 그리워하지도 않으며 다른 사람을 의식하지도 않는다. 이 근대 자본주의 사회가 요구하는 효율성, 객관적 이성, 계산적 태도 같은 것은 도대체 갖고 있지 않은, 온몸으로 그렇게 살지 않는 삶을 보여 주는, 그런 인간의 모습을 보여 준다. 록의 형식만이 아닌, 록의 정신을 담은 록다운 록이 등장한 것이다. 이 록그룹이 있었기에 이후 수많은 하드록 그룹이 언더그라운드로 남아 있을 수 있었고, 이후 록의 시대를 열어놓을 수 있었다. (이영미, 「한국 대중가요사」, 민속원, 2006 중에서)

설명

설명의 개념

논점의 핵심이 되는 단어의 개념이 서로 상이할 때, 혹은 그것에 대한 공통된 이해의 기반이 마련되지 못했을 때 논의는 공전되게 마련이다. 따라서 본격적인 논의에 들어가기에 앞서 핵심적인 단어에 대한 공통적인 이해의 기반을 마련하는 것은 필수적인 전제이다. 설명은 그러한 이해의 기반을 마련하도록 해주는 기본 방식이다.

설명의 방법

설명에는 여러 가지 방법이 있다. ① 유와 종의 분류, ② 비교와 대조, ③ 분석, ④ 밀접한 관계에 있는 실례의 사용, ⑤ 역사적 또는 어원적 의미의 탐구, ⑥ 기본적 특징의 열거 등의 방법에 의하여 설명할 수 있다. 보다 설득력 있는 글쓰기를 위해 우리는 이처럼 다양한 설명의 방식들을 이용할 수 있을 것이다. 본 장에서는 설명의 하위 방식들인 정의, 비교 · 대조, 분류 · 분석 등에 의한 확장을 연습하게 될 것이다.

✓ 앞의 글은 특히 정의의 방식을 통해 록음악과 록의 시대에 대해 설명하고 있다. 정의는 사전적 뜻풀이의 성격도 있지만, 한 단락 또는 한 편의 글로 확장될 수도 있다. 피정의항이 복잡한 것일 때는 보편적인 단순한 정의로는 충분하지 못하기 때문이다. 따라서 일반적으로 용인된 견해나 관념만으로 충분한 정의가 이루어지지 않을 때는 필자 자신이 자신만의 견해, 관념 등을 동원하여 새로운 정의를 이루어야 한다. 이러한 경우의 정의를 '확장된 정의' 라고 한다.

연습문제 1

다음의 예는 『악마의 사전』에 나오는 '단어 풀이'이다. 자신의 개성을 담아 제시된 단어를 새롭게 정의해보자.

> 고뇌: 친구의 성공을 목격했을 때 유발되는 질병
>
> 기자: 추측을 통해 진실을 찾아가며 말의 홍수로 그 진실을 흐리는 작가
>
> 삶 : 육신을 부패로부터 보호해주는 영혼의 소금
>
> 소문: 인간이 애용하는, 남의 명성을 말살하는 무기
>
> 우정: 날씨 좋을 때는 두 사람이 충분히 탈 수 있으나, 날씨가 나쁠 때는 오직 한 사람밖에 탈 수 없는 크기의 배

역사:

기억:

행복:

자동차:

집:

사랑:

우주:

슬퍼하다:

의자:

책:

사진:

혀:

연습문제 2

참고자료를 찾아서 아래 제시된 단어를 한 문단 정도로 설명하시오.

(가) 진화론은

참고자료명:

(나) 여성성은

참고자료명:

(다) 문화는

참고자료명:

연습문제 3

아래 글을 읽고 뒤에 이어질 내용을 특히 설명의 방식을 사용하여 한 문단으로 완성하시오.

(가) 프로이드가 문학작품과 꿈이 인간의 감춰진 욕망을 반영하며, 이를 대리적으로 충족시키는 기회를 제공한다고 지적한 이래로, 문학작품은 작가나 독자의 욕망 충족의 차원에서 해석되는 정당성을 부여받아왔다. 꿈과 문학은 억압되고 은폐된 무의식이 표출되는 공간인데, 이때 압축과 치환, 상징화 등 일정한 작동 법칙에 지배된다는 것이다.

(나) 정치적 토론의 장소로서 커피 하우스를 논했던 하버마스부터 감시에 도움을 주기 위한 학교와 감옥의 공간 배치를 논한 푸코에 이르기까지, 이론가들은 역사가들로 하여금 공간의 중요성에 관심을 기울이도록 하는 데 도움을 주었다. 그 결과, 역사가들이 신성한 공간과 불경스러운 공간, 공적 공간과 사적 공간, 남성의 공간과 여성의 공간 등의 구분에 관심을 갖게 되었다.

(다) 지구에서 14억 광년 떨어진 '3C321' 은하계는 중심에 거대한 블랙홀을 품고 있는 '죽음의 별'(Death Star) 은하와, 이로부터 가까이 위치한 상대적으로 작은 은하로 구성돼 있다. 두 은하는 서로를 축으로 회전하면서 거리가 점점 좁아져 결국 충돌할 운명이다. 그런데 두 은하의 거리가 2만 광년으로 가까워지자, 상대적으로 큰 은하 중심의 블랙홀에서 직경 1,000광년의 에너지파가 물줄기처럼 분사돼 작은 은하를 때리는 현상이 목격됐다.

심화문제 1

아래 글을 읽고 다음 질문에 답하시오.

- 내용을 한 문단으로 요약하시오.
- 모르는 단어나 내용이 있는지 찾아보시오.
- 참고자료를 찾아서, '문화적 진화'의 내용을 다섯 문단으로 확장하시오.

모라벡은 한걸음 더 나아가 마음을 서로 융합시키는 아이디어를 내놓았다. 컴퓨터 프로그램을 조합시키는 것처럼 여러 개의 마음을 선택적으로 합치면 상대방의 경험이나 기억을 서로 공유할 수 있다는 것이다. 따라서 인류가 유전에 의한 진화를 마감하고 문화적 진화(cultural evolution)를 시작하게 된다.

문화적 진화 개념은 2차 대전 직후에 러시아 출신의 저명한 생물학자인 세오도시우스 도브잔스키(Theodosius Dobzhansky, 1900~1975)에 의하여 정립되었다. 그는 "문화는 유전자에 의해서 이어지는 것이 아니다. 문화는 다른 인간으로부터 학습을 통해 얻어지는 것이다. 어떤 의미에서 보면, 인간의 유전자들은 완전히 새롭고, 비생물학적이고, 초유기체적인 요인, 즉 문화에 인간진화의 주도권을 넘겨주었다고 볼 수 있다."라고 말했다. 유태인 대학살을 몰고 온 인종적 편견에 혐오감을 느낀 도브잔스키는 인류가 유전자의 굴레를 극복하는 방법을 모색한 끝에 그 해답으로 문화적 진화를 내놓은 것이다.

문화의 전달이 진화의 형태를 취한다는 점에서, 유전자의 전달에 비유될 수 있다. 영국의 생물학자인 리차드 도킨스(Richard Dawkins)는 그의 저서 『이기적인 유전자』(*The selfish Gene*, 1976)에서 문화의 전달 단위를 미임(meme)이라고 명명했다. 미임은 진(gene)처럼 한 음절로 만들어진 단어이다. 미임은 유전자처럼 복제능력을 지니고 있기 때문에 모방의 과정을 통해서 한 사람의 뇌로부터 다른 사람의 뇌로 건너뛴다. 사상, 노래, 관습, 옷의 패션, 건축 양식들이 모두 미임이다. 도킨스에 따르면 문화적 진화는 미임에 의하여 수행된다.

문화적 진화가 유전적 진화와 다른 점은 다윈(Charles Darwin, 1809~1882)의 진화론보다는 라마르크(Jean Baptiste Lamarck, 1744~1829)의 진화론으로 설명된다는 것이다. 라마르크는 생물체의 몸 중에서 자주 사용되는 부분이 점차 커져서 그렇게 획득된 형질이 다음 세대로 진화된다는 용불용설을 주장했다. 예컨대 기린이 나뭇가지에 매달린 열매를 따먹기 위해서 열심히 노력한 결과 목이 길게 늘어나는 데 성공했다는 것이다. 문화적 진화는 생물학적 진화와는 달리 획득형질이 미임에 의하여 복제되어 다음 세대로 전달된다. 요컨대 문화적 진화는 본질적으로 라마르크 진화론의 과정이다. (이인식, 「마음의 아이들」 중에서)

요약

모르는 단어나 내용

찾은 자료 정리

심화문제 2

아래 글을 읽고 다음 질문에 답하시오.

- 내용을 한 문단으로 요약하시오.
- 모르는 단어나 내용이 있는지 찾아보시오.
- 참고자료를 찾아서, '정보화사회와 과학윤리'의 내용을 다섯 문단으로 확장하시오.

20세기 중반에 들어와서 급진전한 현대과학이 도대체 어떤 모습이기에 문화적 충격이라고 말하는가? 현대과학의 특징은 현대과학이 근대과학과 다른 점을 부각시킴으로써 집어낼 수 있다. 현대과학이 문화나 현대문명에 미칠 수 있는 영향력의 범위는 매우 다양하다. 먼저 산업분야를 보면, 유전자공학 분야를 비롯하여 컴퓨터와 통신의 발달에 의한 정보산업을 들 수 있다. 또한 이론분야에서는 불확실성의 개념을 낳게 한 양자역학의 탄생과 최근 들어 유행하는 카오스 이론 등에서부터 양자 색역학이나 천체물리학과 연관된 우주 물질이론을 들 수 있다. 이론분야를 제외하더라도 특히 산업분야에서의 정보사회와 관련된 담론은 최근 들어 가장 많이 논의되는 분야로 손꼽을 수 있다.

정보사회에 대한 최근의 담론들은 과학의 급격한 변화를 인정해야 한다는 적극적인 문화수용론과 인간소외론의 구조에서 정보사회를 비판적으로 보아야 한다는 관점으로 나누어진다. 정보사회에 대한 적극적인 문화수용론은 어쩔 수 없이 이 사회가 그렇게 갈 수밖에 없다는 자조적인 수용의 태도가 강하다고 할 수 있겠다. 이미 대세는 기울었다는 판단이다. 문제는 이러한 판단이 자칫 새로운 정보제국주의를 허용하는 또 하나의 문화 획일주의를 낳지 않을까 하는 우려이다.

반면에 비판적 태도의 경우에는, 정보에 매몰된 인간의 모습보다는 자유로운 인간성의 회복을 지향하는 자세라고 말할 수 있다. 비판적 담론은 과거 전제주의나 자본주의 사회의 소외된 인간의 모습에서부터 산업혁명 이후 기계에 소외된 인간과 정보사회 속의 얼굴 없는 인간에 이르기까지 이를 치료하려는 구원의 철학이라는 맥락에 놓여 있으며, 또 한편으로는 이러한 인간이 몸담고 있는 현대사회의 구조적 모순의 해결을 꾀하는 역사적 맥락에 놓여 있기도 하다.

문화수용론이나 소외담론 모두, 종착점을 모르고 무작정 앞으로만 나아가는 정보산업이나 인공지능 연구와 연관된 유전공학의 발전 속도는 필시 미래사회에서 대단한 영향력을 행사할 것이라는 데 대체로 공감하는 듯하다. 문제는 인간이 만들어가는 이 같은 과학의 발전을 과연 인간이 통제할 수 있는가이다. 여기서는 과학윤리 혹은 과학자 윤리의 문제가 거론될 수 있다. (최종덕, 「과학은 문화와 무관한 것인가」 중에서)

요약

모르는 단어나 내용

찾은 자료 정리

4) 논증으로 확장하기

그러면 대중은 언제 어떻게 나타났는가? 이 물음에 대한 답은 대중의 정체와 대중문화의 성격을 이해하는 데 꼭 필요하다.

현대에 대중이 나타난 것은 대체로 19세기의 서양 사회였다고 볼 수 있다. 그들의 출현은 다른 시기들의 경험에 비하면 갑작스러웠고 전반적이었다. 고대에서 대중의 존재가 가장 두드러졌던 사회인 로마 제국의 경우와 비교해보면, 이 점이 이내 드러난다.

그렇게 대중이 갑작스럽게 나타나서 득세하도록 만든 근본적 원인은 현대 사회에서 지역적 · 인종적 · 종교적 · 계급적 공동체들이 빠르게 쇠퇴하거나 해체됐으며, 공동체들에 바탕을 둔 전통적 권위가 아울러 추락했기 때문이다. 그런 사정이 나오도록 만든 것은 산업혁명이 진행되면서 19세기의 유럽과 미국에서 나타난 사회적 변화였다. 특히 시민들의 경제적 여건이 갑자기 좋아졌다는 사실은 대중의 출현에 결정적 요소였다. 경제적 여건의 호전은 인구의 빠른 증가로 이어졌고 급격한 도시화를 불러왔다. 큰 인구나 도시화는 자체로는 대중 관계를 만들어내지 않지만, 도시의 큰 인구는 동질성을 부추겨서 대중 관계가 나올 가능성을 높인다. 그리고 산업혁명이 불러온 새로운 사회적 · 경제적 조건들은 대규모 활동들을 불러왔다. 그래서 산업혁명이 진행된 사회들은 빠르게 대중 사회의 모습을 갖춰나갔고 차츰 대중이 나타나기 시작했다. 이어 보통선거의 실시와 교육의 보급은 대중의 출현을 가속화했고 시민들의 성격을 크게 바꿔놓았다.

특히 중요했던 것은 보통선거였다. 18세기 서양에서 역사상 처음으로 모든 사람들은 따로 자격을 갖출 필요가 없이 그저 태어났다는 사실만으로 몇 가지 기본적 권리들을 지닌다는 주장이 나타났다. 이런 생각은 중세 유럽의 종교 개혁에 뿌리를 두었으니, 당시 종교개혁을 주도한 개신교 지도자들은 모든 사람들은 신과의 관계에서 평등하다는 주장을 폈었다. 처음엔 그것은 소수의 이론에 지나지 않았다. 그러나 사회 환경이 바뀌고 점점 더 많은 사람들이 그 이론을 따르게 되면서, 그것은 현실로 바뀌었고 마침내 보통선거 제도가 널리 자리잡았다.

한번 보통선거가 정치적 관행으로 자리잡자, 사람들은 모든 시민들이 태어났다는 사실만으로 누리는 기본적 권리들만이 권리임을 깨닫게 되었다. 그런 기본적 권리들을 넘어서는 권리들은, 비록 특수한 재능에 따르는 권리들일지라도, 특권으로 여겨지게 되었다. 그래서 절대적 다수인 대중은 그런 특권들을 없애는 데 힘을 쏟게 되었고 사회는 모든 면들에서 점차 평준화되었다. 그런 결과는 일찍이 여러 사람들에 의해 예견되었다. 그것이 보통선거의 도입이 그리도 큰 저항을 받은 까닭이었다.

누진세는 그런 평준화의 중요한 수단이었다. 경제적 불평등이 워낙 중요한 문제였으므로, 평준화를 위한 노력은 경제 분야에 먼저 집중되었다. 그래서 마르크스와 엥겔스는 『공산주의 선언』에서 누진세를 "무산 계급이 자신의 정치적 우위를 이용하여 점차로 모든 자본을 유산 계급으로부터 빼앗고 모든 생산수단들을 국가의 손으로 집중하는 수단들" 가운데 하나로 쓸 것을 제안했다. 그러나 많은 이들이 누진세는 논리적 바탕이 약하며 논리적인 누진세율이 없으므로, 한번 비례제의 원칙이 깨어지면, 잘못 쓰일 위험이 크다고 경고했다. 프랑스의 정치가이자 역사가인 루이 아돌프 티에르의 "비례제는 원칙이다. 그러나 누진제는 그저 미운 자의다"라는 명제에 그들의 태도가 잘 요약됐다. 실제로 누진세의 자의성은 언제나 문제를 불러오니, 현대의 복지 사회들에서 세율이 너무 높아서 생산성을 낮추는 현상은 잘 알려졌다. 그런 문제가 현대에서만 나온 것도 아니니, 15세기의 이탈리아 피렌체에선 소득세율이 최고 50%에 이르렀다.

아울러 현대 사회에서 대중의 출현에 크게 공헌하고 대중의 성격에 큰 영향을 미친 것은 교육의 보급이었다. 유럽에서 19세기 초엽부터 교육이 정부의 책임이라는 견해가 차츰 퍼졌다. 그런 견해가 널리 받아들여지면서, 초등 교육은 의무적이 되었고 무료로 제공되었다. 아울러 중등 교육 시설도 빠르게 늘어났다. 그런 대중 교육의 보급은, 책과 잡지의 보급과 상비군의 출현에 따른 병영 교육의 보급의 도움을 받아, 시민들의 지식 수준을 크게 높였다. 마침내 19세기 후반엔 교육을 제대로 받고 자신들의 가치와 권리에 대해 큰 관심을 기울이는 대중이 서양의 앞선 사회들에서 나타났다. 그런 대중의 출현은 물론 사회의 성격을 근본적으로 바꿔놓았다.

20세기에 들어서자, 새로운 과학과 기술의 보급은 대중의 성격과 사회의 모습을 점점 급격하게 바꿨고, 이제 문명은 범지구적 문명으로 통합되고 있다. 특히 중요한 것은 전산기술과 통신기술의 빠른 발전이니, 그것은 '대중 광장(mass arena)'을 국경 너머로 넓혀서 세계의 대중 집단들을 하나의 집단으로 만들고 있다. 비정부 단체들이 국경을 넘어 연합하고 거의 모든 부면들에서 유행이 국경을 쉽게 넘는다는 사정은 이 점을 잘 보여준다. (복거일, 「대중문화에 대한 조심스러운 기대」 중에서)

논증

논증의 개념

자신의 주장을 나름의 근거와 증거에 의해 조리 있고 순서 있게 펼쳐나감으로써 상대방을 합리적으로 설득하고자 하는 일련의 과정을 논증이라고 할 때, 그러한 논증은 움직이는 글쓰기의 핵을 이룬다. 아무리 훌륭한 주장이라도 그것을 얼마나 효과적으로 표현하고 전달하느냐에 따라 상대방에 대한 설득의 정도와 질은 달라질 수밖에 없다. 그래서 보다 효과적인 논증의 방법이 중요시된다.

논증의 방법

기본적으로 논증은 추론에 의하여 전개된다. 추론이란 일반적으로 특정한 명제에서 몇몇의 논점을 발견하고 그러한 논점들에 대해 근거와 증거를 들어 일정한 결론에 이르는 일련의 과정을 의미한다. 이러한 추론을 전개하는 데에는 구체적으로 귀납법과 연역법이 있다. 귀납법은 많은 구체적 사례에서 같은 종류의 모든 사례는 다 동일한 것이라는 일반적 결론에 이르는 추론 방식이고 연역법은 일반적 법칙에서 개개의 구체적인 결론을 얻는 추론 방식이다. 이들 추론 방식들은 합리적이고 타당한 결론에 이르기 위한 논리적인 여정이기에 모든 논증이 필연적으로 걸어야 할 길이기도 하다.

연습문제 1

아래의 글을 읽고 이 글의 주장 · 전제 · 근거 등을 가려보자.

우리나라에서는 작년 한 해 13,293명이 자살했다고 한다. 신문 보도는 하루 39.4명이 목숨을 스스로 끊은 것이고 39분마다 1명이라고 나눗셈을 해서 실감나게 한다. 20대에 죽은 사람들의 사망 원인 1위가 자살이고 자살하는 사람의 31.7%가 60대 이상이라고 하니 자살은 노소를 가리지 않고 모든 연령층의 사람에게 실존하는 위험이다. 우리나라가 산재왕국이라고 불릴 때에도 산재로 인한 사망자 수는 교통사고의 4분의 1 수준이었는데 이제 자살로 죽는 사람이 교통사고로 죽는 사람 수를 넘어서 버렸다. 더 이상 사회가 그 중요성을 인식하지 못하여 방치해서는 안 된다.

알려진 자료에 따르면 자살하는 사람들의 동기는 염세 · 비관이 43%, 병고 26%, 치정 · 실연 · 부정 9%, 빈곤 및 사업 실패 8%, 가정불화 7%이고 정신이상은 6%이었다. 염세 · 비관이 가장 많고 여기에 정신이상까지 더하면 50%가 우울증 등 정신적인 장애를 가지고 있었다가 자살에 이른 셈이다. 여기에 정신건강에 대하여 새로운 인식을 해야 할 필요성이 분명해진다.

정신건강에 대해서 우리는 전혀 중요하게 생각하지 않아 무시하거나 특별한 사람들의 문제로 생각해 왔다. 정신병원하면 소위 '미친' 사람들이 수용시설에 갇혀 있으면서 전기치료를 받거나 초점이 없는 넋 나간 눈빛으로 무슨 소리인지 알 수 없는 말을 중얼거리는 그림을 떠올리는 사람도 있다. 그래서 우리 주변에서는 환자가 있어도 집안의 수치가 되고 다른 가족까지 의심받게 된다고 집안에 숨기거나 요양원이라는 이름의 사설기관에 보내기도 한다. 21세기에 중세기적 사고와 인식을 못 버리고 있는 것이다.

그러나 정신병이 귀신에 홀린 것이 아니고 구금과 격리가 아니라 다양한 치료방법과 약물을 통하여 상당부분 치료와 관리가 가능한 병이라는 것은 결코 비밀이 아니다. 환자 중에는 치료에 반응이 거의 없는 완강한 환자가 있지만 결코 다수가 아니다. 오히려 정신적인 장애라고 알고 있지 않은 감정적 · 정서적 장애나 사회 부적응증 등이 적절한 치료를 통해 환자는 물론 가족과 동료 등 모두에게 보다 나은 삶을 살 수 있게 하고 있다. 문제는 정신병에 대한 병적인 편견으로 우리 사회가 성숙하지 못한 상태에서 그 폐해가 심각한 것이고 그 한 결과가 자살이 넘치는 사회라고 할 수 있다.

우리 사회는 최근 장애인의 문제를 새롭게 인식하고 배우고 있다. 거리에서 장애인을 거의 볼 수 없었던 것은 장애인이 없어서가 아니라 장애인을 집에 가두어 두고 장애인이 돌아다니기 불가능하게 만들어 놓은 도로 등 사회적 환경 때문이었다. 이제 휠체어를 탄 사람이 다닐 수 있도록 턱이 없는 거리가 늘어나고 저상버스가 생기고 장애인 콜택시가 시범 운영 되는 등 작지만 기대할 만한 변화가 오고 있다. 장애인이 거리로 나오면서 그 장애인을 집에 가두고 돌보아야 했던 사람들이 장애인과 함께 풀려나 우리 사회를 한 단계 올리고 있고 이것이야말로 우리가 만들어야 하는 변화이다.

그런 장애인 중에서 가장 어려운 상태에 있는 것이 정신적인 장애를 가진 사람이다. 그러나 비정신적 장애인보다 더 많은 보호가 필요한 것이 아니라 다른 보호와 관리가 필요하다. 그렇게 하기 위해서는 의료인을 포함하여 모든 사람들이 정신건강에 대한 편견을 버리도록 교육을 받아야 한다. 장애인이 처음 거리에 나설 때보다 더 큰 논란이 있겠지만 정신건강에 문제가 있다는 것이 사회적으로 낙인을 찍는 일이 되지 않으려면 우리 한 사람 한 사람이 낙인찍기를 거부해야 한다. 먼저 우리 주변에 많은 사람들이 정신적인 문제로 고통을 받고 있다는 현실을 인정하자. 그리고 개개인이 또 개개 가정이 그 짐을 다 지도록 내버려 두지 말자. 그래서 자폐증세가 있는 사람을 배척하지 않고 우울증상을 보이는 사람에게 따뜻한 말을 건네고 적응하지 못하는 사람들에게 여유를 주는 그

러한 사회를 만들어 가자. 어려워하는 이웃에 따뜻한 눈을 돌리자. (양길승, 「자살에 대하여」 중에서)

주장과 전제

근거

연습문제 2

아래의 글을 읽고 이 글의 주장 · 전제 · 근거 등을 가려보자.

판타지를 통해 대립된 남북을 소통시키고자 하는 전략은 그리 낯설지 않다. 이는 판타지가 무엇보다 상상적 합일을 이끌어내는 데 유용하고, 그런 면에서 이상주의적 성격을 지니고 있기 때문이다. 얼마 전 개봉한 〈천군〉이 그러했고, 직접적이지는 않지만 〈공동경비구역 JSA〉 역시 남북 군인들이 서로 소통하는 과정에서 '퇴행적 판타지'를 차용한 바 있다. 20대 청년들인 그들이 함께 어울리는 놀이는 자신들의 나이를 벗어난 행위들, 닭싸움을 하고 포르노 잡지를 나눠보고 연예인 사진을 공유하는 것이다. 남북 군인들이 현실의 압박에서 벗어나 소통할 수 있었던 가장 큰 원동력은 청년에서 소년으로 성장의 시간을 되감으며 만들어낸 퇴행적 정서였다. 하지만 그들이 현실의 상징적 위치를 재인식하는 순간, 달리 말해 퇴행적 판타지에 냉정한 현실이 개입하는 순간, 그 소통은 파국으로 치닫는다. 〈공동경비구역 JSA〉는 현실과 판타지의 대결에서 현실 원칙의 승리, 달리 말해 판타지는 우리가 꿈꾸고 지향해야 하는 이상적 세계일 수는 있으나, 결국 현실의 압력에 의해 산산조각날 수밖에 없음을 보여준다. 하지만 이와 달리 〈웰컴 투 동막골〉은 결코 판타지를 포기하지 않는다.

동막골 주민들을 사이에 두고 남북의 군인들이 서로 총부리를 겨눈다. 밤이 지나고 아침이 왔지만, 그들의 대치는 끝나지 않는다. 이때 상황을 종결짓기 위한 판타지가 등장한다. 우연히 수류탄이 곳간에 날아들고, 그곳에 쌓여 있던 옥수수가 터지면 하늘에서 팝콘이 꽃가루 흩날리듯 동막골을 수놓는다. 남북 분단이라는 현실의 알레고리로 보이던 남북 군인의 대립은 판타지의 등장과 함께 이후 급속도로 반전된다. 대립된 관계를 합일 가능한 것으로 진전시키는 판타지의 기능은 멧돼지 사냥에서 더욱 노골적으로 등장하는데, 이처럼 〈웰컴 투 동막골〉의 판타지는 리얼리즘으로는 쉽게 가로지를 수 없는 어떤 단절된 경계를 무화시키는 주술적 효과를 낳는다. 때문에 영화에서 가장 흥미로운 지점은 현실과 판타지가 대결하는 부분이다. 동막골에 스미스를 구하기 위한 군인들이 등장하면서 대립된 남북의 군인이라는 본연의 위치로 돌아가라는 현실세계의 명령이 발동한다. 〈공동경비구역 JSA〉와 비교하자면 북한 장교에게 그들의 놀이가 발각되는 순간과 대응하는 이 장면에서, 동막골 주민과 남북 군인들은 현실의 압력에도 아랑곳하지 않고 상상적 합일이라는 자신들의 판타지를 끝까지 사수한다.

〈웰컴 투 동막골〉의 판타지는 관객의 감정적 카타르시스를 위해 고통스러운 역사를 감내할 만한 것으로 변형시키는 탈역사화의 가능성이 있다. 이는 역사에 접근하는 많은 영화들이 지니는 근본적인 딜레마다. 하지만 판타지가 역사에 대한 '부정적 가정'(negative subjunctivity)을 통해 기존의 역사를 거꾸로 비추는 거울의 기능을 수행할 수 있다면, 이는 판타지가 역사의 '어딘가 다른 곳'에 눈길을 둠으로써 가혹했던 역사를 반추하도록 하는 계기일 수 있음을 의미한다. 〈웰컴 투 동막골〉에서 동막골의 입구에 늘어선 후덕하게 생긴 얼굴 등(燈)은 현실과 판타지를 구분짓는 경계이자, 역사적 진실과 역사적 가정을 나누는 징표이기도 하다. 즉 카메라와 함께 동막골에 들어서는 순간, 우리가 갖지 못했던 또 다른 역사를 봄으로써 기존의 역사를 비판적으로 재인식할 수도 있는 것이다. 이처럼 역사에 대한 판타지가 '탈역사화'와 '역사에 대한 재인식' 모두의 가능성을 지니고 있다면, 이는 그것이 영화 속의 어떤 다른 요소들과 결합하는가 하는 것이 중요할 수밖에 없다. 역사에 대한 극단적인 두 가지 가능성을 극점으로 삼는 스펙트럼의 어딘가에 위치한 〈웰컴 투 동막골〉은 영화의 초 · 중반부에는 루이스 캐롤식의 무의미(nonsense)한 유머와 영화의 후반부에는 휴머니즘이라는 숭고한 가치와 관련을 맺으면서 자신의 자리를 탐색한다.

〈웰컴 투 동막골〉이 취하는 유머의 전략은 의미가 고정되기 이전으로 회귀함으로써 경직된 이데올로기를 웃음의 대상으로 전락시키는 것이다. 전쟁이 났다는 말에 쳐들어온 놈들이 왜놈인지 되놈인지를 묻는 동막골 주민의 반응은 무의미한 유머의 모범답안이다. 의미는 '이미/미리' 정해진 그 무엇이 아니다. 의미는 무의미한 상태에서 일정한 방향이 부여될 때 하나의 의미로 고착된다. 때문에 여기서 말하는 무의미는 단순히 아무 의미가 없다는 뜻이 아니라, 의미를 확정할 만한 임자가 없다는 것이며, 때문에 모든 임자에게 열린 빈자리는 의미로 충만하다. 이 충만한 의미가 고정된 의미의 목을 비틀 때 '무의미한 유머' 가 발생한다.

우리의 한국전쟁에 대한 인식에는 남북이 서로 총부리를 겨누었다는 역사적 사실을 넘어서, 정권이 자신들의 권력 유지를 위해 체제 이데올로기로 고정시킨 그릇된 고정관념이 작동한다. 〈웰컴 투 동막골〉의 무의미한 유머는 너무도 당연하게 여겨지는 한국전쟁에 대한 인식, 달리 말해 한국전쟁이라고 입력하면 자동적으로 고정된 답을 출력하는 우리의 경직된 사고를 비틀어댄다. 원작자인 장진의 탁월함인 이러한 유머는 〈간첩 리철진〉에서도 드러나는데, 체제 전복이라는 거창한 이유가 아닌 허기진 인민의 배를 채우기 위해 슈퍼 돼지를 훔치려는 어설픈 간첩의 모습은 한국 사회의 반공 이데올로기를 찔러대는 짜릿한 쾌감이 있었다. 마치 앨리스가 토끼굴에 굴러 떨어지고 거울을 통과함으로써 의미 작용이 멈춰진 무의미의 영역에 들어서듯이, 전쟁과 무관하기에 그에 대한 어떠한 이데올로기도 작동하지 않는 무의미한 세계인 동막골(남북 군인에게 "니네들 친구가" 라고 묻는 여일(강혜정)은 이러한 무의미를 온몸으로 구현한다)에서는 남북 대치가 그리 심각하지 않은 개인 간의 다툼처럼 여겨질 뿐이고, 총은 막대기로 변하며, 수류탄은 팝콘을 튀겨댄다. 영화의 시작과 함께 리수화(정재영)를 휴머니스트로 제시함으로써 고정관념의 길에서 벗어나고자 했던 것처럼, 〈웰컴 투 동막골〉의 무의미한 유머는 한국전쟁에 대한 통념과 한국 사회의 지병인 반공 이데올로기라는 신경통을 들춰냄과 동시에 자칫하면 비역사적 지대로 휭하니 날아가기 쉬운 판타지를 역사적 맥락에 붙들어 맨다.

하지만 근본적으로 〈웰컴 투 동막골〉은 자신이 소재로 채택한 민간인 학살이라는 사건과는 어울리지 않은 순진무구한 시선을 지닌다. 전쟁이라는 살벌한 현실과 격리된 채로 무릉도원 같은 공간에서 유유자적 살아가는 동막골 주민들의 모습은, 근대 전쟁사에서 가장 잔혹하고 더러운 '민간인 학살' 을 자행했던 한국전쟁을 대하는 〈웰컴 투 동막골〉의 태도와 유사하다. 물론 이러한 순진한 시선은 역사적 사건을 정면으로 바라봤다면 불가능한 것이다. 동막골 주민들이 마을에 들어온 이방인들이 대립하는 이유에 대해 그리 궁금해 하지 않듯이, 〈웰컴 투 동막골〉은 '민간인 학살이 있었다' 는 역사적 사실을

'자막' 으로 수용할 뿐, 이에 대해 '왜' 라는 질문은 생략한다. 다리 폭파와 관련된 한국 역사의 치부는 표현철(신하균) 개인의 트라우마로 축소되고, 여일의 죽음 역시 광기어린 군인의 개인적 만행일 뿐이며, 민중 중심의 역사관을 결여한 이승권 정권의 뻔뻔함과 미군의 인종차별적 정책을 무시할 수 없는 민간인 학살 역시 그저 오해에 기반한 것으로 비춰진다. 하지만 〈웰컴 투 동막골〉의 순진함을 감안할 때, '왜' 라는 질문을 통해 역사를 구조적으로 분석하기를 바라는 것이 무리이고 보면, 이 영화의 탈역사화의 가능성은 '동막골이라는 판타지 월드' 의 성격에서 찾아야 할 것이다. 영화는 중반부를 넘어가면서 극에 활기를 주던 무의미한 유머 대신에, 노동과 축제의 기쁨이 넘치고 인간이 인간으로 존중받는 이상적 세계로서의 동막골을 보여주는 데 치중한다. 마치 그것이 가혹했던 역사가 잃어버린 대안적 세계인 것처럼.

〈웰컴 투 동막골〉의 판타지가 자신을 바라볼 것으로 상정하는 응시의 지점은 역사의 시선이 아닌 '감당할 만큼의 역사적 아픔' 만으로 휴머니즘적 감동을 즐기려는 관객의 시선이다. 전쟁' 영화는 역사의 아픔을 상품화하는 부채 의식을 벗어나기 위해 휴머니즘의 힘을 빌리곤 한다. 가장 비인간적인 살육 행위에 대해 휴머니즘은 얼마나 좋은 대안인가. 하지만 역사적 뿌리를 상실한 휴머니즘이란 모든 병을 치유할 수 있다고 약속하면서도 결국에는 아무 병도 치유하지 못하는, 달리 말해 약장사의 혀끝에서만 병을 치유할 수 있는 만병통치약과 다르지 않다. 영화는 노동과 축제가 기쁨이 되는 유토피아의 이미지와 이를 떠받치는 휴머니즘을 통해 판타지가 현실을 극복할 수 있다고 역설하지만, 오히려 그럴수록 한국전쟁이라는 '구체적 역사' 는 증발해버린다. 판타지가 현실이 자의적이고 전환 가능한 것이었음을 제시할 수 있다 해도, 이는 현실의 시공간적 좌표를 벗어난 유토피아적 세계를 통해서는 불가능하다. 유토피아는 말 그대로 '없는 장소' 이며, 이는 갑작스러운 연합군의 출현으로 세상을 떠났지만 영화의 엔딩에서 '관객의 영화적 기억을 아름답게 하기 위해' 후일담으로 제시되는 여일과 남북 군인의 이미지 같은 것이다.

아픔만큼 순수해지고 싶은 것이 이 영화의 진심이겠지만, 그것이 역사의 너무 깊은 상처를 '즐길 만한 고통' 으로 변형함으로써 얻은 대가는 아니었을까. 그것이 영화와 함께 웃고 울면서도, 그 감정을 '웰컴' 하며 선뜻 반기지 못하는 이유일 게다. 이제는 〈웰컴 투 동막골〉처럼 잊혀졌던 역사를 한참 돌아 접근하거나 그 지긋지긋한 레드 콤플렉스를 완화시킨 것에 만족해야 하는 작품뿐만 아니라, 이를 잉태한 역사를 정면으로 응시하는 영화도 보고 싶다. 예를 들자면, 〈송환〉의 극영화 버전 같은. (안시환, 「판타지와 역사는 어떻게 만나야 하는가」 중에서)

주장과 전제

근거

제3부

글의 구성 · 전개

1. 서두 쓰기
2. 사례 들기
3. 나열식 쓰기
4. 문제해결형 글쓰기
5. 반론형 글쓰기
6. 결론 쓰기

1. 서두 쓰기

서두를 인상적으로 써라

글을 읽을 때면 누구나 처음부터 본다. 중간부터 보거나 결말만 미리 보는 경우는 거의 없다. 그리고 한두 문장, 한 단락 정도를 읽고 나서는 이 글을 계속 읽을 것인가 말 것인가를 판단한다. 서두에서 그 글의 가치를 일단 판단하는 것이다.

글에서 가장 중시할 것은 서두다. 독자가 읽고 뭔가 흥미를 느낄 만한 요소가 확실하게 들어가 있어야 한다. 방법은 여러 가지가 있다. 영화의 핵심적인 요소를 먼저 제시해도 된다. 질문으로 시작해도 된다. 다음에 등장하는 세 영화 리뷰의 서두 부분을 보자.

'시티 오브 갓' 이라고 불리는 브라질의 빈민가. 그러나 이미 신이 떠나버린 야만과 폭력의 도시에서, 그들은 어떻게 살아가는가. 〈시티 오브 갓〉은 1960~70년대 빈민가를 장악했던 갱단의 역사를 훑는다……. —〔시티 오브 갓〕(≪일간스포츠≫, 2005. 11. 1)

너무나 사랑했던 연인과 헤어졌을 때, 당신은 무엇을 원할까? 그에 대한 기억을 영원히 간직하고 싶을까. 영원히 잊어버리고 싶을까? 그러나 당신이 무엇을 선택하든, 기억이란 모호한 것이다……. —〔이터널 선샤인〕(≪일간스포츠≫, 2005. 11. 7)

1933년에 만들어진 〈킹콩〉은 단순한 괴수영화가 아니었다. 미녀와 야수라는 전통적인 주제를 변주하면서, 문명과 야만의 대립을 극적으로 표현하고, 특수효과를 통해 관객의 시선을 사로잡았다. 보기에는 단순하지만, 〈킹콩〉은 다양한 함의가 녹아 들어가 있는 충격적인 영화였다……. —〔킹콩〕(≪일간스포츠≫, 2005. 12. 7)

〈시티 오브 갓〉은 사람들이 잘 알지 못하는 영화였다. 그렇다면 쉽게 생각할 수 있는 서두는, 〈시티 오브 갓〉이 어떤 영화인지 설명해주는 것이다. 브라질의 빈민가를 무대로 펼쳐지는 갱스터 영화라는 점을 서두에 알려주는 것이 필요하다. 독자는 미국이나 일본이 아닌, 남미 갱단의 역사가 어떤 것인지 궁금해 할 것이다.

〈이터널 선샤인〉은 실연의 상처가 괴로워서 기억을 지워버린 남자와 여자, 그들의 엇갈린 사랑이 환상처럼 펼쳐지는 영화다. 기억이나 실연의 상처 등은 누구에게나 있다. 독자 대부분이 공감할 수 있는 질문을 던지는 것으로 시작하면, 독자는 그 답이 어떻게 나올 것인지 궁금해 할 수 있다.

〈킹콩〉은 블록버스터 영화다. 누구나가 〈킹콩〉에 대해서는 알고 있다. 〈킹콩〉이 리메이크 영화인 줄은 누구나 알고 있지만 '왜' 다시 만들었는지는 잘 모른다. 그렇다면 1933년에 만들어진 〈킹콩〉이 어떤 의미를 지니고 있는지 설명을 하고, 왜 피터 잭슨이 다시 만들 결심을 했는지를 알려주는 서두가 가능하다. 그러면 자연스럽게 피터 잭슨이 원작의 의미를 어떻게 살려냈는가로 글을 이끌어갈 수 있다.

서두를 흥미롭게 만드는 방법은 이외에도 무한하다. 도저히 멋진 서두가 떠오르지 않는다면, 가장 평범하면서도 무난한 방법은 영화의 줄거리를 축약하는 것이다. 전체를 다 이야기할 것은 아니기 때문에, 마치 영화의 예고편처럼 설정과 전반부를 설명하며 영화에 대한 호기심을 자극하는 것이다. 너무 편하다고 생각할 수도 있겠지만, 서두에 간략하게 줄거리를 쓰는 것도 결코 쉬운 일이 아니다. 영화의 핵심을 꿰뚫어야 하고, 단지 설정만을 이야기하는 것이 아니라 영화의 결말에 영향을 끼칠 수 있는 중요한 요소를 슬쩍 흘리는 것도 필요하다. 한마디로 이야기의 축약에도 테크닉이 필요한 것이다.

다른 방법도 있다. 영화지의 모 기자는 서두를 잘 쓰지 못해서 고민을 하다가 한 가지 묘책을 발견했다. 항상 서두에 영화나 감독, 배우 등에 대한 실제 에피소드를 보여주는 것만으로도 독자는 다음 이야기를 읽고 싶어 하는 경우가 많다. 게다가 널리 알려진 감독이나 갖가지 기행으로 유명한 감독이라면 그 에피소드 자체만으로도 재미있는 글이 될 수 있다. (김봉석, 「영화리뷰쓰기」 중에서)

서두

서두 쓰기의 개념

서두 쓰기는 '관심 끌기' → '맥락 설명하기' (문제로 접근하기) → '문제제기' 순으로 이루어진다.

시사적인 사건, 인용구, 예화나 우화, 인상적인 경험 등을 통해 독자의 관심을 유도할 수 있다.

1) 관심 끌기

독자의 관심을 끌어 글을 읽고자 하는 동기를 부여하는 것이 중요하다.

2) 맥락 설명하기(문제로 접근하기)

독자의 관심을 끌기 위해 사용했던 소재들(사건, 인용구, 예화나 우화, 경험들)이 전체적으로 어떤 맥락에 있는가, 즉 '문제'와 어떤 관련이 있는가를 밝힌다.

이 과정에서 논의의 범위가 자연스럽게 드러나며 논점이 암시된다.

3) 문제제기

서두에 제시된 문제제기는 논점이 무엇인지를 분명하게 알게 한다.

'~일까?' '~을 생각해보자.' '~에 대해 알아보자.' '~을 고찰해보자.' '~을 검토할 필요성이 있다.' '이 문제를 해결하려면 어떻게 할까?' '무엇이 문제이다' 등의 표현을 직접적으로 사용하는 것은 문제제기의 한 형식에 불과하다.

관심을 끌 만한 실례를 들고 문제를 설정하면서 논점이 충분히 암시되었다면 문제제기 부분은 생략해도 된다.

연습문제 1

아래 글은 한 칼럼의 전문이다. 서론에 해당하는 부분을 찾고 서론의 흐름을 설명하시오.

5월 19일, 일본 국립환경연구소가 연구 결과를 하나 내놨다. 남극 하늘 오존홀(ozone hole)이 메워져 가는 징조를 보인다는 것이었다. 일본 과학자들은 2050년이면 오존층이 원상으로 복구된다고 내다봤다. 5월 4일자 『네이처』에도 "오존층이 회복의 꼭짓점에 와 있다"는 미국 과학자 논문이 실렸다.

성층권 오존층은 태양으로부터의 해로운 자외선을 막아주는 지구 생명의 보호막이다. 이게 깨져버리면 생물은 물속에서나 살아남을 수 있다. 몇 년 전만 해도 그런 오존층에 생긴 구멍 크기가 또 기록을 경신했다는 식의 뉴스가 수시로 터져 나왔다. 남극만 아니라 북반구 하늘에도 구멍이 뚫렸고 실제로 어느 나라에선 피부암이 얼마나 늘었다더라 하는 보도도 줄을 이었다. 그랬던 오존층이 회복 추세로 돌아선 것은 1987년 체결된 몬트리올 의정서 덕분이다. 오존층을 깨는 프레온 가스 같은 물질의 생산과 소비를 억제하자는 그때의 약속이 잘 지켜진 것이다.

오존층이 치유된다는 건 반가운 소식이다. 하지만 오존층 파괴 물질인 프레온 가스는 사람이 만든 무수한 화학 합성물질 중 하나에 불과하다. 전 세계 대학과 기업 실험실에서 새로 만들어지는 물질은 미국 오하이오에 있는 CAS(Chemical Abstract Service)라는 기관에 등록됨으로써 신(新)물질로 인정을 받는다. CAS 홈페이지에 들어가봤더니 15일 현재 등록물질이 2,833만 8,614개였다. 매주 5만 개씩 신물질이 만들어져 등록된다는 것이다. 프레온 가스도 그중 하나다.

문제는 이런 합성물질들이 사람과 생태계에 어떤 영향을 미치는지를 현대 과학으로도 알아내기가 어렵다는 점이다. 프레온 가스가 그 생생한 증거다. 프레온 가스는 냉장고나 에어컨의 냉매, 반도체 세척제 등으로 쓰여왔다. 화학적으로 활성이 없어 거의 어떤 물질과도 반응을 일으키지 않는다. 그래서 마구 쓰고 버려도 사람이나 생태계에 해를 끼치지 않는다는 데 그 효용가치가 있다. 프레온 가스를 합성해낸 과학자는 안전성을 증명하겠다면서 사람들 앞에서 들이켜기까지 했다.

프레온 가스는 비, 햇빛, 허공에 떠다니는 오염물질 등 무엇하고 부딪혀도 분해되거나 변하지 않기 때문에 하늘까지 올라갔다. 그런데 하늘로 올라가서는 오존층을 깨버린 것이다. 남극 하늘 오존층에 구멍이 생겼다는 사실은 1982년 확인됐다. 그렇지만 영국 과학자들은 측정 결과를 발표하지 못했다. 너무 어마어마한 사실이어서 측정기계가 뭔가 잘못돼 생긴 에러라고 생각했다. 1984년에야 오존층의 40%가 깨졌다는 논문을 내놓았다. 프레온 가스가 대량 생산돼 온갖 용도로 쓰인 지 50년이 넘게 지나서야 그것이 지구 생태에 치명적이라는 사실을 알게 된 것이다.

프레온 가스가 성층권까지 올라가는 데 15년 이상 걸린다고 한다. 지금 성층권 오존층을 깨고 있는 프레온 가스는 80년대, 또는 90년대 초반에 냉장고나 에어컨 같은 데서 새어나온 것들이다. 신물질이 만들어지면 과학자들은 면밀하게 안전성을 점검한 후 상업적 생산 여부를 판단한다. 하지만 아무리 철저하게 분석하고 점검한다 하더라도 지상에선 멀쩡하던 물질이 15년 지나서 하늘에서 무슨 일을 낼지까지 과학자들이 내다볼 수는 없다.

지금도 각국 실험실에선 하루 7,000개씩 신물질이 태어나고 있다. 2,800만 개 합성물질 중 대량생산돼 유통되는 것은 10만 종쯤 된다. 그중 어떤 것이 또 프레온 가스의 경로를 밟게 될지 알 수가 없다. 과학은 의도하지도 않았고 예상하지도 못한 결과를 만들어 낼 수 있다. 프레온 가스가 남긴 교훈이다. (한삼희, 「오존 구멍은 메워진다지만」)

연습문제 2

아래의 글에서 서론에 해당하는 부분을 찾고, 그것이 글 전체와 관련하여 어떻게 기능하고 있는지 설명하시오.

'권태'라는 단어를 들으면 소설가 신경숙의 글이 떠오른다. 요절한 시인 기형도에 관한 기억 하나. 화사한 햇살이 쏟아지던 어느 날, 버스정류장 스탠드에 기대선 시인의 나른한 표정. 눈이 부셔 약간 찌푸린 얼굴, 무료함을 견딜 수 없다는 듯 늘어진 어깨. 정확한지는 모르겠지만, 내 기억은 그렇다. 이미 죽어 버린 시인의 한순간을 담은 그 글을 읽으면서, 나는 '권태'를 떠올렸다. 그의 얼굴에는, 눈에는, 어깨에는 권태가 잔뜩 찌들어 있었다. 일상의, 삶의, 세상의 권태. 어쩌면 의도적인 죽음이란, 권태에서 시작하는 것이 아닐까.

신경숙의 글에서 계절이 언제였는지는 잘 모르겠다. 하지만 풍경을 머릿속에 그려 보면, 그건 봄이어야 한다. 여름으로 막 넘어가는, 이미 모든 생명이 한껏 피어나 절정에 올라 있는 순간, 그렇게 모든 것이 약동하는 순간, 권태가 엄습한다. 흔히 생각하는 것처럼 권태는 사귀던 연인의 몸과 마음이 지루해졌다든가, 똑같은 나날이 반복되는 일상의 지겨움에서 비롯되는 것은 아니다. 그건 그냥 지루함일 뿐이다. 날마다 먹는 밥이 지겨워 빵으로 식단을 바꾸는 것 정도다. 새로운 연인을 찾는다고 인생의 권태가 멀리 날아가 버리는 것은 아니다. 잠시 외면하고 취해 버리기는 하지만, 언제나 숙취에 고통받고 조금은 후회하게 마련이다.

내가 아는 권태는 막막함이다. 지도도 없이 사막을 헤맬 때의 두터운 막막함 같은 것. 미래는 보이지 않고, 지금 아무리 발버둥을 쳐도 어디론가 나갈 수 없다는 안타까움 같은 것. 아니 안타까움마저 사라진 이후의 담담함. 라세 할스트롬 감독의 〈길버트 그레이프〉에서, 조니 뎁의 아버지는 자살을 했다. 여느 때와 다름없이 회사를 다녀온 후 가족들과 함께 평온한 저녁식사를 마치고, 여느 때처럼 저녁인사를 한 후에는 작업실이 있는 지하실로 내려갔다. 그리고 목을 매달았다. 유서도 남기지 않고 누구에게도 책임을 돌리지 않고. 그 죽음으로 가족은 붕괴한다. 라세 할스트롬은 아무런 이유도 말해 주지 않는다. 그는 죽었고 아마도 그의 것이었을 권태는 조니 뎁이 물려받는다.

'아마도 그 죽음은 권태에서 비롯된 것이 아닐까' 라고 〈길버트 그레이프〉를 보면서 생각했다. 출구 없음, 미래 없음. 차라리 지독한 현실이라면 악착같이 싸워 보기라도 하겠지만, 누군가와 싸워서 해결할 수도 없는 권태. 타인에게 책임을 물을 수도 없는, 근원적인 절망. 그때 나아갈 길은 죽음뿐이다. 그게 아니라면 위험한 사랑이나 무모한 섹스? 권태로워서 위험한 사랑에 빠진다는 것은 그런 의미다. 그냥 불장난이 아니다. 에로스와 죽음은 푸른 실로 엮여 있다. 섹스와 죽음의 유사성은 초월이다. 에로스는 초월을 위한 욕망이다. 그러나 결코 초월할 수 없는.

그러면 어쩌라는 것일까? 나도 모른다. 아마도 권태는 '막막함' 일 것이라고 생각하지만 확인할 수는 없다. 그저 개인적 경험일 뿐이다. 막막함이 황사처럼 내 몸을 뒤덮고 있음을 느꼈을 때 어딘가로, 누군가에게로 마구 도망을 치다가, 결국은 같은 곳이라는 사실을 깨닫고 멈춰 섰던 기억 때문이다. 그 후로 조금 전술을 바꿨다. 권태에게 정면으로 맞서지 않기로. 사소한 즐거움들에 조금이라도 취하고, 그 취함을 영원한 잠에 이르기 전까지 되도록 끌어가기로. 그렇게 책을 읽고, 음악을 듣고, 영화를 보고…… 그러다가도 어느 순간, 위험하게도 권태에 맞서고, 늘 패배한다. 결코 이길 수 없다. 권태는, 그러니까 그냥 같이 살아가는 것밖에 도리가 없다. 만날 때마다 '안녕' 이라고 조금은 반갑게 인사를 하며. (김봉석, 「권태」)

아프리카의 어느 부족은 너무 웃자라 불편하거나 쓸모없게 된 나무가 있을 경우 톱이나 칼로 잘라 버리는 게 아니라 온 부락민들이 모여 그 나무를 향해 크게 소리 지른다고 한다. 예컨대, "너는 살 가치가 없어!" "나는 널 사랑하지 않아!" "너는 왜 그렇게 사니?" "차라리 죽어 버려" 등 이렇게 나무가 들어서 가슴 아파할 말을 계속하면 정말 나무가 시들시들 말라 죽어 버린다는 것이다.

나의 변변찮은 과학 지식으로도 문자 그대로 믿기에는 좀 뭣한 이야기지만, 말 한마디가 생명을 좌우할 만큼 폭력적일 수 있고, 그만큼 깊은 상처를 줄 수도 있다는 말일 게다. 신체적인 상처는 세월이 가면 어느덧 딱지가 앉고 아물지만, 마음의 상처는 10년, 아니 20년이 지나 아물었는가 싶으면 다시 도지고 덧이 나 피를 줄줄 흘리기 때문이다.

그런 줄 알면서도 우리는 살아가면서 자주 남의 마음을 아프게 한다. 어떤 때는 무심히 내뱉은 말이 비수가 되어 상대방의 가슴에 꽂히기도 하고, 또 어떤 때는 일부러 남에게 못할 말을 하고 나서 두고두고 후회하기도 한다.

그런데 어떤 사람들은 고의적으로 그런 가해자가 되고도 후회는커녕 오히려 상대방이 아파하는 것을 은근히 즐기는 듯하다.

우리 집 근처에서 구멍가게를 하는 김 씨 부부에게는 열서너 살 정도 된 외아들이 있다. 이름이 재형이인 그 아이는 정박아여서 대여섯 살 정도 어린애의 지능밖에 갖고 있지 않다. 그래서 걸핏하면 동네 꼬마들의 놀림감이 되거나, 어른들도 돌아서면 손가락질하고 재밋거리로 말하기 일쑤이다.

그걸 아는지 모르는지 재형 엄마는 어디를 가나 '우리 재형이가'로 말문을 열고 재형이가 하는 일이면 무슨 일이든 대견해 하고 기특해 한다. 어쩌다 가게에 들어가면 내 직업을 아는 재형 엄마는 꼭 대학에 관한 질문을 한다.

"지금 퇴근하세요? 대학 보내려면 돈 많이 들지요."라든가 "어떻게 영어를 가르치는 게 좋은가요?" 등등 내가 보기에도 가당찮은 질문을 천연덕스럽게 하곤 한다.

그런 그녀가 처음엔 좀 귀찮고 이상하게 여겨졌지만, 그것이 그녀가 갖고 있는 비현실적인 '꿈'이 아니라 언젠가는 반드시 실현시키고야 말 실제적인 '계획'이라는 것을 알게 된 이후로는 나름대로 성의껏 대답해 준다.

그녀는 언젠가는 재형이가 마치 잠에서 깨어나듯 머리가 깨어 일반 고등학교에도 가고 대학교에도 갈 수 있으리라는 것을 전혀 믿어 의심치 않는 듯, 교육 보험에도 들고 영어 카세트나 문학 전집 같은 것도 들여 놓는다.

오늘 오후, 나는 음료수를 사기 위해 '재형슈퍼' 앞에 차를 세우는 중이었다. 중년 남자 셋이 가게 밖의 간이용 탁자에 앉아 술을 마시고 있었다. 그들은 재형이를 앞에 세워 놓고 무슨 말인가를 하고 있었다. 부동자세로 꼿꼿이 서 있는 재형이의 표정이 너무 굳어 있어 나는 차 안에서 그들의 대화를 엿들었다. [……] (장영희, 「걔 바보지요?」 중에서)

예화

예화로 시작하는 서두 쓰기

1) 신선한 예화를 찾기

제시된 예화가 신선한 것이어야 독자의 흥미를 유발할 수 있다. 아무리 신선한 예화라고 하더라도 지나치게 길어지는 것은 주의해야 한다. 서두는 본문으로 들어가기 위한 예비 단계이기 때문이다. 무조건 신선한 예화를 제시해야 한다는 강박관념을 가질 필요는 없다. 사람들이 다 아는 예화도 새로운 시각으로 구성하여 제시하면 흥미를 유발하는 서두가 될 수 있다.

2) 예화의 의미 서술하기

① 예화의 일차적 의미 서술

예화가 어떤 의미를 지니는 것인지를 '문제'와 관련해서 직접적으로 서술하는 부분이 있어야 한다. 하나의 예화는 보는 사람의 관점에 따라 몇 가지 의미로 해석될 수 있다. 내가 제기하는 문제와 관련해서 어떤 점에 초점을 맞추어야 하는지 설명하는 부분이 반드시 있어야 한다. 예화뿐만 아니라 인용을 할 때에도 그 인용문이 가지는 의미를 직접 설명하는 부분은 필수적이다.

② 예화의 심층적 의미 서술

예화의 일차적 의미를 정리하는 것만으로는 부족하다. 그것이 가지는 의의를 부연하거나, 다른 맥락에서는 어떤 의미를 더 부여받는지를 심층적으로 설명해야 한다.

3) 예화의 의미를 토대로 문제제기하기

두 번째 단계가 제대로 이루어져서 논점이 드러난다면 그러한 논점이 현재 문제적인 것임을 강조한다. 이런 강조점이 주어지면 독자들은 본문의 내용을 쉽게 짐작할 수 있다.

✓ 읽기 자료에서 아프리카 부족이 불필요한 나무를 제거하는 방식은 매우 특이하다. 부족 사람들이 모여 나무에게 '아픈 말'을 해서 나무를 시들게 한다는 것은 해당 부족의 문화적 특수성을 반영하는 사건이다. 독자의 관심을 끌기에 좋은 일화라고 할 수 있다.

그런데 이 아프리카 부족의 이야기는 여러 가지 의미를 가질 수 있다. 식물도 인간과 의사소통이 가능하다는 것을 증빙하는 자료일 수도 있고 물리력보다는 말의 힘이 더 유용할 수도 있음을 암시하는 이야기가 될 수도 있다. 그러나 필자는 "말 한마디가 생명을 좌우할 만큼 폭력적일 수 있고, 그만큼 깊은 상처를 줄 수도 있다는 말"로 정리한다. 아프리카 부족의 이야기가 가지는 다양한 의미 가운데 '말의 폭력성'에 초점을 맞추고 있는 것이다. 이렇게 이야기에 일차적인 의미를 부여한 뒤, 말이 만들어낸 마음의 상처를 신체적인 상처와 비교하면서 폭력적 말의 심각성을 심화시켜 설명한다.

이어서 일상에서 말을 통해 상처를 주고받는 경우, 특히나 남에게 상처를 주는 것을 즐기는 고의적 경우가 있음을 언급한다. 예화의 의미를 토대로 현실의 문제를 제기하는 것이다. 작가가 의도한 예화의 의미를 알고 있는 독자들은, 고의적 말의 폭력에 대한 비판적 시각의 글이 이어질 것임을 짐작할 수 있다.

연습문제 3

아래 자료들에는 모두 인용문이 있고, 인용문의 의미를 서술하는 부분이 있다. 인용문의 의미 서술 방식을 비교해보자.

(가) 흑묘백묘론은 '흑묘백묘 조주노서 취시호묘(黑猫白猫 抓住老鼠 就是好猫)'를 줄인 말이다. 검은 고양이든 흰 고양이든 쥐만 잘 잡으면 좋은 고양이란 뜻이다. 중국 쓰촨성의 속담인 '흑묘황묘'에서 유래했는데, 중국의 개혁개방을 이끈 덩샤오핑이 1979년 미국을 방문하고 돌아와 주창하면서 유명해졌다. 여기선 이념이야 어떻든 인민을 잘살

게 하면 제일이라는 뜻이 된다. (여현호, 「고양이」 중에서)

(나) 지난해 작고한 프랑스 사상가 장 보드리야르는 우리가 돈을 주고 사는 물건의 의미를 사용가치나 교환가치가 아니라 만들어진 기호가치로 결정한다고 보았다. 내게 어느 정도 필요한지 쓰임새를 따져 냉장고를 사는 게 아니라 "…라서 행복해요"라는 광고 문구가 만든 가상의 이미지에 돈을 쓴다는 것이다. (함석진, 「최요삼」 중에서)

(다) 주몽은 동부여의 추격병에 쫓기는 상황에서 저 유명한 '엄표수 발언'을 한다. "나는 천제의 자손이고, 하백의 외손이다!" 어별고(魚鼈橋)를 통해 추인되는 이 발언은 자신의 정체성에 대한 선언이기만 한 것은 아니었다. 동시에 그것은 고구려의 정치적 · 문화적 성격에 대한 천명이기도 했다. 하늘인가 알인가의 선택이 아닌 둘의 신화적 결연, 곧 고구려가 서로 다른 문화를 지닌 종족들의 연합으로 구성된 국가라는 천명 말이다. (조현설, 「우리 신화의 수수께기」 중에서)

(라) '백락이 한 번 돌아본다'는 뜻의 백락일고(伯樂一顧)는 춘추시대 진(秦)나라의 백락이 한 번 돌아본 말은 값이 뛰었다는 데서 나온 말이다. 당송팔대가(唐宋八大家)의 한 사람인 한유(韓愈)는 "천리마는 항상 있지만 그를 알아볼 백락은 늘 있지 않다."라고 인재 식별의 어려움을 강조했다. (이덕일, 「인재발탁」 중에서)

(마) '희극적 역적'을 마련한 호방의 웃음은 풍자와 폭로를 지니고 있다. 그것도 부도덕한 위선의 폭로와 위선자에 대한 풍자이기 때문에 그 욕지거리에도 불구하고 윤리적이다. 하긴 메리 더글러스의 말처럼 어떠한 농지거리도 잠재적으로 위험한 성질을 띠고 있는 것은 사실이다. 규범에 맞는 것에 대해 건달이 가하는 일격, 공인된 떳떳한 것에 대해 그렇지 못한 것이 던지는 공격, 우월한 것을 짓이기는 열등한 자의 힘의 발동 등이 농지거리로 나타날 때 그것은 명백히 사회질서의 혼돈을 가져오기 때문이다. (김열규, 「왜 사냐면 웃지요」 중에서)

연습문제 4

다음의 예화를 이용해서 글의 서두를 써보자.

(가) 증삼(일명 증자: BC 505~437)은 공자의 제자로 평소 어머니의 신임을 받는 언행이 신중한 효자였다. 어느 날 그의 어머니가 베를 짜고 있는데 이웃 사람이 달려와 "증삼이가 살인을 했대요."라고 했다. 어머니는 믿지를 않았다. 조금 후 증씨 가문의 친척이자 사회적 신분이 있는 사람이 와 똑같은 말을 했다. 이번에도 어머니는 아들에 대한 믿음으로 그의 말을 믿지 않았다. 친척이 막 돌아간 후 한 사람이 땀을 흘리며 달려와 "당신의 아들이 이미 체포됐답니다."라고 했다. 그녀는 창백해져 베틀에서 내려왔고 체포 소식을 전한 사람은 어머니에게 도망갈 것을 권했다. 살인자의 가족도 살인자와 같은 형벌로 다스렸기 때문이다. 실랑이를 벌이고 있는 사이에 증삼이가 돌아와 파랗게 질려 있는 어머니에게 "공부가 이제 끝나 오는 길입니다. 오다 들으니 살인을 한 흉악범이 저와 같은 이름이어서 사람들은 제가 살인한 줄 알고 있더군요."라고 말했다. 어머니는 "너를 믿었지만 모든 사람들이 그렇게 말하니 내 마음도 흔들리더구나. 정말 헛소문은 무서운 것이야."라고 했다.

(나) 미국의 심리학자 밀그램이 다음과 같은 실험을 했다. 먼저 뉴욕 번화가에서 실험

보조자 몇 명에게 인도에서 갑자기 발길을 멈추고 차도 건너편의 빌딩 6층을 올려다보게 했다. 보조자의 수는 1명, 2명, 3명, 5명, 10명, 15명 등의 그룹으로 묶고, 각 그룹은 자연스럽게 움직이다가 한두 명씩 발길을 멈추고 일제히 차로 건너편의 빌딩을 올려다보게 한 것이다. 그때 길 가던 사람들 가운데 과연 몇 명이 보조자들처럼 발길을 멈추거나 빌딩을 올려다보는지를 알아보았다. 발길을 멈추지 않더라도 걷는 속도를 늦추면서 보조자들처럼 빌딩을 올려다보는 사람의 비율을 보니 보조자가 1명이면 42퍼센트, 보조자가 3명이면 60퍼센트, 5명이면 86퍼센트였다. 많은 사람들이 보조자가 올려다보는 빌딩을 덩달아 올려다보게 하는 데 가장 효과적인 실험 보조자 수는 세 명이었다.

(다) 한번은 사람들이 벤자민 프랭클린에게 질문했다.

"당신은 수많은 장애에도 불구하고 어떻게 포기하지 않고 한 가지 일에만 전념할 수 있었습니까?"

그러자 프랭클린은 다음과 같이 말했다.

"여러분, 여러분들은 일하는 석공을 자세히 관찰해 보신 적이 있으십니까? 석공은 아마 똑같은 자리를 백 번 정도 두드릴 것입니다. 갈라질 징조가 보이지 않더라도 말입니다. 하지만 백한 번째 망치로 내리치면 돌은 갑자기 두 조각으로 갈라지고 맙니다. 이처럼 돌을 두 조각으로 낼 수 있었던 것은 한 번의 두들김 때문이 아니라 바로 그 마지막 한 번이 있기 전까지 내리쳤던 백 번의 망치질이 있었기 때문인 것입니다."

심화문제 1

아래의 글은 '시작하고 끝내는 방법'이라는 칼럼의 일부이다. 앞서 검토한 필자의 서두 쓰기 방식과 비교해보고, 독자의 흥미를 끌 만한 효과적인 서두를 완성하는 방법에는 또 어떤 것들이 있을지 토론해보자.

어떤 글에서건 가장 중요한 문장은 맨 처음 문장이다. 첫 문장이 독자를 둘째 문장으로 끌고 가지 못하면 그 글은 죽은 것이다. 그리고 둘째 문장이 독자를 셋째 문장으로 끌고 가지 못하면 마찬가지로 그 글은 죽은 것이다. 이렇게 독자가 완전히 걸려들 때까지 한 문장 한 문장 끌고 가는 것이 글의 가장 결정적인 부분인 도입부이다.

도입부는 얼마나 길어야 할까? 한두 문단? 네댓 문단? 정답은 없다. 어떤 도입부는 좋은 미끼가 있는 문장 몇 개만으로 독자를 낚아챈다. 몇 장을 느릿느릿 나아가면서 꾸준히 독자를 끌어당기는 경우도 있다. 글마다 문제가 다를 수 있다. 따라서 가장 확실한 방법은 실제로 그것이 통하는지 보는 것뿐이다. 여러분의 도입부가 가능한 모든 도입부 가운데 최상은 아닐지도 모른다. 하지만 소기의 목적을 달성했다면 그것으로 감사하고 앞으로 계속 나아가자.

도입부의 길이는 때로는 독자에 따라 정해지기도 한다. 문학 비평을 읽는 독자들은 필자가 만연체로 시작할 것을 예상하고 있으며, 필자를 따라 마지막 지점까지 느긋하게 에둘러 가기를 즐긴다. 하지만 독자가 계속 붙어 있으리라는 기대는 금물이다. 독자들은 자신을 위한 게 무엇인지 금방 알 수 있기를 원한다.

따라서 도입부는 금방 독자를 붙잡아 계속 읽게 만들어야 한다. 참신함, 진기함, 역설, 유머, 놀라움, 비범한 아이디어, 흥미로운 사실, 질문으로 독자를 유혹해야 한다. 독자의 옆구리를 찌르고 소매를 끌어당기는 것이라면 무엇이든 좋다.

또 도입부는 어느 정도 실질적인 역할을 해야 한다. 이 글을 왜 썼으며 왜 이 글을 읽어야 하는지 독자에게 구체적으로 알려주어야 한다. 그렇다고 너무 이성적으로 호소하지는 말자. 독자를 조금 더 꾀어 계속 호기심을 갖게 하기만 하면 된다.

그렇게 계속 나아가자. 모든 문단은 앞선 문단을 부연해주는 것이어야 한다. 구체적인 설명을 덧붙이는 데 신경을 더 쓰고, 독자를 즐겁게 해 주는 배려는 덜 해도 된다. 그러나 매 문단의 마지막 문장에는 특별히 신경을 써야 한다. 다음 문단으로 넘어가기 위한 중요한 발판이기 때문이다. 특별히 유머나 놀랄 만한 것을 살짝 가미해보자. 독자를 미소 짓게 만들면 적어도 한두 문단은 더 읽도록 붙든 셈이다.

그러면 속도는 다르지만 똑같이 긴장감을 유지하는 도입부 몇 가지를 보자. 먼저 내가 쓴 칼럼 두 편을 든다. 『라이프』(*Life*)와 『룩』(*Lock*)에 실렸던 글인데, 독자들의 말에 따르면 주로 이발소, 미용실, 비행기, 병원 대기실에 있는 잡지다.("얼마 전에 머리를 깎으러 갔다가 선생님 글을 봤어요.") 내가 이 말을 하는 것은, 정기간행물은 책상 스탠드 아래보다는 헤어드라이어 아래에서 읽는 경우가 훨씬 많다는 사실을 강조하기 위해서이다. 글 쓰는 이가 시간을 낭비할 겨를이 별로 없다는 것이다.

먼저 살펴볼 것은 「그런 닭 소시지는 안 된다」라는 글의 도입부이다.

> 나는 가끔 핫도그에 뭐가 들어가는지 궁금했다. 지금은 알지만, 차라리 모르는 편이 나았다.

아주 짧은 두 문장이다. 하지만 둘째 문단으로 넘어가지 않으면 안 될 것 같다.

> 문제는 핫도그 소시지에 닭고기를 쓸 수 있도록 조건을 완화해달라는 가금류 업계의 요청에 따라 농무부가 핫도그 소시지의 성분—법적으로 가능한 모든 것—을 발표하면서 시작되었다. 과연 이 프랑크소시지의 나라에서 닭 소시지는 행복을 찾을 수 있을까?

이 칼럼의 바탕이 되는 사건을 설명해주는 문장 하나. 그리고 완만한 어조를 회복하기 위한 살짝 비틀기 하나.

> 이 문제에 관한 농무부 설문조사에서 나온 주로 적대적인 답변 1,066개로 판단하건대, 이는 절대 있을 수 없는 일이다. 한 여성의 다음과 같은 답변이 대중의 뜻을 가장 잘 나타낸다. "전 새고기는 안 먹어요."

또 하나의 사실과 또 한 번의 미소. 운 좋게도 이런 재미있는 인용거리를 구했을 때는 꼭 써먹을 방법을 찾자. 이어서 글은 농무부가 핫도그에 들어갈 수 있다고 밝힌 성분을 구체적으로 열거한다. "소, 양, 돼지, 염소의 횡격막, 심장, 식도 [……] 근육 가운데 먹을 수 있는 부분"은 포함되지만 "입술이나 코, 귀에 있는 근육"은 포함되지 않는다.

여기서부터 글은 가금류 업계의 이해와 소시지 업계의 이해 사이의 충돌에 관한 이야기로 발전하고, 이어서 미국인들은 핫도그와 조금만 닮은 것이면 무엇이든 먹을 것이라는 이야기까지 나아간다. 마지막에는 미국인들이 자기가 먹는 것에 무엇이 들어가는지 모를 뿐 아니라 관심도 없다는 게 더 큰 문제라는 사실을 암시한다. 문체는 시종 격의 없고 유머를 가미하고 있다. 하지만 내용은 기발한 도입부에 이끌려 들어간 독자들이 예상한 것보다 더 심각한 것으로 드러난다.

「하느님 감사합니다」라는 글의 도입부는 이보다 더 느리며, 유머보다는 호기심으로 독자를 유혹한다.

어떤 합리적인 기준으로 보더라도, 뉴욕 쿠퍼즈타운에 있는 야구박물관과 명예의 전당에 전시되어 있는 느릅나무 뿌리껍질 조각—투수 벌리 그라임즈의 고향인 위스콘신 주 클리어레이크 산—을 두 번, 아니 한 번이라도 보고 싶어 하는 사람은 없을 것이다. 거기에 붙어 있는 설명에 따르면 이것은 그라임즈가 경기 중에 씹었던 것으로, "스핏볼[spitball. 공에 침을 묻혀 예측할 수 없는 방향으로 휘게 만드는 것—옮긴이]을 던질 때 침이 많이 나오게 하기 위한 것이었다." 지금 미국에서는 재미없는 이야기로 들릴지도 모르겠다. 하지만 야구팬들은 합리적인 기준으로 판단할 수 없다. 우리는 경기의 사소한 부분 하나하나에 집착하며, 한번 본 선수들에 대한 기억을 평생토록 간직한다. 그러니 선수들과 다시 만나게 해주는 물건치고 우리에게 시시한 건 없다. 나는 홈플레이트를 향해 교묘히 날아가던 그의 침 묻은 공을 기억하는 세대인 만큼, 그 나무껍질을 발견하고는 그것이 무슨 로제타석이라도 되는 듯이 열심히 들여다보았다. '저것 때문에 그럴 수 있었군.' 나는 그 이상한 유물을 뚫어져라 바라보며 그렇게 생각했다. '느릅나무라! 끝내주는데.'

이것은 내가 이 박물관을 돌아다니다가 마주친 내 소년 시절의 수백 가지 추억 가운데 하나일 뿐이다. 아마 우리의 과거로 떠나는 사적인 순례로는 이 박물관만한 것이 없을 것이다. [……]

이제 독자가 제대로 걸려들었으니 작가가 할 일 가운데 가장 힘든 부분은 끝났다.

이런 도입부를 소개하는 이유는 작가의 문체가 아니라 작가가 발견한 특이한 사실이 글을 살리는 경우가 종종 있다는 것을 보여주기 위해서이다. 나는 오후 내내 박물관에서 메모를 하며 향수에 젖어 루 게릭의 라커와 바비 톰슨의 승리의 배트를 존경스럽게 바라보았다. 나는 자이언츠 홈구장인 폴로그라운즈에서 가져온 특별관람석에 앉아, 브루클린 다저스의 홈구장인 에베츠필드에서 가져온 특별관람석에 앉아, 브루클린 다저스의 홈구장인 에베츠필드에서 가져온 홈플레이트에 스파이크 없는 내 구두 바닥을 파묻고는 도움이 될 만한 설명은 모조리 베껴 썼다.

"이것은 테드가 베이스를 주유하는 여행을 마치면서 홈플레이트를 밟았던 신발이다." 이것은 테드 윌리엄스가 인생의 마지막 타석에서 홈런을 친 유명한 시합 때 신었던 신발에 대한 설명이다. 이 신발은 옆이 썩어서 터진 월터 존슨의 신발에 비하면 상태가 훨씬 좋았다. 하지만 이 신발에 대한 설명은 야구광들의 기대에 딱 들어맞는 것이었다. "마운드에 올라가 공을 던질 때는 발이 편해야 하는 법이다." 위대한 월터는 그렇게 말한 바 있다.

박물관은 5시에 문을 닫았고, 나는 내 기억과 조사가 충분하다고 생각하며 모텔로 돌아갔다. 그러나 다음 날 아침 나는 본능에 이끌려 한 번 더 박물관을 찾았고, 그제야 벌리 그라임즈의 느릅나무 뿌리껍질을 발견할 수 있었다. 틀림없이 이상적인 도입부가 될 것 같았다. 나는 지금도 그렇게 생각한다.

이 이야기에서 배울 점이 있다면, 언제나 써야 할 것보다 많은 자료를 모아야 한다는 것이다. 글의 힘은 가장 도움이 되는 일부분을 추려내기 위한 여분의 자료가 얼마나 많으냐에 비례한다. 평생 자료만 수집하지 않는다면 말이다. 어느 시점에는 조사를 마치고 글쓰기를 시작해야 하는 것이다.

또 하나는 뻔한 자료를 보고 뻔한 사람들을 인터뷰하지만 말고 어디서나 자료를 찾아야 한다는 것이다. 길거리의 간판과 온갖 잡동사니 글을 보자. 포장지와 장난감 설명서, 약품 설명과 담벼락의 낙서를 읽어보자. 전기회사, 전화회사, 은행에서 매달 쏟아져 나오는 정산서의 여백을 메우기 위해 괜히 써놓은 자부심 가득한 문구를 읽어보자. 메뉴와 카탈로그와 각종 정기간행물을 읽어보자. 신문의 눈에 잘 띄지 않는 틈새, 예컨대 일요일 부동산 섹션 같은 곳에 관심을 가져보자.(사람들이 어떤 테라스를 원하는지 보면 사회의 풍조를 알 수 있다.) 우리가 매일 보는 세상의 풍경은 모호한 메시지와 의미로 가득 차 있다. 그런 것들에 관심을 갖자. 그것들은 사회적인 의미만 지니고 있는 게 아니다. 다른 누구와도 다른 도입부를 쓸 수 있는 기발한 것들이 많다. (윌리엄 진서, 「글쓰기 생각쓰기」 중에서)

2. 사례 들기

변화된 사회규범이 어떻게 불평등을 증가시켰는지 경제학자들이 논의할 때, 염두에 두는 구체적인 예가 하나 있다. 경영진 연봉이 하늘 높은 줄 모르고 치솟게 된 것이다. 불평등의 증가로 대기업 경영진들만 연봉이 크게 오른 것은 아니지만, 이들의 경우는 액수가 노출되기 때문에 경제 전반에 어떤 일이 일어나고 있는지를 보여주는 좋은 예가 된다.

연방준비제도이사회(Federal Reserve Board)의 연구에 따르면(1940~90년 사이에 영업실적 순으로 상위 50위 안에 드는) 102개 대기업 CEO들의 연봉은 지금으로 환산하면 평균 120만 달러 정도였다. 이는 결코 적은 액수가 아니다. 그러나 1930년대 CEO 연봉과 비교하면 약간 오른 것으로 당시 미국 정규직 노동자들 평균 연봉의 '40배밖에' 되지 않는다. 반면 2000년대 초 CEO들의 연봉은 평균 900만 달러 이상으로 정규직 노동자들 평균 연봉의 367배가 넘었다. 다른 최고경영진도 CEO들만큼은 아니지만 연봉이 크게 늘었다. 대기업에서 CEO 다음으로 높은 임원 두 명의 평균 연봉은 1970년대에는 정규직 노동자들 평균 연봉의 31배인데 반해, 2000년대 초반에는 169배에 달했다.

CEO들의 연봉이 이렇듯 엄청나게 오른 이유를 설명하기 위해 일단 경영진의 연봉이 이상적인 모형에 기초해 결정된다고 전제해 보자. 각 회사의 이익이 CEO의 자질에 의해 결정되고, 회사 규모가 클수록 이익에 대한 CEO의 영향력도 커진다고 상상해 보라. 또한 CEO들의 잠재적인 자질은 검증 가능하다고 생각해 보자. 미국에서 누가 100번째로 능력 있는 경영인인지, 누가 99번째인지, 이런 식으로 말이다. 이럴 경우, 회사들 간에 뛰어난 경영진을 영입하려는 경쟁이 치열해질 것이고, 그 결과 경영진의 기여도가 더 중요해지는 큰 회사에서 가장 뛰어난 경영인을 고용하게 된다. 즉 회사 간의 경쟁으로 각 경영인의 연봉은 그들의 자질을 반영하게 되는 것이다.

이 같은 가정을 그대로 적용하면, 자질이 뛰어난 경영자들 중에서도 약간의 실력 차이가 큰 연봉의 차이로 이어질 수 있다. 그 이유는 경쟁 때문이다. 대기업에서는 10번째로 뛰어난 경영인과 11번째로 뛰어난 경영인을 두는 경우, 매년 수천만 달러씩 이익에 차이가 날 수 있기 때문이다. 그러므로 이상적인 연봉모형에 따르면 최고경영자들이 그만한 연봉을 받을 만하다는 결론을 얻을 수 있다. 또한 경영자들이 과거에 비해 지금 훨씬 더 높은 연봉을 받는 것도 그럴 만한 이유가 있기 때문이라고 생각할 수 있다. 예를 들면 과도한 경쟁이나 높은 주가 등으로 인해 최고의 실력자가 회사를 경영하는 것이 과거보다 훨씬 더 중요해졌기 때문이라고 말이다.

그러나 이 모형을 조금 현실화하면, 경영자의 연봉이 그들의 실력에 따른 수요와 공급의 원리보다는 사회규범이나 정치권력의 변화와 밀접한 관련이 있음을 깨닫기는 어렵지 않을 것이다.

첫째, 경영자의 자질이나 그 자질이 회사의 수익과 얼마나 관계가 있는지 측정하는 것은 어려운 일이다. 기업 리더의 생산성을 측정하는 것은 노동자가 한 시간에 몇 개의 벽돌을 쌓을 수 있는지를 재는 것과는 다르다. 회사의 수익성이, CEO가 통제할 수 없는 다른 요소들의 영향을 많이 받기 때문이다. 심지어 수익성만을 보고 그 회사 간부들의 생산성을 측정하는 것도 어렵다. 게다가 수익성은 기간에 따라, 해석하는 사람에 따라 달라질 수 있다. 엔론(Enron)은 세간의 눈에는 아주 성공적인 회사처럼 비쳤다. 미국 맥맨션 건설업체의 대명사 톨 브러더스(Toll Brothers)도 주택시장의 거품이 꺼지기 전까지는 잘 나가는 듯했다. 이처럼 CEO에게 얼마의 연봉을 줄 것인가 하는 문제는 이를 결정하는 사람의 주관이나 그 시대의 유행에도 많이 좌우된다고 볼 수 있다. 1950~60년대 대기업들은 유명하고 카리스마 넘치는 리더를 뽑는 것이 별로 중요하다고 생각하지 않았다. CEO들이 경제잡지 표지 모델로 나오는 일은 거의 없었으며, 회사는 직원들 간의 화합을 강조하기 위해 내부 인사를 통해 CEO를 뽑으려는 경향이 강했다. 이와 반대로 1980년대 이후의 CEO들은 록스타같이 유명해졌다. 회사의 평판을 보고 CEO가 어떤 인물인지 판단할 수 있게 된 것처럼, CEO를 보면 곧 회사의 수준을 짐작할 수 있게 되었다. 지금의 기업 이사회가 내부 인사로만 CEO를 뽑던 과거보다 현명해진 것일까, 아니면 단지 유명인을 숭배하는 문화에 휩쓸린 것일까?

둘째, 기업 이사회가 경영자의 자질과 경영자가 회사의 수익에 미치는 영향을 정확히 판단할 수 있다고 해도, 실제로 이사회에서 CEO들에게 얼마의 연봉을 줄 것인지는 다른 회사들이 CEO에게 얼마를 주는지에 따라 더 많이 좌우된다. 따라서 1960년대와

1970년대 기업에서는 아무리 경영의 귀재라고 해도 눈이 휘둥그레질 정도로 높은 연봉을 받는 경우는 거의 없었다. 오히려 CEO들이 높은 연봉을 받으면 조직의 단합을 약화시키거나 노사문제를 일으킬 수도 있다고 생각했다. 이런 사회 분위기에서는 뛰어난 CEO를 고용해야 회사가 산다고 믿는 이사회라도 그런 경영진을 영입하기 위해 엄청난 연봉을 지불할 필요가 없었다. 그러나 지금은 CEO에게 수백, 아니 수천만 달러를 지불하는 것이 보통이 되었다. 그리고 반드시 슈퍼스타 같은 CEO가 필요하다고 생각하지 않는 이사회조차 거액의 연봉을 지불하게 된다. 적당한 능력이 있다고 인정되는 CEO를 영입하기 위해서도 그렇고, CEO에게 연봉이 인색한 회사를 금융시장이 신뢰하지 않기 때문에도 그렇다.

마지막으로, 기업을 운영할 수 있는 능력을 사고파는 시장이 있다면 정확히 그 구매자는 누구인가? 그리고 CEO가 얼마나 뛰어난지, 그리고 연봉을 얼마나 받아야 다른 회사로부터 CEO의 기업경영 비결을 지킬 수 있는지 누가 결정할 것인가? 대답은 예상대로다. 이사진 대부분이 CEO에 의해 결정되는 기업의 이사회에서, 역시 대부분의 경우 CEO가 선택한 임금관리 전문가들을 고용함으로써 CEO의 가치가 얼마인지 결정된다. 이는 CEO 개인의 자질이나 그 자질이 회사 수익에 얼마나 도움이 되는지 과장하기 아주 좋은 상황이라 할 수 있을 것이다.

위의 세 가지 내용을 종합해 보면 최고경영진들의 소득은, 그 중에서도 CEO나 다른 유명인의 소득도 어쩌면 사회 분위기나 정치적 배경처럼 '모호한' 요소에 더 많이 좌우된다고 결론지을 수 있을 것이다. 아마 이런 견해를 가장 강력히 주장한 학자는 루시언 베드척(Lucian Bedchuk)과 제시 프리드(Jesse Fried)일 것이다. 베드척과 프리드는 그들의 2004년 저서 ≪성과와 무관한 보수≫에서 실제로 CEO들은 직접 자신의 보수를 책정하며, CEO로서의 자질이나 능력을 사고파는 시장과는 아무런 관련이 없다고 주장한다. 또한 이들은 CEO의 연봉을 제한하는 것은 오직 하나 '반발을 통한 제지' 라고 말한다. 즉 CEO들의 지나친 보수가 평상시에는 침묵하고 있는 주주나 노동자, 정치가 또는 대중들의 반발을 일으킬 수 있다는 우려가 작동할 것이라는 것이다. (폴 크루그먼, 「미래를 말한다」 중에서)

사례 들기의 이해

사례는 적절한 예를 통해 자신의 주장을 강화하거나 설명을 구체화하는 방식이다. 객관적인 사실, 지식뿐만 아니라 주관적인 견문을 동원하면 복잡하고 추상적인 주장과 설명이 훨씬 쉽게 이해된다.

1) 육하원칙에 맞는 사례(예)를 찾는다.

불확실한 전문가, 부적절한 전문가의 말이나 불확실한 조사, 일반화될 수 없는 체험을 예로 드는 것은 적절하지 않다. 또한 '적절한 사례'는 육하원칙에 맞는, 정확한 것이어야 한다. "어떤 중남미 국가에서는 미국의 압력으로 스크린 쿼터제를 폐지한 결과 엄청나게 비극적인 일이 벌어졌다."라고 하는 것은 막연하다. "멕시코는 1993년 미국과의 나프타 협정 결과 자국의 스크린 쿼터제를 점차 축소할 수밖에 없었다. 그 결과 멕시코의 영화 시장은 거의 붕괴되었으며, 영화인들은 차별과 불평등을 무릅쓰고 할리우드로 갈 수밖에 없는 지경에 이르렀다."라고 하는 것이 효과적이다.

2) 적절한 사례를 찾는다.

사례(예)는 설명하고자 하는 맥락에 적합한 것이어야 한다. 가령 사례를 통해 '감성'이 현대 경영 전략의 핵심 코드임을 보여주고자 한다면, '감성'과 '경영 전략'의 두 가지 조건을 모두 만족시키는 사례(예)를 찾아야 한다. 가령 "현대는 '감성'이 중시되는 사회이기에 스타벅스처럼 소비자의 정서적 욕구와 개인적 취향을 만족시키는 감성 마케팅이 성공하고 있다."는 것은 적절한 사례(예)가 아니다. 감성 마케팅과 경영자의 감성 경영은 전혀 다른 문제이다. 이 경우에 펀 경영이나 유머 경영 등을 통해 경쟁력을 강화하고 있는 기업의 예를 드는 것이 적당하다.

3) 사례의 수도 중요하다.

하나의 사례를 자세히 설명하는 것으로 충분한 경우가 있는가 하면, 여러 분야에서 고루 사례를 들어야 하는 경우가 있다.

✓ 앞의 글은 변화된 사회 규범과 불평등 간의 관계를 설명하기 위해 'CEO들의 연봉'이라는 구체적 사례와 각종 보고서, 연구 자료, 통계 자료, 정확한 수치 등을 활용하고 있다. 이처럼 구체적인 사례와 자료들을 통해 이 글은 설명하고자 하는 일반화된 사실 또는 주장을 효과적으로 뒷받침하고 있다. 특히 각종 사회 문제들을 설득력 있게 제시하고자 할 경우에 글의 논리나 주장을 뒷받침하기 위한 적절한 사례와 통계 수치 등의 활용은 필수적이라고 할 수 있다.

연습문제 1

다음 글에서 주장을 확인하고, 그것을 증명하기 위해 사용된 사례를 찾아보자. 같은 주장이 가능한 또 다른 사례를 찾아 글을 써보자.

역사가가 탐구하는 진실은 대체로 흑과 백의 대조처럼 선명하지 않다. 한 사람의 진실이 다른 사람에게는 허위가 되는 경우가 얼마든지 있다. 가령 책에 등장하는 김원팔은 국왕 영조의 입장에서 보면 왕(영조)과 동궁(사도세자)을 저주하는 괘서(대자보)를 붙인 괘씸한 역적이었다. 그러나 김원팔의 생각으로는 영조 자체가 왕이 되기에는 부적격한 인물이고 따라서 그런 영조를 비방한 것쯤은 죄가 되지 않을 수 있다. 역사가로서 나는 영조와 김원팔의 입장 가운데 굳이 어느 한 편만을 역사적 진실로 선언해야 할 이유도 없고 권리도 없다. 나아가 김원팔의 역모 행위에서도 동기의 다양성을 발견할 수 있다. 내가 탐구하는 역사의 진실은 이처럼 중층적이다. (백승종, 「정감록, 역모사건의 진실게임」 중에서)

역사가가 탐구하는 진실은 대체로 흑과 백의 대조처럼 선명하지 않다. 한 사람의 진실이 다른 사람에게는 허위가 되는 경우가 얼마든지 있다.

연습문제 2

다음 글에서 주장을 확인하고, 그것을 증명하기 위해 사용된 사례들을 찾아보자.

물과 술

중국의 대학교에 가 보면, 학생들이 조그만 물통을 가지고 돌아다니는 모습을 자주 발견하게 된다. 물통은 산 것도 있지만, 과일 통조림을 먹고 난 후 빈 통을 이용하는 것이 더 많다. 중국의 대학 생활을 이 물통에 비유한다면, 한국 대학의 대표문화는 술이라고 생각한다.

나도 산동대에 다닐 때는 그런 물통을 몇 개씩이나 썼다. 기숙사에서 밥 먹고 나갈 때면 물통에 물을 받는 게 습관이었다. 교실 책상 위에 물통을 놓아둔 후에야 공부를 시작한다. 갈등 해소보다도 공부하다가 피곤할 때면 물통 생각이 난다. 뚜껑을 열면 뜨거운 수증기가 나와 시린 눈을 풀어준다. 창문 앞으로 다가가 학교 캠퍼스를 내다보면서 물을 마시면, 물 한 모금이 내 목줄기를 타고 넘어가는 소리가 들린다. 잔디밭에서 애인끼리 나란히 앉아 속삭이고, 잔디밭을 질러 산책하면서 책을 외는 학생도 항상 한두 명 정도 있다. 나뭇가지에 걸려 있는 붉은 석양, 훈훈한 햇빛에 부드럽게 움직이는 새들의 날갯짓을 보면서 물맛을 음미하는 것이 나의 취미였다. 밥 먹고 잠자고 공부하고, 매일 시계처럼 정확히 반복되는 대학교 생활은 바로 손에 들고 있는 물통 안의 물처럼 담백했다. 물을 마시면서 나는 조용히 감수하는 것을 배웠다. 스트레스든, 상처든, 즐거움이든, 작은 성공이든, 나는 조용한 마음으로 감수하고, 이러한 것들을 통해서 희망찬 미래를 설계하기도 했다.

물통이 꼭 필요한 원인이 하나 더 있다. 공부에 지칠 때면 매번 물이 다 떨어졌다는 핑계를 들어 친구들이 다 공부하고 있어도 아무런 죄책감 없이 마음 편하게 기숙사에 갔다 올 수 있었다. 기숙사 갔다 오는 길에 보면, 나처럼 책이랑 물통을 들고 아주 여유 있게 천천히 걸어다니는 학생들이 많았다. 규칙적이고 단조로운 생활 속에서 미래를 동경하는 하루하루, '물문화'는 흑백사진인 중국 대학교의 중요한 한 부분이다.

중국에서의 그러한 분위기에 익숙해진 내가 한국 대학교에 들어와서 갑자기 빨라진 리듬 때문에 얼마나 힘들어했을지 쉽게 상상이 갈 것이다. 과거의 여유 있고 가라앉은 나의 분위기를 되찾으려고 많이 노력했지만 매번 실패했다. 한국 대학생들은 단조로운 것에 금방 질려한다. 한국 대학생의 문화는 열렬한 '술 물화'이다. 물과 달리 술은 여러 사람들이 같이 마신다. 중국 대학생들이 물을 마시면서 혼자 조용히 공부하는 반면, 한국 대학생들은 모여서 술 마시고 이야기 나누는 것을 좋아한다. 술잔은 몇 번 주고받다 보면 쉽게 마음을 열고 친구가 된다. 또한 술을 빌려서 평상시에 못했던 상대방에 대한 어려운 이야기도 하고, 오해를 풀기도 한다. 망년회의 술자리에서 서로를 격려하고, 서로의 단점을 지적해준다.

한국의 대학 생활에서 술은 감정 교류의 중요한 매개체이다. 술은 마셨다 하면 꼭 2차, 3차까지 이어진다. 중간에 빠지는 사람을 싫어하고, 끝까지 남아 있는 사람들과는 더 친해진다. 하지만 한국 대학생들을 지켜보고 있으면, 술이 대학 생활에서 지나치게 큰 비중을 차지하는 것은 아닌가 하는 우려를 종종 하게 된다. (왕 샤오링, 「왕 샤오링의 한국 리포트」 중에서)

연습문제 3

사례를 들어 아래의 내용을 주장해보자.

1. 한국 대중문화에서 북한은 비인간적인 이념 집단으로 형상화되기도 한다.
2. 유전자 조작 식품은 인체에 해롭다.
3. 사회적 계층에 따라 컴퓨터 사용과 인터넷 접근에 불균형이 심하다.
4. 서구 여러 국가들에서는 의지와 능력이 있는 사람에게 많은 교육의 기회를 제공한다.
5. 전통 문화는 현대적 텍스트로 새롭게 해석될 수 있다.

연습문제 4

다음의 글은 현대의 새로운 리더십 코드 가운데 '카리스마'에 대한 것이다. 역사적 인물이나 현대의 실존 인물 가운데 비윤리적인 카리스마를 가졌다고 생각하는 사람의 사례와 도덕적 카리스마를 가졌다고 생각하는 사람의 사례를 들어 이어지는 문단을 완성하시오.

자신과 타인에게 모두 유익한 도덕적 카리스마를 가져야 한다.

카리스마가 구닥다리 리더십 코드라고 생각하면 천만의 말씀. 아마도 카리스마라고 하면 억압적이거나 너무 강력해서 구성원의 의지와는 상관없이 불도저식으로 밀어붙이는 것이라고 생각하기 때문일 것이다.

혼란의 시대, 다양성이 있는 시대에는 리더에게 카리스마가 없다면 구성원은 충성을 다하지 않는다. 카리스마는 꼭 짚어 말할 수 없지만 구성원을 끌어당기고 이끄는 묘한 마력 같은 것을 말한다. 그것이 강력하거나 억압적일 필요는 없다. 부드러운 카리스마가 될 수도 있고, 따뜻한 카리스마가 될 수도 있고, 강력한 카리스마가 될 수도 있다.

'카리스마'는 원래 기독교 용어로 신이 부여하는 은총이나 신성한 위엄이라는 뜻이다. 따라서 소수의 특별한 사람들만 카리스마가 있는 것으로 알려져 왔다. 『카리스마 심리전술』의 저자 데스몬드 길포일은 이런 통념에 강력히 반대했다. 먼저 데스몬드 길포일이 말하는 카리스마에 대한 세 가지 오해부터 살펴보자.

첫째, 카리스마를 타고나는 것이라고 생각한다. 그러나 카리스마는 '만들어지는 것'

이다.

둘째, 카리스마는 권력에 근거한다고 생각한다. 그러나 카리스마는 다른 사람들과의 커뮤니케이션 능력에 근거하는 것이다.

셋째, 카리스마는 외모에서 풍겨져 나온다고 생각한다. 그러나 카리스마는 외모와 내면의 조화에서 풍기는 것이다.

그는 카리스마를 부여하는 것은 자기 자신이며 주변 사람들과의 의사소통을 통해 카리스마를 만들 수 있다고 설명한다. 카리스마를 갖추고 상대방에게 전달하며 어떤 사람들에게 카리스마를 보여줄 것인지를 설명한다. 사람을 사로잡으려면 이기적이고 억압적이며 비윤리적인 카리스마가 아니라 자신과 타인에게 모두 유익한 도덕적 카리스마를 가져야 한다고 역설한다. (노용진, 「리더십에 대한 세 가지 오해」 중에서)

연습문제 5

다음 글은 자신만의 독특한 생활 습관이나 버릇을 하나의 사례로 활용하여 독창적인 생각이나 느낌을 담아내고 있다. 자신에게도 이처럼 스스로를 특징지어줄 자신만의 습관이 있는지 생각해보자. 또 그러한 사례에 담긴 의미를 통해 '나' 자신에 대한 성찰을 이끌어내 보자.

내게는 다소 고약한 버릇이 있다. 마음이 울적할 때나 몸이 무겁다고 느껴질 때마다 뜬금없이 물건들을 내다 버리는 것이다. 과학적으로 증명할 방법은 없지만 무언가를 버린다는 행위에는 명백히 자기 해방의 기능이 있는 것 같다.

이때 버려지는 것은 물건들만이 아니다. 그 물건과 얽혀 있는 앙금 같은 미련과 지키지 못한 약속과 남의 눈을 의식한 허장성세 따위가 더불어 깨끗이 사라져 버리는 것이다.

내가 정기적으로 내다 버리는 품목들 중에 주변의 지인들을 가장 경악하게 만드는 것이 책이다. 명색이 글을 써서 밥을 먹는다는 작가가 책을 내다 버리다니 욕을 먹어도 싸다. 하지만, 책을 내다 버리고 나면 엉뚱하게도 몸이 가뿐해지는 느낌이 들면서 가당찮은 정신적 해방감까지 맛보게 되는 것은 분명한 사실이다.

덕분에 내 자그마한 집필실의 책꽂이에는 언제나 빈 공간이 넘쳐난다. 책들로 가득 찬 서재는 매력 없다. 오히려 그와는 정반대로 빈 공간이 자꾸만 책들을 갉아 먹어 끝내는 서재인지조차 모를 서재에 들어서게 될 때에야 비로소 자유로워지리라는 것이 내 허황된 꿈이다.

책을 내다 버릴 때 나의 기준은 극히 단순하다. 이 책을 다시 볼 것이냐 말 것이냐다. 제아무리 세계적 평판을 얻은 저서들일지라도 다시 들춰볼 일이 없다면 한낱 진열품이요 지적 허영심의 표출에 지나지 않는다. 간단히 말해서 두 번 이상 읽을 가치가 없는 책은 내다 버려도 그만이다. 좀 더 잔혹하게 말하자면, 두 번 이상 읽을 가치가 없는 책은 한 번 읽을 가치도 없다. 나의 이 자의적이되 지극히 잔혹한 선별 기준을 만족시켜 주는 책은 오직 산서(山書)뿐이다. (심산, 「마운틴 오딧세이」 중에서)

심화문제 1

다음 글을 읽고 여기에서 말하는 잡종 개념이 성공적으로 구현된 사례를 우리의 일상에서 찾아 한 편의 글을 써보자.

잡종이란 말이 주는 어감에서 느낄 수 있듯이 사람들은 잡종을 천한 것으로, 되어서는 안 될 것으로 여겨 왔다. 길짐승과 날짐승의 세계를 넘나들다가 결국 양쪽 모두에서 배척받은 박쥐의 이야기가 잡종의 부도덕성과 그로 인한 몰락을 잘 암시하고 있다. 우리가 사용하는 말에서도, 이것저것 섞는다는 의미의 '짬뽕'이나, 우리가 어릴 때 얼굴색이 조금 검은 애들이나 머리가 꼬불꼬불한 애들에게 늘 붙여줬던 '튀기' 같은 말들이 잡종을 좋게 안 보는 우리의 심정을 잘 드러내고 있다.

인간 사회에서 잡종의 존재 조건을 단적으로 드러내는 집단은 혼혈아들인데, 미국 사회학자들은 한때 미국의 혼혈아들이 흑, 백 어느 인종에도 소속감을 갖지 못함을 지적하면서 이들을 사회를 불안하게 할 소지가 있는 '주변인들'로 규정한 적이 있다. 원래 짬뽕과 같은 미국 사회에서 잡종에 대한 인식이 이러했으니, 단일 민족과 단일 문화를 자랑하는 우리의 역사적 전통에 비추어 볼 때 잡종에 대한 우리의 편견은 차라리 이해할 만하다고 하겠다.

박쥐의 예를 다시 들어보자. 생물학적인 의미에서 박쥐는 물론 잡종이 아니다. 박쥐는 알이 아닌 새끼를 낳고, 젖을 먹이는 포유류이다. 이 박쥐가 길짐승의 집단에 속하지 못한 이유는 단지 새처럼 날아다녔기 때문이다. 원래 이야기에선 박쥐가 길짐승과 날짐승의 세계를 이간질하는 것으로 묘사되지만, 이야기를 조금 바꿔서 길짐승들과 날짐승들이 서로 말이 안 통하는 어떤 상황에 직면했고, 이런 상태에서 일촉즉발의 전쟁 상황까지 이르렀으며, 누군가가 싸움을 막기 위해서 두 집단을 중재해야 한다고 가정해 보자. 이런 상황에서 최적의 중재자는 두 집단의 언어와 문화를 다 이해할 수 있는 존재, 즉 박쥐와 같은 존재가 될 것이다.

우리 주변에서 수많은 집단이 다른 집단과 '의사소통의 어려움'을 겪고 있으며, 이로 인해 많은 크고 작은 갈등과 싸움이 유발되고 있다. 50년이 넘게 서로 자신의 이념과 체제가 더 바람직하다고 하는 남한과 북한을 비롯, 서구 문화와 비서구 문화, 제국과 식민지, 제1세계와 제3세계, 중심과 주변, 자본가와 노동자, 남성과 여성, 기성세대와 신세대, 마르크스주의자와 자유주의자, 이성 연애자와 동성연애자, 낙태 찬성론자와 반대론자, 구조주의자와 해체주의자, IQ가 유전된다고 믿는 과학자와 이에 반대하는 과학자, 역사에 법칙이 있다고 믿는 사학자와 그렇지 않다고 생각하는 사학자, 사회 과학이 자연과학화(수학화)되어야 한다고 생각하는 사회학자와 이에 반대하는 사람…….

이러한 의사소통의 어려움에서 기인한 갈등을 해결하는 방법에는 크게 두 가지가 있을 수 있다. 하나는 한 사회나 집단의 이론과 문화가 다른 대상에 비해 더 우월하다는 합의를 만들어 내고 이를 바탕으로 둘 사이의 위계를 세우는 방법이요, 두 번째는 이 대립하는 공간들의 경계선에 서로의 얘기가 뚫고 들어갈 구멍을 내거나 둘을 매개하는 새로운 잡종 공간을 만들어 이들의 경계를 모호하게 함으로써 대립을 완화하는 방법이다. 첫 번째 방법은 두 집단 사이의 지배와 피지배, 그리고 그것의 헤겔식의 역전으로 대별되는 변증법적 다이너믹스를 낳고, 두 번째 방법은 두 집단의 잡종을 매개로 한 두 집단의 공생과 점진적 진화를 낳는다. 단순화의 위험을 무릅쓰고 얘기하자면, 첫째 방법은 전쟁·혁명·투쟁을 필연으로 하는 근대적인 방법이고, 두 번째 방법은 대화·변혁·공생을 가정으로 하는 탈근대의 기본이다. (홍성욱, 「잡종, 그 창조적 존재학」 중에서)

심화문제 2

다음의 글을 읽고 필자가 말한 '가족주의' 개념을 한 단락으로 요약한 후, 이러한 가족주의가 반영되고 있다고 볼 수 있는 사례를 현대 한국 사회에서 찾아 두 단락의 글을 쓰시오.

'가(家)' 가 '국(國)' 이 되어버린 나라

"아빠는 음주 운전, 엄마는 평생 눈물"

이 표어는 88도로를 타고 가다가 거창으로 빠지는 길목에 설치된 육교에 큼직하게 쓰여 있다. 유독 이곳만이 아니더라도 이런 표어를 누구든지 한 번쯤은 봤을 것이다. 아빠가 음주 운전하다가 불의의 사고로 죽게 되면 그야말로 엄마는 평생 눈물을 흘리며 살 수밖에 없다. 아내와 자식들이 모두 아버지만 쳐다보며 아버지가 밖에서 벌어오는 돈으로 살아왔기 때문이다.

"아빠는 음주 운전, 엄마는 평생 눈물"이라는 표어는 우리에게 끔찍한 감정을 던져준다. 그 끔찍한 감정은 불의의 사고로 돌아가신 아버지 때문에 생긴 것만은 아니다. 물론 교통사고는 끔찍하다. 그러나 이것보다 더 끔찍한 것은 교통사고에 대한 경각심을 가족의 이미지와 연결시킨 표어의 내용이다. 교통사고에 대한 경각심을 일깨워주는 데 필요한 이미지가 가족밖에 없었을까? 표어를 만든 사람이 가족 이외의 다른 이미지를 찾아낼 수 있을 만큼 상상력이 풍부하지 못해서일까?

여기에는 중요한 의미가 함축되어 있다. 우리의 경우에 가족의 물질적, 문화적 그리고 복지적인 생활은 완전히 아버지의 책임이다. 이것을 우리는 가부장권이라고 한다. 여자가 결혼해서 자기 이름으로 된 카드를 쓰지 않고 남편 이름으로 된 카드를 사용하는 것은 가부장권을 잘 보여주는 사례다. 또한 자기 남편더러 '××아빠' 라고 부르는 사람들도 많다. 이쯤 되면 남자(남편)/여자(아내)의 관계를 부모/자식의 관계로까지 뒤바꿔버릴 수 있다. 이것이 바로 가부장제라고 말할 수 있다.

그러나 문제는 가부장제나 가부장권만이 아니다. 2000년에는 386세대에 속하는 주부들이 호주제폐지운동을 했다고 들었다. 일제의 식민지 유산으로서 일본에서조차 없어진 호주제를 우리가 붙들고 있을 이유는 단연코 없다. 문패는 정말이지 없어져야 할 낡은 유산이다. 남녀평등이라고 여성의 이름을 새긴 문패를 나란히 걸어 놓는 것은 더더군다나 우스운 일이다. 그러나 문패를 없애고 호주제를 폐지하려고 하기 전에 짚어봐야 할 더 중요한 문제가 있다. 호주제폐지운동은 단순히 가부장권에 대한 도전이 아니라 국가 권력에 대한 도전이기 때문에 단단히 준비하지 않고서는 성사되기 어렵다. 국가 권력 자체가 남성적이라는 사실을 알아야 한다. 가부장권이란 국가 권력을 대리하여 가족을 통치하는 데 사용되는 국가 권력의 한 형태다. 가부장권이 가족을 통치한다고 하면 조금 어색하게 들릴 것이다. 아버지가 자식들을 사랑하는 것이 아니라 통치하는 것으로 여겨질 테니까. 그러나 '통치'란 국가가 가족의 대표인 아버지에게 가부장권을 부여해주고 그 대신 국가가 할 일, 즉 가족의 통치를 아버지에게 위임시켰다는 뜻이다. 그러니까 가부장권 뒤에는 국가 권력이 숨어 있는 셈이다.

그렇다면 국가는 가부장제 뒤에서 무슨 일을 할까? 다시 말해 가족을 어떻게 통치할까? 국가로부터 권력을 위임받았으니 가족의 대표인 아버지는 가족 구성원들에게 그 권력을 행사할까? 물론이다. 가족 내의 위계 구조는 권력이 행사되기 위한 틀을 만들어 놓은 것이다. 그러나 아버지만 보아서는 안 된다. 문제는 국가 권력 그 자체에 있다. 가족을 신성시하고 가족을 떠받들면서 정작에는 국가가 수행해야 할 책임을 가족에게, 가족의 대표인 아버지에게 온전히 전가시키는 체제에 주목해야 한다.

어떤 의미에서 가족은 국가 권력의 희생양이다. 하지만 우리는 가족의 소중함, 가족의 사랑 때문에 가족이 국가 권력의 희생양이라는 생각을 못 한다. 왜냐하면 가족 내의 사랑과 애정이라는 것이 워낙 원초적인 감정이기 때문이다. 즉 가장이 직장을 잃어도 가족끼리 보듬어 넘어가야 하는 문제로 착각하고 있다는 뜻이다. 하지만 바로 그것이 우리의 경우 국가 권력이 가부장제 뒤에서 하는 일이다. 이것은 국가가 수행해야 할 공적인 책임을 가족에게 완전히 전가시키는 국가 체제다. 이것을 우리는 '가국체제(家國體制)'라고 부를 수 있다.

가국체제는 가족을 모델로 하는 정치체제다. 가족을 모델로 한다는 것은 국가와 가족이 각각 공적인 영역과 사적인 영역으로 나누어져 움직이는 것이 아니다. 그것은 가족이라는 사적인 영역이 국가가 공적인 영역에서 해야 할 일을 다 떠맡고 있는 체제를 말한다. 한마디로 말해 '가(家)'가 바로 '국(國)'이 되는 체제, 사회라는 공적인 영역이 부재하는 체제를 가리킨다. '가'가 '국'이 되어버릴 정도로 국가가 해야 할 일을 가족의 대표가 다 떠안고 있는 체제를 가국체제라고 말할 수 있다.

IMF를 거치면서 우리가 얻은 교훈이 있다면 우리에게 사회적 안전망이 전혀 없다는 깨달음이다. 그런 탓에 가족 구성원들은 가족이 해체를 당하면 바로 거리로 나앉을 수밖에 없었다. 지금도 서울역이나 지방의 큰 역 같은 곳에서 방황하는 노숙자의 문제는 우리에게 사회적 안전망이 얼마나 부재했었는가를 단적으로 보여준다. 사회적 안전망이 뻥 뚫려 있고 '사회'가 부재한 탓에 가족이 해체되면 가족 구성원들은 더 이상 갈 곳이 없다.

IMF 때 길거리의 노숙자들에게 따뜻한 밥 한 끼를 제공하는 국민운동이 서울역 앞에서 벌어졌고, 교회나 성당 혹은 시민단체들이 나서서 이들을 떠맡았다. 아름다운 일이다. 그러나 여기에는 일정한 한계가 있을 수밖에 없다는 사실을 알아야 한다. 사회적 안전망을 보장하는 '사회'라는 틀을 짜지 않고서는 노숙자, 실업자, 끼니조차 못 잇는 빈민의 문제를 근본적으로 해결할 수 없기 때문이다. 밥한끼나누기운동을 '시민단체'들이 했다고 해서 우리에게 '시민사회'가 존재한다고 생각하는 것은 대단한 착각이다.

2000년 4 · 13 총선 때 총선시민연대의 낙천 · 낙선 운동은 사회에 큰 반향을 일으켰다. 시민들의 힘을 보여준 매우 고무적인 일이었다. 그러나 그렇다고 해서 우리가 시민사회에 살고 있는 것은 분명코 아니다.

2000년 9월 5일자 「동아일보」를 보면 정부는 IMF가 끝났다고 판단하는 것인지 그나마 저소득층이 3~4십만 원을 벌어 입에 풀칠이라도 할 수 있는 공공근로 예산을 1조 5천억 원이나 대폭 깎았다. 이것은 국가가 시민사회를 형성하려고 하기는커녕 점점 더 시민사회의 형성으로부터 멀어지고 있다는 명백한 징표다.

국가가 사회라는 공공 영역을 만들지 않고 가족과 가족의 대표인 아버지에게 모든 생계의 책임뿐 아니라 문화, 의료, 복지의 책임을 전가시키는 체제에서 아버지/엄마가 갖는 이미지는 사뭇 비장한 것이다. IMF든 개인적인 사업상의 부도든지 간에 아버지가 죽고 나면 가족은 해체되고 가족의 구성원인 개인들은 길거리로 나앉을 수밖에 없기 때문이다. 가국체제에서 가족의 상황이 이런데, "아빠는 음주 운전, 엄마는 평생 눈물"이라는 표어가 얼마나 섬뜩하지 않을 수 있겠는가? 아빠가 음주 운전으로 돌아가시든 사업 부도로 죽음을 택하시든 가족의 해체가 돌이킬 수 없는 고통을 개인들에게 주는 것인데, 이런 상황을 교통사고에 연결시켜 "아빠는 음주 운전, 엄마는 평생 눈물"이라는 표어를 만들었으니 정말 섬뜩하지 않는가?

가족사회의 야만적 얼굴

가국체제가 무엇인지 다른 예를 통해 알아보자. 가족이기주의라는 말을 들어보았을 것이다. 이 말이 어디서 나왔을까? 우리는 그 근원을 따지기 전에 가족이기주의 하면 '나쁜 것'으로 생각하게 마련이다. 자기 가족의 이익만 생각하고 다른 사람은 돌보지 않는 심리로 규정한 채, 가족이기주의를 도덕적으로 나쁜 것으로 몰아세운다. 하지만 가족이기주의는 가족의 이익이 전제되지 않으면 생존할 길이 없는 가국체제의 산물이다. 한국은 공교육비, 사교육비, 의료보험을 비롯한 각종 사회보장제도 등 사회적으로 안정된 생활을 보장해주는 시스템이 전혀 마련되어 있지 않다. 그런데 이러한 상황에서 자기 가족의 이익을 자기 가족이 책임지지 않으면 누가 그 일을 대신해줄 것인가? 국가의 공공성이 전혀 작동하지 않는 나라에서 가족이기주의마저 작동하지 않으면 가족이 해체될 것은 뻔하다.

앞의 사진을 보자. 부인들이 굴뚝에 올라가 고공 농성을 하고 있다. 플래카드에는 "아이들이 울고 있다"고 씌어 있다. 여자, 아이들, 그러니까 가족 전체가 동원되어 농성을 하고 있는 것이다. 이 사진의 이미지를 두고 가족이기주의라고 할 수는 없을 것이다. 나는 농성을 하는 부인들의 얼굴에서 가족사회라는 또 다른 야만의 얼굴을 본다.

따라서 가족이기주의가 나쁘다는 주장은 국가 이데올로기에 불과하다. 가족이기주의가 없어질 수 있는 사회 영역은 마련하지 않고, 한편에서는 가족(의 대표)에게 모든 생존의 책임을 전가시키면서 또 다른 한편에서는 가족이기주의가 나쁘다고 주장하는 것은 국가 이데올로기의 표리부동한 모습을 보여주는 것이다.

허리띠 졸라매는 가족

가국체제는 일종의 파시즘 체제다.

가국체제의 문제는 비단 사회의 부재, 사회적 안전망의 부재만을 지적하는 것은 아니다. 우리의 역사에서 가족이라는 공동체가 지녔던 역사적 운명도 함께 고찰해야 한다. 그 운명은 언제나 가족이 국가 동원의 단위였고 그때마다 가족과 가족의 대표가 희생양으로 전락했다는 사실을 생각해야 한다. 박정희 정권의 개발독재시대에 가족의 대표들은 '산업 역군' 이라는 미명 아래 산업 전선에 동원되었다. 그것을 우리는 '한강의 기적' 이라고 불렀다. 그러나 그 기적이 신기루였음은 IMF를 통해 입증되고 말았다. 기적의 경제 효과가 가족에게 분배되기는커녕 정리 해고를 통해 가족에게 더 큰 고통을 안겨다 주었고, 현재 부익부 빈익빈 현상은 더욱 깊어져가고 있다.

70년대부터 본격적으로 한강의 기적이라는 신기루를 쌓아가던 70년대 말, 가족은 국가의 요구에 순종하면서 중동으로 돈을 벌기 위해 떠났다. 산업 전사, 산업 역군은 가족과 가족 구성원의 행복을 위한 것이 아니라 소수 계층과 재벌들을 위한 개발 독재였음에도 불구하고 "허리띠를 졸라매라" 는 것이 국가의 요구였다.

돈 벌러 떠났던 아버지의 무거운 두 어깨에 70년대부터 강행되었던 경제 개발은 사회적 부의 균등한 분배는커녕 '고개 숙인 남자' 의 그림자를 드리우게 했고, 가족의 생존권을 담당하던 남자들을 실업자로 만들었다. 물론 실업자의 숫자가 3백만 명을 넘던 시절에 여자들은 전통적인 가부장제에서 안으로는 자식 양육을 하고, 밖으로는 없어진 가정 수입을 채우거나 보충하기 위해 이중적으로 일을 해야 했다. 그러나 어쨌든 가족이라는 입장에서 보면 남녀를 떠나서 국가의 공공성과 사회의 부재에서 비롯하는 모든 부담으로부터 가족이 자유로울 수 없었다.

그런데 문제는 바로 여기에 있다. 우리는 가족이 사회나 국가가 해야 할 일을 전적으로 떠맡고 있는데도 이것을 국가의 폭력이라고 의심하지 않고 가족이라는 공동체의 어떤 운명쯤으로 당연하게 받아들이고 있다. 가령 노동자들이 직장에서 해고된 것을 팔자타령으로 돌리는 것처럼 말이다. 가족 공동체는 그 자체가 신성하고 귀중한 가치를 지니고 있다. 그런데 바로 이러한 가족에 대한 원초적인 관념이 가족에 대한 국가의 억압을 직시하지 못하게 만든다. 가족의 해체가 사회적 안정망의 부재, 국가의 공공성 부재, 사회의 부재 탓인데도 IMF 때 우리 국민은 집집마다 장롱 속의 금을 모아서 외채를 갚겠다고 하지 않았던가. '제2의 국채보상운동' 이라고 하면서 말이다.

이것은 우리가 가족을 동원하는 국가 권력의 이데올로기에 길들어져 있기 때문이다. 국가의 책임을 가족에게 전부 떠넘기는 것 자체가 일종의 가족에 대한 국가의 폭력인데도 그것을 폭력으로 보지 못하고 나의 책임, 가족의 의무로 생각하는 데 길들어져 있다는 것이다. 가족이 동원되어 산업 전사 역할을 하지 않고, 금을 모으지 않으면 국가가 나를 보호해줄 수 없을 것이라는 생각 때문이다. 이러한 생각이 한낱 '환상' 임에도 불구하고, 부도 위기까지 몰린 국가를 금모으기운동으로 구제해야 한다는 생각을 하게 된다는 말이다.

독일의 정신분석학자 빌헬름 라이히(Wilhelm Reich)는 이런 상황을 심리적으로 해석하여 파시즘 체제라고 규정하였다. 파시즘 체제에서는 '억압을 욕망하는' 일이 벌어진다고 하였다. 국가의 억압을 거부하는 것이 아니라 그것을 욕망하는 것이 파시즘의 심리라고 보았던 것이다. 파시즘 체제는 히틀러가 만든 것이 아니라 대중들 스스로가 욕망하였다는 것이 라이히의 결론이다. 왜냐하면 억압을 스스로 욕망하지 않으면 그보다 더 큰 억압이 다치기 때문이다. 그러니까 국민들에게는 스스로가 제2의 국채보상운동이라도 하지 않으면 가족 해체라는 억압보다는 국가 부도라는 위기가 더 큰 억압으로 등장하는 것이다.

가족의 해체보다 국가 부도가 더 큰 문제인 것처럼 보이는 것은 사실이다. 그런데 바로 그렇게 생각하는 순간, 가족에 대한 국가의 억압은 자취를 감추고 만다. 이러한 것은 비록 다른 방식이긴 하지만(즉, 정치적인 담론의 형태로) 지난 군사 정권에서도 반복되었던 것이다. 가족에 대한 국가의 억압을 얘기할 틈도 없이 가족, 가족의 구성원들, 개개인은 자신들의 욕망을 드러낼 수 없었다. 냉전체제에서 북한의 위협이 끊임없이 강조되는 마당에 가족의 억압을 욕망하지 않고서는 더 큰 (북한의) 억압에 위협당할 것 같은 지경이었기 때문이다.

한국 사회의 가족 로망스

우리에게는 가족의 억압을 욕망하게 만드는 가국체제가 내면화되어 있다. 국가를 거대한 가족 공동체로 간주하게 만드는 심리가 저변에 깔려 있다. 미국의 저명한 문화사학자 린 헌트(Lynn Hunt)는 프로이트(Sigmund Freud)가 말한 '가족 로망스'라는 개념을 가지고 프랑스 혁명을 다시 해석했는데, 그녀는 『프랑스 혁명의 가족 로망스』(새물결, 1999)에서 1789년 프랑스 혁명 당시 프랑스인들은 국가를 거대한 가족 공동체로, 국왕을 부권적인 존재로 받아들이고 있었다고 주장했다.

두 세기가 지난 한국에서 박정희 군사 독재 정권은 헌트가 지적한 프랑스 혁명 당시와 유사한 상황을 연출했다. 1979년 12월 12일 박정희 시해 사건 후, 하얀 소복을 입고 나와 장례 행렬에서 오열하던 우리 국민들의 모습은 국왕을 부권적인 존재로 받아들이던 프랑스 혁명 당시 프랑스인들의 가족적 심리를 재연시키기에 충분한 것이었다.

한국에서 '가족 로망스'는 20세기에도 유효했음을 우리는 부정할 수 없다.

오늘날 박정희가 살아 있지는 않지만 그 인물은 상징으로 기억에 남아 아직도 막대한 영향을 끼치고 있다. 파시즘의 본 고장인 독일에서도 파시즘 기념비가 사라지고 있는 마당에 우리 정부는 박정희 기념관을 짓겠다고 야단이다. 21세기에도 '가족 로망스'는 이 땅에서 현재 진행형이다.

국가를 가족 공동체로 파악하도록 만드는 것은 국가의 억압, 사회의 부재를 정당화하는 장치다. 이러한 장치는 국가와 가족 사이에서뿐만이 아니라 재벌과 가족의 관계에서도 작동한다. 대우그룹이 발행하던 『대우가족』이라는 사보가 대표적인 사례다. 이쯤 되면 대우라는 재벌 안에서 일하는 노동자들은 가족적인 정체성 때문에 노동자라는 계급적 정체성을 잃어버리고 만다. 계급 관계가 가족 관계로 대치되는 것이다.

기업이 살아야 노동자도 산다는 논리는 가족이 살아야 가족 구성원이 먹고 살 수 있다는 논리와 같다. 가족간의 상호애정으로 어려운 회사 살림을 도와야 한다는 논리도 거기서 나올 법한 것인데, 이것 또한 가족의 사랑을 바탕으로 하여 어려운 국가 살림을 지켜야 한다는 논리와 마찬가지다. 국가를 가족 공동체로 파악하도록 만드는 것이 가국체제이거니와 사회 문제를 가족의 문제로 치환하고, 가족 안에서 사회 문제를 다 해결하도록 가족에게 엄청난 경제적 부담을 지우는 체제 또한 가국체제인 것이다.

가족사회로부터 탈주

우리가 꿈꾸는 것은 가족사회에서 탈주하여 시민사회로 나아가는 일이다. 가족이 국가와 사회가 해야 할 모든 부담과 책임을 떠안고 있고, 또 그것이 가국주의의 결과인데도 불구하고 자연스러운 일로 받아들여지고 있는 탓에, 우리에게는 시민사회가 아니라 가족=사회라는 등식이 성립하는 '가족사회'가 존재한다.

"가장 튼튼한 울타리는 가족입니다"라는 제하의 기사가 있었다. 지하철 빈 의자에 쓰러져 자고 있는 사람의 모습을 담은 사진과 함께 가족의 따뜻한 품을 그리워하게 만드는 기사 제목이었다. 그런데 한국 사회에서 이 말에 큰 거부감을 느끼는 사람은 많지 않다. 거부감은커녕 너무도 당연한 말로 생각한다. 그러나 이처럼 가족에 대한 한국 사람들의 감정은 그야말로 깊은 함정에 빠져 있는 것이며, 국가의 폭력에 아무런 의심과 저항도 없이 철저히 길들어져 있는 것이다.

"가장 튼튼한 울타리는 가족"이라는 말은 개인의 운명을 책임져야 할 마지막 보루로서의 사회의 이미지를 가족의 이미지로 대치시킨 교묘한 바꿔치기다. 이렇게 되면 모든 것을 가족 안에서 해결하는 것이 당연한 것처럼 여겨지게 된다. 다시 말해 가족이 가족 '주의'로 둔갑하는 것이다. 이 글귀가 당당한 시민사회의 것으로 되려면 "가장 튼튼한 울타리는 사회입니다"로 바뀌어야 한다. 가족=울타리는 그 다음 문제인 것이다. 국가가 공적으로 수행해야 할 임무를, 가족이라는 '튼튼한 울타리' 운운하며 가족과 아버지에게 떠넘기는 것은 가족에 대한 국가의 폭력이다. 이런 의미에서 가족주의는 명백히 폭력이다.

이러한 폭력은 아버지(어머니)라는 한 인간의 어깨에 모든 생존의 짐을 떠넘긴다. 그 한 인간은 급기야 가장으로서의 책임 때문에 하루 종일 일터에서 떠나지 못하게 된다. 아버지든 어머니든 가족을 책임지기 위해 하루 24시간 노동체제에 내몰리는 것이다. 우리 주변에 왜 포장마차가 많은지, 왜 도처에 먹을 곳만 무성한지 생각해보라. 이것은 언젠가 방송에 나간 것처럼, 가령 서울시 예산 가운데 접대비가 많아서 식사로 그 예산을 다 소모해야 하기 때문만이 아니다. 많은 사람들이 식당 같은 자영업에 매달려, 먹고 마시는 식당이 곳곳에 즐비한 이유는 결국 국가와 사회가 개개인의 생존에 대한 책임을 방기하고 있기 때문이다. 그러므로 우리는 어떤 의미에서, 노동 시간 40시간 단축이라는 민주노총의 주장도 중요하지만 일반 시민들 가운데 상당수가 새벽까지 일하며 하루 24시간을 힘든 노동에 종사하며 일주일 내내 시달리는 현실을 더욱 냉철하게 생각해야 한다.

이러한 가국체제의 문제점을 해결하는 길은 한 가지밖에 없다. 우리에게 '사회'라는 울타리를 만드는 것이다. 그것은 국가를 가족 공동체로 받아들이게 하면서 사회적 공공영역을 없애는 것이 아니라 비로소 시민사회를 형성하고 사회적 영역을 만드는 길이다.

2000년 여름, 어느 남학생이 엘리베이터 안에서 여학생을 칼로 무참히 살해한 사건이 있었다. 수사의 결과로 밝혀진 살해 이유는 가해자(남학생)가 가정에서 아버지로부터 당한 폭력과 억압이었다. 그러니까 종로에서 뺨 맞고 한강에 가서 눈 흘긴다는 말이 무색할 정도로 종로에서 억압당하다가 한강에 가서 다른 사람을 죽인 꼴이다. 이런 일이 왜 생길까? 남학생의 아버지가 폭력적이라 그 분풀이를 한 것이라고 생각할 수도 있다. 그렇지만 그렇게 간단하게 생각해도 될 문제일까?

우리는 그 아버지가 왜 그렇게 폭력적인 인간이 되었는지에 대해서까지는 생각하지 않는다. 가정 폭력이 왜 일어나는지 깊이 생각하지 않는다는 말이다. 가정 폭력이 가부장제의 결과라는 생각은 너무도 단순한 발상이다. 왜냐하면 문제의 핵심은 가부장제가 아니기 때문이다.

이런 사태에는 사디즘의 고리가 깔려 있다. 그 고리는 이 사건의 경우처럼 매우 불행하고, 극단적이며 파괴적인 결과로 연결될 수 있다. 나는 여기에서 국가의 억압이 가족의 대표자인 아버지에게로 집중되어 아버지가 모든 짐을 두 어깨에 지고 있고, 아버지의 중압감은 다시 남학생에게 폭력으로 나타난 것이며, 이 폭력이 다시 살해로 이어진 것이라고 생각한다. 언론은 그저 '살해'에만 초점을 맞추지만 우리는 한층 더 깊은 원인을 생각해봐야 한다. 다시 한번 강조하지만 가정 폭력, 그 폭력의 사회적 분출 따위의 문제에서 핵심은 결코 가부장제에 있지 않다.

또 다른 예를 살펴보자. 병원에서 백혈병처럼 장기간 치료를 필요로 하는 환자를 둔 가족은 온 정신이 환자를 돌보는 일에 집중된다. 특히 환자 보호자로서 여자(대부분 환자 보호자는 여자들이다)에게 병원은 아예 집이 된다. 일 년이든, 이 년이든 병원 생활이 언제 끝날지 기약할 수가 없다. 말이 일 년, 이 년이지 이것은 그야말로 일생을 바쳐 환자를 돌보는 것이다. 한시도 곁을 비워서는 안 되는 환자를 몇 년 동안 간병한다는 것은 그/그녀에게 어떠한 개인 생활, 사회생활도 허락하지 않는다. 한국에서 가족 구성원 가운데 누구 한 명이 이런 환자일 때, 가족의 생활은 결코 정상일 수 없다. 더군다나 종합병원 6인실 병동에서 만날 수 있는 대부분의 가족들은 엄청난 병원비를 감당하기가 쉽지 않다. 경제적인 부담과 신체적·정신적인 피폐함을 그들은 피할 수 없다. 막대한 경제적 지출과 사생활마저 포기할 수밖에 없는 상황, 그것은 가족이라는 이름으로 강요된 거대한 감옥에 갇히는 것이다. 그것이 얼마나 사람을 미치게 하는지 경험해본 사람은 알 것이다.

병원에서 이런 일이 있었다. 백혈병보다 증상이 가벼운 환자의 어머니가 조금 거슬릴 정도로 몸에 달라붙는 바지를 입고 간병을 했다. 그런데 백혈병에 걸린 아이들의 엄마들 사이에서 자기들은 병원에서나 어울리는 옷을 입고 있는데 저게 뭐냐는 뒷말이 오고 갔다. 병원에서 보호자의 복장에 대해 다른 사람들이 뭐라 할 자격은 없지만 우리는 그 뒷말을 나누며 흉보던 어머니들의 입장을 조금은 이해해야 한다. 간호사도 환자를 돌보고 젊은 의사들 또한 밤샘하며 고생을 하지만, 우리가 다 경험한 대로 사실 환자는 거의 전적으로 어머니/가족이 돌본다. 환자 한 명에 한 명의 간호사가 지속적으로 환자를 돌보는 영국 같은 나라와 달리 아픈 사람이 생기면 그 부담이 온전히 가족의 몫으로 돌아간다. 자식에 대한 사랑, 혹은 생명에 대한 애정이라는 딱지가 붙은 채로 가족 전체가, 그 중에서도 특히 어머니들이 전적으로 매달린다. 중환자의 경우는 언제 퇴원한다는 기약도 없이 사랑이라는 딱지 하나 때문에 환자들에게 헌신적인 애정을 보낸다. 그러니 아주 튀는 것도 아닌 바지를 입은 사람을 두고 수군거리는 것이 아니겠는가? 가족의 짐을 사랑이란 단어로 치환하여 온몸으로 받아들이는 어머니의 '오인(誤認)된 고통'을 이해한다면 그러한 뒷말도 이해할 수 있는 것이다.

심한 환자의 경우 어머니들은 콧줄을 통해 주사기로 약을 주거나, 가래를 뽑거나, 링거액이 다 떨어졌는지 밤새 지켜본다거나 하는 경험을 했을 것이다. 그 많은 병원비를 내고도 우리는 환자에 대한 기초적인 보살핌도 제대로 받지 못하고 있는 것이다.

우리의 병원체제는 이처럼 환자를 돌보는 상당 부분을 가족에게 일임한다는 점에서 가국체제와 닮은꼴을 하고 있다. 그러니까 병원 의료체계가 서비스 차원에서 실천해야 할 일을 가족에게 맡기고, 가족이 거의 모든 일들을 알아서 해야 하는 것은 우리에게 사회라는 영역이 부재한다는 하나의 예라고 볼 수 있다. 가정 안에서는 조신한 아이들이 가정 바깥으로 나가 원조 교제를 하는 것도, 찻길에서 차를 대놓고 싸우는 모습들도, 지하철 역 출입구 근처에서 플래카드를 걸어 놓고 확성기로 떠들어대는 안전 운행 캠페인을 하는 따위의 풍경들도 사회적 영역이 부재하기 때문일 것이다.

편집증적 사회, 편집증적 가족

우리는 흔히 아이들이 병들었다고 이야기한다. 하지만 사실은 가족이 병들어 있다. 바로 가족이라는 병이다. 더 정확하게 말하면 가족이라는 편집증이다. 편집증의 가장 기본적인 형태는 "여기서 멈추지 말라, 멈추면 죽는다"는 것이다.

그러니까 돈을 계속 모아라. 다른 사람의 뒤를 쫓아가지 말고 따라잡아라. 왕따는 죽음이다. 무슨 수단을 써서든지 금메달을 목에 걸어라. 올림픽의 금메달도 좋고 판사 검사라는 금메달도 좋으며, 벤처의 금메달이면 더욱 좋다. 금메달이면 무조건 걸어라. 옆의 사람이 핸드폰을 샀다. 그러니 나도 사야 한다. 그것이 다른 사람을 따라잡는 길이다.

계속 돈을 축적하라, 재산을 불려라. 코스닥의 붕붕족이면 어떤가. 생존 게임에서 죽지 않고 살아남으려면 계속 뛰고 또 뛰어야 한다. 가족은 가족대로 늘 가정을 이루고 그 자리에 머물러 있어라. 가정을 이룬 그 자리를 튀어나가는 순간 가족은 해체된다. 그러니 '내 새끼, 내 새끼' 하면서 아이들의 엉덩이나 두드리며 가족 안에 머물러 있으라. 가족밖에 없다. 이것이 지상 명령이다. 가족의 붕괴는 절대 일어나서는 안 된다. 가족이 붕괴되는 것은 아버지가 폭력적이고 아들이 병들어 있기 때문이다. 원조 교제를 보라. 아이들이 얼마나 타락해 있는가. 내 주위에는 '아빠—엄마—나' 밖에 없다. 텔레비전 드라마를 봐도 가족끼리 모여 식사하는 장면이 자주 나온다. 학교에서는 아이들에게 「가족신문」을 만들어 오라고 한다. 이것도 엄마/아빠의 몫이다.

이러한 가족이라는 편집증은 우리 사회가 편집증적인 사회이기 때문에 생긴 병이다. 인터넷 인구가 불과 몇 년 사이에 급격하게 늘어나고 너도나도 휴대전화를 갖게 된 현상의 저 밑바닥에서 사회의 편집증이라는 강이 지금 홍수를 이룬 채 흘러가고 있다. 이 홍수를 막지 못하고 사회의 편집증을 치유하지 못하며, 사디즘의 고리를 끊지 못한다면 우리는 현대판 '이상한 나라의 앨리스' 를 만들고 말 것이다. 머물러 있는 채, 가족이라는 틀을 벗어나지 못한 채, 그 자리에서 목숨을 걸고 상대방보다 조금 더 빨리, 조금 더 앞으로 뛰는 모습을 상상해보라.

편집증에 걸린 사회가 가족이라는 병을 일으키고 이 병에 걸린 아이들이 살인, 원조교제 따위의 돌발적인 행동을 하는 것이다. 그 가운데에는 사회의 병을 직감하고 가족이라는 영토에서 탈주하는 아이들이 있다.

'탈주' 란 프랑스 철학자 들뢰즈(Gilles Deleuze)가 만든 말인데 거기에는 이러한 뜻이 있다. "도주선이 인생으로부터 도망가고 상상의 세계나 예술 속으로 도피하는 것이라고 생각하는 것은 커다란 오해고 유일한 오류이다. 반대로 탈주하는 것은 현실을 낳고 인생을 창조하고 무기를 발견하는 것이다." 이 말에 따라 생각해볼 때, 가족을 식민지로 생각하는 가국주의로부터 벗어나 새로운 인생을 창조하려는 노력이 엿보인다는 것이다. 부모가 원하는 금메달을 거부하고 제 갈 길을 가는 경우가 그러한 노력이다. 물론 많은 부분은 아직도 오이디푸스의 제국주의를 떨치지 못하고 있다. 마마보이, 마마걸처럼 결혼을 해서도 부모의 그늘에 숨어 있으려고 한다든지, 서문에서 밝혔듯이 남편과 아내 사이에 동등한 인격체가 아니라 상하 관계가 존재하는 것이 그러한 예다.

나이 든 아낙네들은 흔히 '우리 어른……' 이란 말을 쓴다. 이 말을 가만히 들어보면 아낙네들이 스스로 '아이' 로 생각하고 있음을 알 수 있다. 남편은 남편이 아니라 어른이고, 자신은 아이이거나 나이 어린 자식이라는 뜻이다. 이런 의미에서 우리들의 기성세대는 모두 과부라고 볼 수도 있다. 남편이 남편이 아니라 어른이기 때문에 남편이라는 자리가 비어 있을 수밖에 없다는 뜻이다. 이러한 자리의 부재가 아낙네라는 인생의 탈주를 왜곡시킨다.

행락철마다 관광버스를 동원해 놀러 다니는 아주머니들의 모습을 생각해보자. 버스의 타이어가 들썩들썩할 정도로 차 안에서 흔들어대는 풍경에서 우리는 인생의 창조는커녕 남편의 자리가 비어 있는 탓에 바로 그 빈자리를 다른 방식으로 충족시키려고 하는 욕망의 흐름을 볼 수 있다. 소위 말하는 '묻지마 관광' 이나 '원조교제' 는 그러한 탈주가 왜곡된 형태에 불과하다.

국가에서는 벤처 산업을 장려하고 코스닥 시장을 투기장으로 변질시키면서 사회를 더욱 편집증으로 몰아가고 있다. 이러한 편집증은 대학을 기업으로 변질시키는 사태에서만이 아니라 최근 2~3년 사이에 불고 있는 마라톤 중독증에서도 상징적으로 나타나고 있다. 국가는 가족의 사회화/복지화를 책임지고, 그 국가적 책임을 다하기 위해 그에 합당한 사회라는 틀을 짜고 사회적 안전망을 확보하는 것이 아니라 "한번에 거금을 쥘 수 있다는 장밋빛 환상" 으로 든든한 시민사회의 형성을 대체하려고 하고 있다. 또다시 코스닥 시장, 주식 시장이 붕괴하여 IMF의 절정 시기처럼 가족이 해체되고 가족 동반 자살이 일어나더라도 하늘을 붕붕 떠다니는 돈을 잡을 수만 있다면 자살로 인한 목숨 정도는 건질 수 있다는 것인지. 국가가 개인의 생존을 담보할 수 있는 사회적 틀을 짜기보다는 미친 듯이 달리는 편집증적인 경주에서 정말 바늘구멍에 소 들어가기 식으로 어쩌다 벌어들일 수 있는 일확천금으로 생존이라는 절박한 요구를 땜질이나 하라고 한다는 말이다.

신성한 가족, 불온한 가족주의

가족은 신성하지만 가족주의는 불온하다. 가족은 사람들의 원초적인 공동체인 까닭에 신성할 수 있지만 가족주의는 국가가 가족에 대해 저지르는 무책임한 폭력의 결과다. 가족의 해체의 붕괴를 한탄하는 것은 가족을 성적으로 독점하는 도덕주의자이거나 국가의 무책임성이 폭로되는 것을 두려워한 나머지 가족이라는 원초적인 관념을 이용하여 가족을 가족 '주의' 로 둔갑시켜버리는 가국체제다. 우리의 국가체제는 가족=국가라는 등식의 가면을 뒤집어쓴, 국가 '주의' 체제다. 따라서 가족주의는 곧 국가주의의 다른 이름이다. 이 점을 깊이 통찰하는 것이 중요하다고 생각한다. '이상한 나라의 앨리스' 에서 앨리스가 같은 말이라도 여러 가지 다른 뜻으로 쓰일 수 있다고 험티 덤티에게 말한 것은, 가족이라는 말에 '주의' 라는 말이 붙는 순간 나타나는 가족주의라는 말에 여러 가지 뜻들이 담긴 것이 아니냐 하는 생각을 하게 해준다. (이득재, 「가족주의는 야만이다」 중에서)

3. 나열식 쓰기

고구려가 472년에 국내성(國內城)에서 평양성(平壤城)으로 도읍을 옮긴 사건은 고구려의 역사에서뿐만 아니라 한국사 전 체계에서 혹은 동북아시아사에서도 매우 중요한 의미를 갖는다. 그것은 한국과 요동이 정치적으로 한 국가에 의해 지배되는 것을 의미했다. 이 사건으로 고구려는 요동 국가에서 요동과 한국의 일부를 아울러 지배하는 통합 국가로 비약했다. 따라서 고구려사는 평양 천도를 기점으로 하여 전반기와 후반기를 나누어 이해해야 한다. 평양 천도 이전 전반기의 고구려는 요동의 국가였으며, 천도 이후 후반기의 고구려는 요동과 한국 일부를 함께 지배한 통합 국가였다. 이런 관점에서 본다면, 고구려는 한국의 일부인가 중국의 일부인가 하는 질문은 처음부터 잘못된 형식의 질문이었음을 알 수 있다.

그러나 고구려가 요동에서 출현해 평양 천도 이후에는 요동과 한국의 일부를 지배한 통합 국가였다는 것은 여전히 하나의 작업 가설에 지나지 않는다. 그것은 여러 가지 측면에서 구체적 자료를 통해 검증되어야 한다. 이러한 작업 가설을 역사적 사실로서 확립시키기 위해서는 '중국'이나 '한국' 등의 '나라'를 성립시키는 여러 가지 조건들을 반추해보아야 한다. '한국'이나 '중국' 등 '나라'의 역사적 개념은 특정한 생활 공간과 고유한 문화, 동류 의식을 갖는 인적 집단, 계승 관계를 갖는 일련의 국가 체계 등의 요소들을 갖춘 역사공동체라는 의미를 포함한다. 따라서 이러한 여러 측면에서 고구려가 '한국'이나 '중국' 혹은 제3의 다른 역사공동체들과 어떤 관련성을 갖고 있었는가를 하나하나 확인하는 작업이 필요하다.

우선 공간적 측면부터 살펴보자. 국내성, 즉 집안(輯安) 방면에 그 중심부를 두고 있었던 고구려는 5세기 초에 요하(遼河) 중류 유역을 점거했다. 이로 인해 수(隋), 당(唐) 시대의 중국인은 고구려를 '요동(遼東)'이라 별칭했으며, 고구려 침공을 가리켜 '정요(征遼)'라 했다. 당시의 고구려인들도 '요동인(遼東人)'이라 자칭했다. 고대 문헌에 등장하는 '요동' 개념에는 요동군(遼東郡)이나 요동성(遼東省)을 가리키는 협의의 개념과 산해관(山海關) 이동 한반도 북부 이북의 광역을 가리키는 광의의 개념이 함께 존재했는데, 수 · 당대에는 후자가 일반화되었다. 그것은 고구려 국가의 영토 범위와 거의 일치하는 것이었다. 그러나 고구려가 수도를 평양으로 옮긴 사건을 즈음해 고구려의 영토는 '한국' 의 북부 일대까지 포괄했다. 따라서 적어도 공간적 범주로 보아서는, 고구려가 요동 국가로 출현했다가 요동과 한국을 아우르는 통합 국가로 발전했다는 애초의 작업 가설은 입증된다고 할 것이다.

다음으로 동류 의식을 가진 인적 집단이라는 측면을 살펴보자. 고구려는 여러 계통의 인적 집단으로 구성된 국가였다. 그러나 그 주축이 된 인적 집단은 맥인(貊人)이었다. 고구려는 성장하는 과정에서 대수맥(大水貊)과 소수맥(小水貊), 양맥(梁貊) 등 여러 맥계(貊系) 집단이 통합되었으며, 여기에 다시 예계(濊系)의 여러 집단과 말갈(靺鞨) 등이 포섭되었고, 천도 이후에는 한계(韓系)의 여러 집단이 포함되었다. 이 가운데서 맥과 예계 및 말갈 등 제 집단은 모두 요동 전역에 분포되어 있었으며, 한계는 한반도의 중남부에 분포했다. 따라서 고구려인은 중국인과는 동류 의식을 가질 수 없었으며, 한국인과도 천도 이전까지는 동류 의식을 갖지 않았을 것이다. 단지 천도 이후에 남진하여 다수의 한계 주민을 포섭함으로써 한국인과도 일정한 동류 의식을 공유할 수 있게 되었다.

문화의 제 양식에서도 초기 고구려의 그것은 중국이나 한국과 명료하게 구별된다. 『삼국지(三國志)』「동이전(東夷傳)」 고구려조에 기록된 고구려의 자연 지리 환경과 산업, 관제와 국가 조직, 신앙과 법속, 풍습과 의복 등은 모두 중국이나 한국의 그것과 매우 달랐다. 후기에 이르러 중국 문화의 영향을 적지 않게 받았고 한국의 일부를 통합한 뒤에는 한국 문화와의 융합도 상당 수준으로 진행되었지만, 기본적으로 고구려인이 창조하고 향유한 문화 양식은 중국인이나 한국인의 그것과 뚜렷하게 구별되었다. 특히 이는 고고학적 유물을 통해서도 확인되는 바이니, 무덤의 축조 양식이나 부장품의 내용이 고유한 양식을 갖추고 있음을 볼 수 있다. 고구려의 언어는 중국의 한어(漢語)와 전혀 다른 계통에 속하는 것이며, 한국의 언어와도 갈래가 달랐다. 백제(百濟)와 신라(新羅)는 모두 삼한(三韓)에 뿌리를 두었기 때문에 동일한 계통의 언어를 사용했지만, 고구려의 언어는 백제나 신라의 그것과 같지 않았다. 특히 평양 천도 이전에는 퉁구스 계통의 독자적 언어를 사용했으며, 천도 이후에야 한국어 요소가 고구려어에 혼입되었다. 이러한 고구려어의 계통적 특성이야말로 고구려와 중국, 고구려와 한국의 관계를 좀 더 명료하게 보여준다.

역사적 경험에서도 고구려인은 중국인이나 한국인과 달랐다. 고구려인은 중국에서 성립된 어떠한 국가들, 예를 들어 한(漢)이나 조위(曹魏), 서진(西晉), 북위(北魏), 북제(北齊), 수·당 등의 직접적 지배를 받은 바 없었으며, 삼한 연맹체나 백제, 신라 등 한국 국가들의 정치적 지배를 받은 적도 없었다. 오히려 고구려는 요동에서 장기간 존속했던 조선(朝鮮)이나 부여(夫餘) 등 국가들과 깊은 관계를 갖고 있었다. 고구려인 가운데는 조선의 후예나 부여의 유민이 다수 포함되어 있었다. 단지 천도 이후에 고구려가 한국의 일부를 지배함으로써, 한국인과 고구려인은 역사적 경험을 함께 나누게 되었을 뿐이다.

역사공동체를 구성하는 가장 중요한 요소는 동류 의식과 역사 의식을 공유하는 것이다. 고구려가 중국의 일부였는지 한국의 일부였는지를 가늠할 수 있는 가장 명확한 기준은 고구려인이 중국인이라는 자의식을 갖고 있었는지 혹은 한국인이라는 자의식을 표명한 적이 있는지를 확인하는 것이다. 또한 당시의 중국인이나 한국인이 고구려인과 동류 의식을 갖고 있었는가도 중요한 기준이 될 수 있다. 그러나 그 어떠한 경우에서도 중국인과 고구려인이 동류 의식을 가졌다는 증거는 발견되지 않는다. 단지 고구려가 멸망한 뒤에 중국인들이 고구려인을 가리켜 '오군삼한(五郡三韓)' 인으로 지칭한 자료가 발견되는 것으로 보아, 고구려가 중국인들에게 '5군' 즉 요동(에 설치된 바 있는 요동군, 낙랑군〔樂浪郡〕, 현도군〔玄菟郡〕 등 5개 군)과 '삼한,' 다시 말해서 한국의 통합 국가로 인식되었음을 확인할 수 있을 뿐이다. 또한 고구려인은 부여와 관련된 건국신화를 보유하는 한편 '기자신(箕子神)' 을 설정하여 제사함으로써 (기자)조선을 계승했다는 역사 의식을 표현했고, 고구려가 멸망된 뒤에는 발해인(渤海人)이 다시 고구려 계승 의식을 표명함으로써, 조선과 부여, 고구려, 발해로 이어지는 요동사적 역사 의식을 형성하였다.

이처럼 고구려인은 중국인이나 한국인과 생활 공간을 함께하지 않았으며, 동류 의식을 갖지도 않았고, 역사 의식이나 문화 양식, 언어, 역사적 경험 등을 달리했다. 그들은 요동 고유의 생활 공간과 문화 양식, 언어, 역사적 경험, 동류 의식과 역사 의식 등을 갖고 있었다. 따라서 우리는 고구려가 중국이나 한국이 아닌 요동에서 출현한 요동 국가였음을 확인할 수 있다. 단지 고구려가 평양으로 천도한 뒤에는 고구려인이 한국인과 생활 공간, 문화 양식과 언어, 역사적 경험과 동류 의식, 역사 의식 등을 부분적으로 공유했던 사실도 확인할 수 있는 만큼, 후기의 고구려가 요동과 한국을 함께 아울러 지배한 통합 국가였다는 작업 가설도 하나의 역사적 사실로서 확립시킬 수 있다고 할 것이다. (김한규, 「요동사」 서문 중에서)

나열

나열식 쓰기의 개념

나열식 쓰기는 주장을 개진한 다음 근거를 하나씩 열거해가면서 주장의 타당성을 입증하는 구성방식이다. 전체 주장은 그보다 작은 세부적인 주장으로 나누어질 수 있다. 각각의 세부 주장에는 그것을 뒷받침하는 문장이 있어야 한다. 또 각각의 나열되는 항목들은 서로 겹쳐지지 않아야 한다.

나열식 쓰기의 유형

나열식 유형은 나열되는 항목의 성격에 따라 여러 가지 유형으로 나뉠 수 있다. 문제 해결의 방안 나열, 현상들의 유사성 나열, 결과나 원인 나열, 대조적 항목 나열 등이 있다. 다음 읽기 자료에서 나열식 유형 가운데 대조적 항목이 나열되는 유형을 살펴보자.

✓ 앞의 읽기 자료에서의 주장은 고구려가 한국이나 중국과는 독립된 고유한 역사 공동체라는 것이다. 이를 위해서 역사 공동체를 구성하는 개념들을 생활공간, 문화, 동류의식, 역사적 경험의 네 가지로 정리한 후 각각의 측면에서 고구려가 고유한 역사 공동체임을 밝히고 있다. 고구려를 네 가지 요소와의 관계 속에서 살펴보는 부분이 나열식으로 구성되어 있는 것이다. 고구려의 생활공간, 문화, 동류의식, 역사적 경험이 모두 한국이나 중국과는 다르다는 것이 전체 주장에 대한 세부 주장이라고 할 수 있다. 다시 역사적 근거들이 세부 주장을 뒷받침한다.

각각의 항목들은 연관 관계를 가지기는 하지만 설명이 겹치지는 않는다. 저자는 자신이 정리한 요소들의 범위 내에서 각각의 항목들을 설명한다. 또 각각은 대등하게 나열되어 있기 때문에 순서를 바꾸어도 상관없으며 관점에 따라서는 새로운 사실을 추가할 수도 있다.

언젠가 코내티컷 주의 어느 학교에서 열린 '예술을 위한 하루' 라는 행사에서 직업으로서의 글쓰기를 주제로 이야기를 해달라는 부탁을 받은 적이 있다. 행사장에 가보니 나 말고도 브록이라는 이름의 외과의사가 강연자로 와 있었다. 최근에 글쓰기를 시작해 잡지에 글을 몇 번 싣기도 한 이였는데, 그는 부업으로서의 글쓰기에 대해 이야기하기로 되어 있었다. 우리 둘은 그렇게 글쓰기라는 매력적인 일에 대해 몹시 궁금해 하는 학생, 교사, 부모 들 앞에 나란히 앉았다.

브록 씨는 작가라면 응당 그래 보여야 한다는 듯 어딘가 보헤미안 같은 분위기의 밝은 빨간색 재킷을 입고 있었다. 그가 첫 질문을 받았다. "작가가 되시니까 어떤가요?"

그는 너무너무 재미있다고 했다. 병원에서 힘들게 일하고 나서 집에 돌아오면 곧장 공책 앞에 앉아 글을 쓰면서 그날의 긴장을 떨쳐버린다는 것이었다. 그러노라면 단어들이 술술 흘러나와 글이 쉽게 써진다고 했다. 내 차례가 되자 나는 글쓰기가 쉽지 않거니와 재미있지도 않다고 말했다. 글쓰기는 힘들고 고독한 일이며, 단어가 그냥 술술 나오는 경우는 여간해선 없다.

다음으로 브록 씨는 글을 고쳐 쓰는 것이 중요하냐는 질문을 받았다. 그는 절대 그렇지 않다고 대답했다. 그는 있는 그대로 다 끄집어내라며, 문장이란 어떻게든 글 쓰는 사람의 내면을 자연스럽게 드러내게 마련이라고 했다. 나는 글을 고쳐 쓰기가 생명이라고 말했다. 그리고 전문 글쟁이들은 문장을 몇 번이나 고쳐 쓴 다음에도 또 고친다고 했다.

"글이 잘 안 써질 때는 어떻게 하시나요?" 브록 씨가 질문을 받았다. 그는 당장 글쓰기를 멈추고 잘 써질 때까지 하루쯤 손을 대지 않는다고 했다. 나는 글쓰기가 직업인 사람들은 매일 쓰는 양을 정해놓고 엄격히 지켜야 한다고 답했다. 나는 글쓰기는 기능이지 예술이 아니라고 했다. 영감이 모자란다는 이유로 기능을 연마하는 일에서 손을 떼는 사람은 어리석은 사람이며 빈털터리가 되고 말 것이라고도 했다.

"우울하거나 슬플 때는 어떻게 하나요? 글쓰기에 영향을 미치지 않나요?" 한 학생이 물었다. 그러기 쉽다고 브록 씨는 대답했다. 그럴 땐 낚시를 가거나 산책을 한다고 했다. 나는 별로 그렇지 않다고 답했다. 글쓰기가 직업이면 다른 직업과 마찬가지로 묵묵히 일을 하게 된다고 했다.

어떤 학생은 작가들을 자주 만나는 게 도움이 되느냐고 물었다. 브록 씨는 작가로서의 새로운 생활이 아주 즐겁다면서, 출판사 사람이나 에이전트를 따라 작가와 편집자가 많이 모이는 맨해튼의 레스토랑에 갔던 이야기를 들려주었다. 나는 전문 글쟁이들은 다른 작가들을 잘 만나지 않고 주로 혼자서 힘들게 일한다고 했다.

"글에 상징적인 표현을 자주 쓰시나요?" 한 학생이 나에게 질문했다.

"되도록이면 쓰지 않지요." 나는 소설을 읽거나 연극이나 영화를 볼 때 거기에 숨은 심오한 의미를 잘 놓치기로 소문난 사람이며, 무용이나 마임 같은 것을 보면 도대체 뭘 전달하려는 건지 모르겠다고 했다.

"저는 상징을 아주 좋아해요!" 브록 씨가 큰 소리로 대답했다. 그는 자기 글에서 상징을 이러저리 엮어나가는 것을 즐긴다고 신이 나서 이야기했다.

그렇게 지나간 그날 아침은 우리 모두에게 아주 특별한 시간이었다. 행사가 끝날 때 브록 씨는 내게 답변이 참으로 흥미로웠다고 말했다. 그는 글쓰기가 어려울 수 있다는 생각을 한 번도 해본 적이 없었던 것이다. 나 역시 그의 답변이 참 흥미로웠다. 나는 글쓰기가 쉬울 수도 있다는 생각을 한 번도 해본 적이 없었기 때문이다. 아마 그 점에 대해서는 내가 수술을 받아야 하는지도 모를 일이다.

우리가 학생들을 혼란스럽게 했는지도 모른다. 그러나 실은 둘 중 한 사람만 이야기하는 것보다는 글쓰기라는 일에 대해 보다 폭넓은 시각을 보여준 것이다. 글쓰기 같은 개인적인 일에 옳은 방법이란 없기 때문이다. 글 쓰는 사람도 천차만별이고 글 쓰는 방법도 천차만별이다. 말하고 싶은 것을 말할 수 있게 해주는 방법이라면 무엇이든 그 사람에게 옳은 방법이다. 어떤 사람은 낮에 글을 쓰고 어떤 사람은 밤에 쓴다. 조용해야 글이 써지는 사람이 있고 라디오를 켜놓아야 잘 써지는 사람이 있다. 펜으로 쓰는 사람도 있고 워드프로세서로 쓰는 사람도 있고 녹음기에 녹음해서 쓰는 사람도 있다. 어떤 사람은 일단 단숨에 길게 초고를 쓴 뒤 고쳐 쓰기를 하고, 어떤 사람은 한 문단을 끊임없이 만지작거리지 않으면 다음 문단으로 넘어가지 못한다.

그러나 글을 쓰는 사람이라면 누구나 쉽게 상처받고 긴장하게 마련이다. 자신의 일부를 종이 위에 펼쳐놓아야 한다는 강박에 이끌리지만, 자연스럽게 나오는 그대로 쓰지 못한다. 집필이라는 것을 한답시고 앉아 있지만, 종이 위에 나타나는 자신은 글을 쓰기 위해 앉아 있는 사람보다 훨씬 뻣뻣하게만 보인다. 문제는 그런 긴장 뒤에 있는 진짜 자신을 발견하는 것이다. (윌리엄 진서, 「글쓰기 생각쓰기」 중에서)

대조

대조적 방식으로 나열하기

1) 전체적인 면을 조망하는 데 필요한 항목들을 빠짐없이 거론한다.

대조되는 항목 하나하나를 부분집합이라고 하면 그 항목들의 합집합을 상정해볼 수 있다. 이 합집합은 설명이나 기술 대상의 중요한 측면들을 모두 설명하고 있어야 한다.

읽기 자료에는 글을 쓰는 일에 대해 궁금하게 여길 수 있는 항목들이 고루 배치되어 있다. 글쓰기의 재미나 고통, 퇴고의 여부, 글이 써지지 않을 때 보이는 행동, 정서가 글쓰기에 미치는 영향, 다른 사람과의 만남이 글쓰기에 미치는 영향, 상징적인 표현의 사용 여부 등. 이 항목들을 통해 글 쓰는 일의 전반적인 면모를 알아보기는 충분하다.

2) 하나의 항목에 대해서는 두 가지 대조적 관점을 모두 제시한다.

가령 한국의 음식문화와 일본의 음식문화를 대조적으로 나열하는 글을 쓰려고 한다. 이때 '식기의 차이'라는 항목이 설정되었다면, 한국의 식기에는 자기가 많은 반면 일본의 식기에는 나무가 많다는 식의 설명이 가능해야 그 항목은 두 나라의 식문화의 차이를 나열하는 데 적합하다. 이렇게 적합한 항목이 정해졌다고 하더라도 그것을 통해 하나의 대상만을 설명하고 넘어가서는 안 된다. 일본의 식기는 설명하지 않고 한국의 식기만 설명하게 되면 독자들은 의아해하고 글의 완성도를 문제삼을 수 있다. 치밀한 대조를 위해서는 글을 쓰기 전에 대조되는 항목들을 표로 만들어 정리해보는 것이 좋다.

읽기 자료에서 학생들의 질문에 '브록'과 '나'는 모두 대답을 하고 있다. 나의 대답이 없거나 브록의 대답이 없는 경우는 없다. 학생들의 질문이 하나의 항목이고 '브록'과

'나'가 글쓰기를 탐구할 두 명의 대상이라고 하자. 하나의 항목은 두 대상들이 가지는 서로 다른 관점, 특징을 드러낼 수 있어야 한다. 하나의 대상만을 설명하고 다른 대상은 설명할 수 없는 항목이라면 그 주제를 드러내는 데 적합하지 않은 항목이라고 할 수 있다.

3) 단순한 나열은 지루하다. 나열하는 방식에 세부적인 변주가 필요하다.

읽기 자료에서는 학생들의 질문, 브록 씨의 대답, 나의 대답이 반복적으로 나온다. 같은 질문에 대한 대답인데도 브록 씨의 대답과 내 대답은 완전히 다르다. 나열이 세련되게 이루어지기 위해서는 변주가 필요하다. 학생들의 질문은 직접 인용으로 나타나기도 하고 간접 인용으로 나타나기도 한다. 브록 씨의 대답과 내 대답의 순서가 바뀌기도 한다. 변주가 있어야 나열식 글을 읽을 때 지루하지 않다. 항목들을 직접적으로 드러내며 서술하는 것보다 유추할 수 있게 서술하는 것도 세련된 글쓰기 방식이다.

4) 항목을 대조하는 데에는 목적이 있어야 한다.

읽기 자료에서는 나의 글쓰기 작업과 브록 씨의 글쓰기 작업을 대조적으로 보여준다. 이러한 대조들은 현상들을 단순 비교하는 데에서 끝나는 것이 아니라, 글쓰기는 사람에 따라 천차만별일 수 있으며 정답은 없다는 것을 보여주는 데 일차적인 목적이 있다. 양극단으로 보이는 글쓰기 작업의 대조는 다양성을 설명하는 좋은 틀이 된다. 이 글은 더 나아가 그러한 다양성을 강조하는 데에서 그치지 않는다. 글쓰기는 집필하는 사람들이 긴장 속에서 진정한 자아를 찾아내는 행위임을 강조하는 데 최종적인 목적이 있다.

설명적인 글에서 대조의 목적은 해당 분야나 영역을 세부적으로 알게 해주는, 지식의 확장에 있을 수도 있다.

연습문제 1

다음의 글에서는 소수자와 다수자를 대비적으로 논하고 있다. 소수자와 다수자의 특성들을 일목요연하게 파악할 수 있도록 그들이 가지는 속성들을 항목화하여 도표로 작성해보자.

우리의 시대는 소수자들의 시대가 되고 있다. 사람들은 한편으로는 대중 매체에 의해 획일화된 주체가 되도록 강요당하고 있지만 다른 한편으로는 각자 색다른 생각과 삶을 추구해 나가고 있다. 위로부터의 거대한 획일화의 강요에도 불구하고 아래로부터, 자기 안에서부터 표준화를 거부하는 사람들이 늘어나고 있는 것이다.

소수자라고 해서 반드시 그 수가 적은 사람들만을 의미하지는 않는다. 소수자는 수적으로 소수일 수 있지만 동시에 다수일 수도 있다. 다수자 역시 수적으로 소수일 수 있고 다수일 수도 있다. 소수자는 오히려 한정되지 않는 절대 다수를 이루는 경우도 있다. 그러면 소수자란 어떤 사람들인가?

좀 더 적극적으로 표현을 하자면 소수자란 표준화된 인간상을 거부하는 사람이라고 할 수 있다. 소수자는 표준화된 인간상으로부터의 거리가 어느 정도인가에 의해 규정된다고 할 수 있겠다. 이성에 입각하여 설정된 표준적인 인간상은 바로 백인—남성—어른—이성애자—본토박이—건강인—지성인—표준어를 쓰는 사람 등등으로 표상된다. 이성에 집착하는 이러한 표준적인 인간상은 표준화된 모형을 근거로 하여 광기(욕망)를 배제하고 주변으로 통하는 모든 통로를 차단하려고 한다. 그럼으로써 유색인—여성—어린이—동성애자—이주민—환자—무지렁이—사투리를 쓰는 사람 등등을 배제하고 억압하는 권력과 연결된다. 표준적인 인간상에 대항하는 소수적인 인간상이 다양하게 표출되는 것은 차이를 강조하는 탈근대에 접어들면서 새롭게 나타난 현상이라고 할 수 있다. 우리의 인간에 대한 인식의 기준이 근대적이고 획일적인 인간상에서 점차 탈근대적이고 다양한 인간상으로 이행한다고 말할 수 있을 것이다.

그렇다면 소수자와 대척점에 있는 다수자를 보자. 다수자라고 해서 소수자에 비해 더 훌륭한 상태에 있는 것은 아니다. 다수자들은 소수자들이 지닌 다양한 특성들 가운데 어떤 하나 또는 그 특성들을 대표하는 어떤 상태나 표준에 한정되는 특성을 지닐 뿐이다.

다양한 유색인 가운데 백인만을 골라 중심으로 고정하는 것이 그 한 예일 것이다. 백인, 남성, 어른, 이성애자 등의 다수자는 지배 상태를 가정한다. 투표하는 것을 옳은 일이라고 가정하고, 그것을 옳다고 받아들이는 사람들에게뿐만 아니라 받아들이지 않는 사람들에게도—그들의 수가 얼마든지 간에— 똑같이 적용하는 것과 마찬가지로, 현실의 다수자는 이미 자신의 권력을 전제하고 있는 것이다. 그러한 점에서 다수자는 어떤 표준을 정하고 그것을 중심으로 삼아 다른 사람들을 통제하려는 경향을 은연중에 가지고 있다. 다수자 자신이 설정한 표준에서 벗어나는, 또는 벗어나려는 경향을 지닌 사람들에게 그 표준을 절대적으로 따를 것을 강요한다. 다수자는 그 표준을 따른 사람들을 자기 쪽으로 끌어들이지만, 그 표준을 거부하는 사람들을 배제해나간다. 결국 다수자의 상은 권력자의 상이며 국가나 사회의 지배적인 가치로 그 모습을 드러낸다고 할 수 있다.

반면에 소수자들은 다수자, 국가 권력으로부터 배제된다는 특징을 지닌다. 소수자들의 입장에서 말하자면, 소수자들은 국가의 감시 시선에 감지되는 않는 자신들만의 활동을 벌여 나간다. 자신들의 고유한 욕망을 당당하게 표출하면서 주변으로 향하는 다양한 출구들을 찾아 나선다. 그러나 일부 소수자들은 합법적인 공간을 확보하면서 국가 장치를 이용하기도 한다. 그러나 기본적으로 소수자들은 국가 장치에 포획되기를 거부하는 특성을 보인다. 그렇게 때문에 국가는 소수자들에게 지역적 혹은 법적 명목상의 독립(자율성)을 부여하는 식으로 교묘하게 반격한다. 소수자들의 활동을 어느 정도 인정하면서 그들을 제도 속으로 끌어들임으로써 부분적으로 국가 장치에 가두어 두려는 것이다. 문제는 국가가 소수자들의 지위를 확실히 보장해 주지도 않으면서 국가 전복 세력으로 전환되지 못하게 가로막는 것이다. 소수자들을 이렇게 다수자 속의 요소로 끌어들이려고 하는 것이다. 〔……〕

기존의 틀에, 표준에 길들어지기를 거부하고 새로운 것을 만들어 가려면 우리 모두가 소수자 되기를 감행하지 않을 수 없다. '바로 지금 여기서' 나를 풍부하게 만들고자 한다면 소수자적 특성들을 스스럼없이 받아들이고 그것들을 통해 새로운 미시 코뮌을 만들어 가야 할 것이다. 다양한 소수자적 특성들을 거부하고 표준에 고착되어 저 멀리 있는 권력의 환영에 젖어 획일화된 공간에 갇혀 있기보다는 바로 지금 여기서 욕망을 분출시킬 수 있는 자유의 공간을 만들어 나가야 할 것이다. 우리는 모두 소수자다! (윤수종, 「다르게 사는 사람들: 우리 사회의 소수자들 이야기」 중에서)

연습문제 2

다음의 글을 읽고 전체 주장을 정리해보자. 또 전체 주장을 뒷받침하기 위해 나열된 세부 주장들을 파악하고 그 관계를 설명해보자.

급히 마무리해야 할 글이 있어서 어제 네 졸업식에 가지 못했다. 서운했을 수도 있겠구나. 굳이 겨를을 내자면 못 낼 것도 없었지만, 네 어머니와 고모가 간다기에 따로 시간을 내지 않았다. 더구나 아비는 세 해 전 네 형 졸업식에도 가지 않았으니, 네 졸업식에도 가지 않는 것이 공평한 일인 듯도 했다. 졸업을 축하한다. 그리고 이제 성년의 문턱에 이른 네게 몇 마디 당부를 하고 싶다. 이것은 아비가 자식에게 건네는 당부이기도 하다. 하지만, 고등학교 문을 나서는 네 세대 청년들에게 앞선 세대가 건네는 당부이기도 하다.

너는 어제 열두 해의 학교 교육을 마쳤다. 우리 사회가 구성원들 모두에게 의무적 권리로 규정하고 있는 기간보다 세 해 더 학교를 다닌 것이다. 그것은, 네 둘레의 친구들 대다수와 마찬가지로, 너 역시 적어도 네 세대의 가장 불운한 한국인들에게 견주어 학교 교육의 혜택을 더 받았다는 뜻이다. 그 여분의 혜택을 누릴 수 없었던 네 동갑내기들 가운데는 학교 공부에 대한 열의와 재능이 너보다 컸던 사람들도 있었으리라는 사실을 늘 잊지 마라.

너는 이제 열아홉 살이다. 언제부턴가 우리 사회의 다정다감한 부모들이 20, 30대의 어린아이들을 키워내고 있는 터라 네겐 생뚱맞게 들릴 수도 있겠지만, 아비 생각에 열아홉이면 두 발로 설 수 있는 나이이다. 그것은 이제 네가 부모로부터의 독립을 생각하기 시작할 나이에 이르렀다는 뜻이다.

그 독립의 첫걸음으로 우선, 앞으로의 학교 공부는 네 힘으로 하려고 애써라. 국가가 고등교육을 책임지지 않는 사회에서, 대학에 다니고 싶으면 제가 벌어 다니라는 말이 야박하게 들릴 줄은 안다. 그러나 단지 경제적 이유로 대학 진학을 포기한 네 동갑내기들이 적지 않다는 것을 기억해라. 또 네 형도 제 힘으로 대학 공부를 하고 있다는 것을 상기해라. 지금 당장 온전히 독립하는 것은 어렵겠지만, 적어도 네가 아비에게 경제적으로 의존하는 것이 꼭 당연하고 자연스러운 일은 아니라는 점을 잊지 마라.

성년의 표지로서 경제적 독립 못지않게 긴요한 것은 정신의 독립이다. 가족이나 친구와 이야기를 나누든, 책을 읽거나 신문 · 방송을 보든, 네가 접하는 지식과 정보와 의견들에 늘 거리를 두도록 애써라. 줏대를 버린 뇌동은 그 당사자에게만이 아니라 공동체에도 크게 해롭다. 그러나 줏대를 지닌다는 것은 독선적이 된다는 것과 크게 다르다. 줏대를 지니되, 진리는 늘 여러 겹이라는 사실도 잊지 마라.

독립은 고립과 아주 다르다. 고립은 단절된 상태를 뜻하지만, 독립은 연대 속에서도 우뚝하다. 연대는 어느 쪽으로도 향할 수 있지만, 아비는 네 연대가 공동체의 소수자들, 혜택을 덜 받은 사람들에게 건네지기를 바란다. 적어도 너 자신보다는 소수자의 표지를 더 짙게 지닌 사람들 쪽으로 네 연대가 길을 잡기 바란다. 높이 솟아오른 정신일수록 가장 낮은 곳을 응시한다.

네가 막 그 문턱에 다다른 세상은 중고등학교 교실에서 상상하던 세상과는 많이 다를 것이다. 사악한 이성과 욕망의 온갖 광기가 휩쓰는 세상에서 너는 너 자신과 아비를 포함한 인간의 비천함에 절망하고 지쳐, 어느덧 그 비천함의 능동적 실천자가 되고 싶은 유혹에 노출될지도 모른다. 그러나 그 더러워 보이는 세상 한구석에 인류의 역사를 순화하고 지탱해 온 순금의 정신이 숨어 있다는 것도 잊지 마라. 그 순금의 정신은 상상 속의 엘도라도가 아니라 바로 네 둘레에 있을 수도 있다.

네가 잘 알고 있듯, 아비는 충분히 독립적이지 못했고 충분히 연대하지 못했다. 그러나 모든 생명체는 뒷세대가 저보다는 나아지기를 바란다. 그렇다면 아비에게도 스스로 이루지 못한 것을 네게 당부할 권리가 있을 것이다. 독립적이 되도록 애써라. 소수자들과 연대하려고 애써라. 다시 한 번, 네 졸업을 축하한다. (고종석, 「성년의 문턱에 선 아들에게」)

연습문제 3

아래의 글은 지적인 면과 정치적인 면을 중심으로 전근대에서 근대로의 이행을 설명하고 있다. 그 외 경제적 측면, 사회적 측면, 심리적 측면에서의 변화도 언급할 수 있을 것이다. 이 가운데 한 가지를 선택해서 근대화의 변화를 기술해보자.

근대 이전에서 근대로의 변화를 근대화라 한다. 근대화는 우리 삶과 환경의 전반적인 변화를 가져왔다. 그 변화는 크게 다섯 가지 영역으로 나누어 설명할 수 있다.

1. 지적인 면에서의 변화

지적인 면에서의 변화는 인간과 자연에 대한 인간의 관념의 변화를 의미한다. 인간의 관념은 신화나 미신, 고집, 권위 등의 기초에서 생겨날 수도 있으며, 사실의 기초에서 관념이 사실과 일치하는 경우도 있다. 인간의 관념이 사실과 일치할 때 우리는 그것을 과학적 지식이라고 한다. 19세기 프랑스의 실증 철학자인 콩트가 주장한 것처럼 인간의 지적인 발달은 미신 및 신화적인 것으로부터 형이상학적인 단계를 지나서 과학적이고 실증적인 단계에 도달하면서 자연을 극복할 수 있게 된다. 권위, 종교적인 교리에 입각한 지식은 비판이 허용되지 않기 때문에 변화와 발전이 있을 수 없다. 그러나 과학적인 지식은 사실과 일치하지 않는다는 것이 밝혀질 때에 언제나 수정되는 것을 전제로 하는 것이므로 공개적이고 가설적이다. 〔……〕

2. 정치적인 면에서의 변화

근대적인 국가 형성에 있어서 정치적인 근대화를 위해서 무엇보다 필요한 것은 지방에 분산된 국가의 정치권력을 중앙 집권화하는 것이다. 가족, 지방의 호족, 촌락, 교회 등에 분산되어 있던 충성심과 정체 의식 대신에 전체 사회와 국가를 향한 국가 의식이 고조되었다.

정치적으로 공고한 지도력은 국가 권력을 개인 생활에 확대하였다. 민족주의의 제창은 바로 이러한 목적을 위한 수단이었다. 경제 조직 면에서는 사경제 조직에 공경제 부분이 첨가되어 국가 권력이 확대되었다. 전통 사회에서 약 5%에 불과하던 세금은 이제

소득 중에서 25~50%에 이르고 있다. (차경수, 「근대화의 다섯 가지 영역」 중에서)

심화문제 1

다음의 글은 글쓰기에서 통일성을 지키는 방법에 대해 설명하고 있다. 이 글에서 언급하고 있는 방법들을 항목화하여 나열해보자. 또 그 외에 글쓰기의 통일성을 위해 언급할 수 있는 것에는 어떤 것이 있을지 정리해서 한 편의 글로 써보자.

통일성을 지키는 방법

글은 써야 는다. 그거야 당연한데, 이 말이 당연한 것은 그것이 사실이기 때문이다. 글쓰기를 배우는 유일한 방법은 강제로 일정한 양을 정기적으로 쓰는 것이다.

신문사에서 매일 글 두세 편을 써야 하는 일을 하면 여섯 달 안에 훨씬 잘 쓰게 될 것이다. 반드시 좋은 글을 쓰게 되는 것은 아니다. 여전히 군더더기와 진부한 표현이 가득할 수 있다. 하지만 종이 위에 언어를 펼쳐 놓는 힘과 자신감이 생기고 일반적인 문제를 알게 될 것이다.

모든 글쓰기는 결국 문제 해결의 문제이다. 어디서 사실을 수집하느냐의 문제일 수도, 자료를 어떻게 정리하느냐의 문제일 수도 있다. 접근법이나 태도, 어조나 문체의 문제일 수도 있다. 무엇이건 간에 그것은 부딪쳐서 해결해야 하는 문제이다. 때로는 정답을, 또는 아무런 답도 찾지 못해 절망하는 수도 있다. '아흔 살까지 산다고 해도 이 골치 아픈 문제에서 벗어날 수 없을 거야.' 라고 생각할지도 모른다. 나도 종종 그런 생각을 했다. 그러다 결국 문제를 해결하는 때가 오는데, 그것은 내가 맹장수술을 오백 번째 하는 외과의사와 같기 때문이다. 많이 겪어봤다는 말이다.

통일성은 좋은 글쓰기의 닻과 같다. 그러니 먼저 통일성에 대해 잘 이해하자. 통일성은 독자의 주의가 흩어지지 않게 해준다. 뿐만 아니라 질서에 대한 독자의 무의식적인 요구를 충족시켜주며, 독자에게 모든 게 제대로 돌아가고 있다는 안심을 주기도 한다. 그러니 많은 변수 가운데 자기 것을 하나 골라 그것에 충실하자.

하나 선택할 만한 것은 대명사를 통일하는 것이다. 참여자로서 일인칭으로 쓸 것인가, 아니면 관찰자로서 삼인칭으로 쓸 것인가? 아니면 헤밍웨이에 푹 빠진 스포츠 기자들의 사랑인 이인칭으로 쓸 것인가?("당신은 이것이 기자석에서 당신이 본 거인들의 대결 중에서 가장 스릴 넘치는 대결임이 분명하다는 것을, 당신이 한낱 풋내기가 아니었다는 것을 알았다.")

또 하나는 시제의 통일이다. 사람들은 대개 과거시제를 쓰지만("나는 얼마 전에 보스턴에 갔다."), 어떤 사람들은 현재시제를 쓰기도 한다("나는 군용열차의 식당 칸에 앉아 있고, 기차는 보스턴으로 들어가고 있다."). 왔다 갔다 하는 것은 바람직하지 않다. 한 가지 시제만을 쓰라는 말은 아니다. 시제는 글 쓰는 사람이 여러 단계의 시간을, 그러니까 과거부터 가상의 미래까지를 다룰 수 있게 한다("보스턴 역에서 어머니에게 전화를 걸었을 때, 나는 내가 갈 것이라고 미리 편지를 했었더라면 어머니가 나를 기다리고 있었으리라는 것을 깨달았다."). 그러나 도중에 아무리 자주 앞뒤로 시선을 던지더라도 독자에게 주로 이야기할 시제는 선택해야 한다.

다른 하나는 분위기의 통일이다. 『뉴요커』(*The New Yorker*)지가 부단히 발전시켜온 평상적인 목소리로 이야기할 수도 있다. 심각한 사건에 대해 설명하거나 중요한 사실을 제시하기 위해 어느 정도 공식적인 어투를 쓸 수도 있다. 두 가지 모두 받아들일 만하다. 사실 어떤 어투라도 괜찮다. 하지만 두세 가지를 섞어서는 안 된다.

그런 치명적인 오류는 절제하는 법을 배우지 못한 사람들의 글에서 흔히 볼 수 있다. 여행기가 두드러진 예의 하나다. "아내 앤과 나는 언제나 홍콩에 가보고 싶었다."라고 글을 시작한다. 그러다 글쓴이가 추억에 들뜨기 시작한다. "지난봄의 어느 날, 항공사의 포스터를 보다가 갑자기 내가 말했다. '가자!' 아이들도 다 컸던 것이다." 나아가 그는 도중에 하와이에 잠시 들렀던 일이며, 홍콩의 공항에서 환전을 하고 호텔을 찾으면서 있었던 재미있는 일을 친절하게 묘사한다. 좋다. 그는 진짜 여행으로 우리를 안내하는 진짜 사람이고, 우리는 쉽게 그와 아내에게 감정이입할 수 있다.

그러다 갑자기 글은 여행 광고로 바뀐다. "홍콩은 호기심 많은 관광객에게 매혹적인 체험을 많이 선사해준다. 주룽 지구에서 그림 같은 배를 탈 수도 있고, 복잡한 항구를 빠르게 가로질러 가는 수많은 삼판선을 넋을 놓고 바라볼 수도 있으며, 밀수와 음모의 소굴이라는 화려한 여가를 가진 유명한 마카오의 골목길을 하루 동안 훑어볼 수도 있다. 급경사를 올라가는 신기한 기차를 타볼 수도 있고……." 그러다 우리는 그와 아내의 이야기로 다시 돌아가 그들이 중국 식당에서 식사를 하기 위해 애쓰는 모습을 보게 되는데, 여기까지도 다 좋다. 누구나 음식에 관심이 있으며, 우리는 개인의 모험담을 듣고 있는 것이다.

그러다 글은 또 갑자기 가이드북이 된다. "홍콩에 가기 위해서는 유효한 여권이 있어야 한다. 하지만 비자는 필요 없다. 간염 접종은 꼭 필요하며, 장티푸스 예방접종에 대해서도 의사와 상의하는 것이 좋다. 홍콩의 기후는 7월과 8월만 빼면 무난한 편이며……." 글 쓰는 사람은 어딘가로 가버렸고, 그의 아내도 사라져버렸다. 아마 우리도 조만간 그럴 것이다.

삼판선이나 간염 접종 이야기가 들어가서는 안 된다는 말이 아니다. 문제는 글쓴이가 어떤 글을 쓸지, 독자에게 어떻게 접근할지를 전혀 정하지 않았다는 데 있다. 그는 전달하려는 소재의 종류에 따라 여러 가지 모습으로 우리에게 다가온다. 그가 소재를 통제하는 것이 아니라 소재가 그를 통제하고 있다. 그가 통일성에 신경을 더 썼다면 이런 일은 없었을 것이다.

그러니 글을 시작하기 전에 스스로 기본적인 질문을 몇 가지 던져보자. 예를 들면 이런 식이다. 어떤 자격으로 이야기할 것인가?(보고자? 정보 제공자? 보통 사람?) 어떤 시점과 시제를 사용할 것인가? 어떤 문체로 쓸 것인가?(비개인적인 기록 문체로? 사적이면서도 격식 있게? 사적이면서 자유롭게?) 소재에 대해 어떤 태도를 취할 것인가?(깊이 개입해서? 한 발 물러서서? 비판적으로? 비꼬듯이? 즐겁게?) 어느 정도로 다룰 것인가? 어떤 점을 강조할 것인가?

마지막 두 질문은 특히 중요하다. 대개 작가들은 완벽함에 대한 콤플렉스가 있다. 그들은 자기 글이 결정판이 되어야 한다는 의무감 같은 것을—주제와 자신의 명예, 그리고 글쓰기의 신에 대해— 갖고 있다. 갸륵한 충동이긴 하지만, 글쓰기에서 결정판이란 없다. 여러분이 오늘 완벽하다고 생각하는 것도 내일이면 완벽하지 않을 수 있다. 사실 하나하나를 전부 밝히려는 이들은 이내 자기가 무지개를 좇고 있으며 절대 차분히 앉아서 글을 쓸 수 없다는 것을 알게 된다. 누구도 무언가에 '대한' 책이나 글을 쓸 수는 없다. 톨스토이는 전쟁과 평화에 대한 책을 쓸 수 없었고, 멜빌은 고래잡이에 대한 책을 쓸 수 없었다. 그들은 특정한 시간과 장소, 그리고 그 시간과 장소에 있는 특정한 인물들에 대해서만 썼다. 이를테면 어떤 고래를 쫓는 한 사람에 대해 쓴 것이다. 모든 글쓰기는 시작하기 전에 먼저 범위를 좁혀야 한다.

작게 생각하자. 주제의 어느 귀퉁이를 베어 먹을 것인지 결정한 다음 그것을 잘하는 데 만족하자. 이는 의욕과 사기의 문제이기도 하다. 너무 부담스러운 과제는 열의를 고갈시킨다. 열의는 여러분이 계속 나아갈 수 있게 해주고 독자를 계속 붙들어두게 해주는 것이다. 여러분의 흥이 빠져 나가기 시작하면 독자가 가장 먼저 알아차리게 마련이다.

다음은 어떤 점을 강조할 것인가이다. 좋은 글은 하나같이 독자에게 한 번도 해보지 못했던 흥미진진한 생각 하나를 던진다. 두 가지나 다섯 가지가 아니라 단 하나의 생각이다. 그러므로 독자의 마음에 어떤 점 하나를 남길 것인지 결정해야 한다. 그러면 여러분이 어떤 길을 따라가야 할지, 그리고 어떤 목적지에 도달해야 할지 더 잘 판단할 수 있을 것이다. 더불어 어조와 태도를 정하는 데도 도움이 될 것이다. 어떤 점은 진지하게, 어떤 점은 차분하게, 어떤 점은 유머를 써서 강조하는 것이 좋다.

통일성에 관한 판단이 섰다면 그 틀 안에 넣을 수 없는 소재란 없다. 홍콩을 여행한 이가 자신과 아내가 겪은 일을 직접 말하듯이 쓰기로 했다면, 그는 주룽 지구의 배나 그곳 날씨에 대해 말하고 싶은 모든 것을 이야기로 묶어내는 자연스러운 방법을 찾을 수 있었을 것이다. 그의 개성과 목적은 손상되지 않았을 것이고, 글은 일관성을 지킬 수 있었을 것이다.

가끔은 이런 중요한 결정을 내리고 나서 나중에야 그게 옳지 않았다는 것을 알게 되는 경우가 있다. 소재가 글 쓰는 이를 예상치 못한 방향으로 이끌어가기 시작하고, 그러면서 다른 어조로 쓰는 게 더 편하게 느껴지는 것이다. 그건 정상이다. 글쓰기는 예상치 못한 생각이나 기억을 주렁주렁 열어준다. 그게 좋다고 생각하면 그 흐름을 거스르지 말자. 소재가 여러분을 예상치 못한 지형으로 끌고 가더라도 감이 좋으면 소재를 믿자. 자기 문체를 적절히 조정해가면서 발길 닿는 데로 가보는 것이다. 미리 구상한 계획에 갇힐 필요는 없다. 글쓰기에서는 청사진이 절대적이지 않다.

그러면 글의 둘째 부분이 첫 부분과 아귀가 맞지 않게 마련이다. 하지만 적어도 스스로는 어느 부분이 자기 본능에 더 충실한지 알 것이다. 손질만 좀 하면 된다. 처음으로 돌아가서 분위기와 문체가 일관되게 고쳐 쓰게 된다.

고쳐 쓰는 것을 부끄러워할 필요는 없다. 가위와 풀, 또는 워드프로세서는 글 쓰는 사람의 자랑스러운 연장이다. 아무리 뒤로 돌아가 다시 맞추는 일이 있다고 해도, 모든 것이 전체 구조물 안에 잘 맞아들어 가야 한다는 점을 잊지 말자. 그렇지 않으면 그 구조물은 금방 무너지고 만다. (윌리엄 진서, 「글쓰기 생각쓰기」 중에서)

심화문제 2

다음 글은 한국 영화를 네 개의 장르로 구분하여 설명하고 있다. 이 글에서 나열하고 있는 한국 영화의 특징들을 정리해보자. 또 이처럼 나열식으로 정리할 수 있는 하나의 대상을 선정하여 그 특징들을 항목화하는 한 편의 글을 써보자.

식민지에 도착한 활동사진, 서구로부터 이식된 장르

한국영화사에는 자기 스스로 발명한 장르가 없다. 한국 대중영화의 역사는 서구와 인근 아시아 영화문화 장르의 모방과 (전이와) 변형의 역사이다. 다시 말하면 이렇게 말할 수 있다. 할리우드 영화는 웨스턴을 발명했다. 일본영화는 사무라이 영화를 발명했다. 홍콩영화는 무협(—무술)영화를 발명했다. 그러나 한국영화사는 서로 상이한 나라의 영화문화 장르를 받아들이고, 그 안에서 변형시키고 발전시키는 방식을 통해 장르의 진화를 거듭하였다. 여기에는 이유가 있다. 한국은 영화를 자발적으로 받아들인 것이 아니라 일제 식민지 강점하에 일종의 근대문화의 (식민지—)이식의 방식으로 활동사진을 받아들였다. 영화 문화는 한반도 바깥의 서구문화에 대한 창문 역할을 했으며, 아직 봉건적 사회에 머물러 있던 20세기 초 한반도는 활동사진을 통해서 근대 서구 자본주의의 문물을 (간접적으로) 경험하였다. 영화는 이중적인 의미의 물신적 대상이 되었다. 하나는 보다 발전한 서구에 대한 동경의 대상이었고, 다른 하나는 식민지로 전락한 조국이 자신을 강탈한 서구(의 테크놀로지)에 대한 공포와 증오와 경멸의 대상이었다.

그러나 무엇보다도 한국영화가 마주한 가장 큰 어려움은 두 가지였다. 그 하나는 영화가 처음 한반도에 도착했을 때 한국은 아직 영화적 사고를 할 수 있는 문화적 배경에 이르지 못했다. 매우 긴 시간을 통해서 서로 상이한 질적 전화(轉化)의 단계를 통해서 발전한 세 가지 변형, 즉 원근법을 사용한 서구 회화의 시각적 기법과 그것을 테크놀로지로 전이시킨 사진, 그 기계적 복제 이미지에 운동을 부여한 영화는 거의 동시에 한국에 도착했다. 초기 영화의 서사구조에 영향을 미친 단편소설 양식은 신문과 함께 비로소 도착했다. 또는 카메라 앞에 무대를 세우고 그 앞에서 배우가 인물에 관한 연기를 하는 19세기 근대극 양식과 보드빌(vaudeville), 코메디아 델라르테(comedia dell' arte)는 희화화되어 들어왔다. 영화는 기계적 발명품이지만, 그것이 숏(shot) 단위로 이루어져서 하나의 이야기를 만들어내기 위해 19세기 서구의 근대 문화가 모두 동원된 총체적 예술 장르의 결과라는 것을 이해하는 데는 긴 시간이 필요했다.

다른 하나로 우리 역사 안의 전통문화와 연결지어 발전시킬 수 없었던 가장 결정적인 이유는 영화가 한반도의 식민지화와 함께 시작되었기 때문이다. 일본은 검열의 방식으로 통제를 했다. 영화는 항상 공개 상영으로 진행되기 때문에 보여줄 수 있는 유일한 방법이 영화관 개봉 방식이었고, 따라서 사법적 대상이라는 물리적 한계를 피해서 작업할 수 없었다. 그 과정에서 한국영화가 영화의 사업적 요구(영화의 절대적 명제, "영화는 돈이 많이 든다.")에 부응하여 대중적 성공을 거두기 위해서는 수입된 외국영화의 성공적인 사례들을 흉내 내면서 시작할 수밖에 없었다. 그 흉내의 가장 저열한 사례는 물론 줄거리를 베끼는 것이었다. 그러나 한국영화는 그 안에서 시행착오를 거치면서 가장 안정적으로, 동시에 지체된 서구 근대문화의 이행과정을 가장 빨리 받아들일 수 있었다. 물론 이 과정에서 시행착오가 없었던 것은 아니다. 장르의 복제가 그 장르의 역사적 물화 과정에 관한 이데올로기까지 끌고 들어온다는 사실을 깨닫는 데는 긴 시간이 걸렸다. 한국영화 장르의 역사는 장르를 수용하면서 다시 탈신화하고 비판하는 과정을 반복하며 발전해 온, 수용과 파괴가 동시에 이루어진 이상한 역사를 갖게 되었다. 무엇보다도 장르영화가 상업영화와 이음동의어로 불리거나 무조건적인 비판이 이루어진 것은, 한편으로 한국영화에서 장르의 심화와 작가주의 영화의 발견을 가로막은 결정적인 장애가 되었다. 이를테면 웨스턴 영화에서의 존 포드(John Ford)나 스릴러영화에서의 알프레드 히치콕(Alfred Hitchcock), 멜로드라마에서의 더글라스 서크(Douglas Sirk), 코미디영화에서의 하워드 혹스(Howard Hawks)와 같은 이름이 한국영화의 멜로드라마나 공포영화, 액션영화, 코미디영화에는 없다.(나는 여기서 멜로드라마, 공포영화, 액션영화, 코미디영화만 다룰 것이다.)

멜로드라마: 유교의 재생산, 혹은 남성의 재남성화, 여성의 가족화

가장 먼저 받아들이고 가장 긴 시간 동안 대중성을 확보하고 많이 만들어진 장르는 멜로드라마였다. 그것은 세 가지 이유 때문일 것이다. 우선 한국 대중영화의 최초의 관객들은 여성이었다. 근대화 이후에도 대부분의 여성들은 가사노동에 매달려야 했으며, 신여성들도 육아와 함께 가정에 붙들려 있었다. 사회적 노동을 남성이 전담한 근대화의 남성화 과정으로 인해 영화관은 관객의 대상을 여성층으로 삼을 수밖에 없었다. 여기에 "눈물을 흘리는 것은 남자가 할 일이 못 돼."라는 이 우스꽝스러운 조선 유교문화의 남존여비(男尊女卑) 사상이 가져온 사회적 훈련의 내면화는, 멜로드라마를 여성의 장르라는 사회적 규범으로 정의하였다. 그래서 스포츠는 남성의 오락, 영화는 여성의 오락이라는 기묘한 이분화 아래 사회적 취향의 젠더화를 이루었다. 두 번째, 멜로드라마는 대부분 근대 대중소설의 근간을 이루었던 신파소설의 독자가 여성들이었다는 사실과 겹친다. 여성들은 자신이 읽은 소설의 판타지가 스크린에 재현되는 것을 보고 싶어 했다. 청춘 로맨스와 홈드라마, 한 여인의 삶을 다룬 여성(전기)영화라는 세 가지 양식은 한국 대중영화 멜로드라마의 세 가지 경향이 되었다. 세 번째, 다른 장르에 비해서 멜로드라마는 서사와 배우에 집중하기 때문에 영화적 기교나 거대한 세트를 필요로 하지 않았다. 또한 한국 멜로드라마는 유난히 우여곡절이 많은 한국 근대사의 비극적 역사 아래 놓여진 대중의 삶의 일상사에 매우 밀접하게 다가왔고, 그러한 정서적 공감대가 멜로드라마를 한국영화의 모든 장르 중의 여왕으로 만들었다. 실제로 한국 대중영화 스타의 역사는 멜로드라마 주연배우들의 역사라는 사실과 고스란히 겹친다는 사실이 그것을 증명한다.

그러나 이 눈물을 흘리는 멜로드라마는 1970년대까지도 충무로 현장에서 '나미다(なみだ: 눈물) 영화'라고 불렸을 만큼 한국 대중영화 초창기부터 일본 신파영화의 장르를 고스란히 베껴온 것이기도 했다. 이 경향은 해방 이후 1998년 10월 김대중 정부에 의해 일본영화 개방이 이루어질 때까지 국민정서에 반(反)한다는 이유로 정책적으로 수입이 엄격하게 금지되어 있었기 때문에, 역설적으로 일본 멜로드라마의 표절본을 수없이 불법 번안하여 만들어내면서 한 세기 가까이 지속되었다. 그러므로 멜로드라마는 일본 멜로드라마를 베끼고 변형시키고 그 과정에서 한국적 정서를 찾게 되었다. 이 장르는 매우 폭넓게 만들어져서 1980년대까지 한국영화 감독들 중에서 멜로드라마를 한 편도 만들지 않은 감독은 거의 찾아보기 힘들다. 또는, 거의 모든 다른 장르의 영화 안에 들어가 자기 방식으로 장르를 복제하고 그 안에서 여성의 희생과 남성의 복권 과정을 반복하였다. 심지어 이 시기에 작가주의 영화를 만든 것으로 평가받은 김기영이나 유현목, 이만희도 이 장르의 영화를 만들었다(그러나 이 장르를 일체 만들지 않은 감독들이 있다. 첫 번째 세대가 장선우와 박광수이다. 그러나 그들의 영화 안에 멜로드라마의 정서마저 없다고까지 말할 수 있을까?). 멜로드라마가 절정에 달한 것은 한국영화의 전성기라고 이야기되는 1960년대이다.

이 시기의 멜로드라마는 대부분 근대화가 요구하는 새로운 여성상과 여전히 지속되고 있는 봉건적 가족주의 사이의 불화에 위치해 있었다. 그리고 그 과정에 개입한 한국전쟁, 또는 자본주의의 도입이 가져온 빈부 간의 갈등과 계급 간의 대립 사이에서, 연애가 만들어내는 신데렐라 해피엔딩과 오필리아(Ophelia)적 비극이 오가기 시작했다. 물론 그 무게 추는 압도적으로 비극 쪽으로 기울었다. 어쩌면 해피엔딩보다 비극적 결말에서 정서적으로 동일감을 느끼고, 거기서 대중이 현실 문제를 영화적 환상으로 해결하면서 위안을 느끼는 것은 매우 잔인한 일이다. 왜냐하면 해피엔딩에서는 위선적이기는 하지만 그 안에서 모순의 (잘못된) 해결을 시도하는 반면, 비극에서는 모순을 발생시킨 주인공 자신의 괄호 치기(또는 소멸)를 목표로 삼기 때문이다. 이 대립에서 가장 강력한 것은 계급이 아니라 남성의 재(再)권력화였다.

그것은 자본주의가 요구하는 노동력의 비(非)젠더화 과정에서 위기에 빠진 봉건적 남성성의 재구성을 요구하는 이데올로기의 극화 과정이기도 했기 때문일 것이다. 사실상 아직까지도 한국 대중 멜로드라마에서 가장 강력한 요구는 봉건적 남성성의 재구성이다. 그러므로 이 과정에서는 항상 여성들의 (능동적인) 희생과 (자발적인) 포기가 강요된다. 물론 그렇게 하기 위해서 여성들의 신체는 타락하거나, 사회적 제도 바깥에서 임신을 한다. 육체의 타락과 순결한 영혼의 이분법을 증명하기 위하여 여성들에게는 희생과 포기의 능동성과 자발성이 요구되는 것이다(여기서 여성의 직업은 매우 민감한 사안이 된다. 이를테면 〈눈물의 웨딩드레스〉 이후 1970년대 내내 만들어진 호스티스 멜로드라마들). 근대적인 국가에서 능동적인 희생과 자발적인 포기를 할 때 법은 아무것도 보호하지 않는다. 그리고 사실상 그것이 남성들의 권리를 그대로 유지시키는 영화 '이후'의 안심할 만한 해피엔딩이다. 한국영화에서 이혼 소송을 벌인 다음 여성이 남성을 파산시키고 낯선 남자와 새로운 인생을 꿈꾸기 위해 떠나는 영화는 아직 단 한 편도 없다. 매우 유감스럽긴 하지만 멜로드라마에서 신여성들의 유토피아는 거의 이루어진 적이 없다. 혹은 이루어진 척하면서 여성을 다시 가족 안으로 재편입시키는 과정의 반복에 다름 아니었다. 인터넷 세대의 여성을 그린 〈엽기적인 그녀〉(2001, 곽재영)가 사실상 그 이데올로기의 측면에서 휴전 직후의 〈자유부인〉(1956, 한형모)과 크게 다르지 않은 것은 놀랄 만한 일이다.

공포영화의 사회적 억압과 한의 귀환: 누가 돌아오는가?

이렇게 멜로드라마를 세우고 난 다음 공포영화와 액션영화, 그리고 코미디영화를 생각해 보면 금방 이 세 가지 장르가 멜로드라마 주변에 놓여진 세 가지 변주라는 것을 알 수 있다. 먼저 공포영화를 생각해 보자. 한국의 공포영화는 할리우드의 1950년대 B급 영화, 독일의 표현주의 영화, 혹은 일본의 괴담영화들과 다르다. 물론 고전적인 공포영화의 아이콘인 드라큘라나 프랑켄슈타인과도 아무 상관이 없다. 한국의 공포영화에는 초자연적 현상이나 외계인, 괴물, 기형, 살인마, 좀비, 정신병자, 또는 낯선 타인의 등장이 거의 없다(아주 가끔 공포스러운 타자를 '수입'하기는 하지만, 대부분 대중성을 얻지 못했다.). 그 대신 어둠이 내리고 불이 꺼지고 나면 억울하게 죽은 영혼이 귀신의 이름을 빌려 등장한다. 그리고 그 귀신은 대부분 여자들이다(이상하게도 한국영화에서 남자 귀신을 보는 것은 매우 힘든 일이다. 이를테면 셰익스피어의 〈햄릿(Hamlet)〉에서 아들에게 억울함을 하소연하기 위해 나타난 아버지의 유령을 생각해 보라.). 그 여자들은 대부분 복수하기 위해서 나타나거나 억울함을 하소연하기 위해 나타나는데, 그녀들의 한은 가부장적 제도 아래 희생을 강요당한 며느리, 또는 딸의 자리에서 이루어진 사건을 통해서 생겨난 것이기 때문에 그 한을 풀어줄 수 있는 사람은 남편이거나 아버지이다. 그러므로 이 과정은 사실상 멜로드라마의 변주곡에 더 가깝다.

이를테면 〈월하의 공동묘지〉(1967, 권철휘)는 그 변주의 결정판이다. 기생 월향은 명문가의 아들과 결혼을 하지만 신분 때문에 시어머니의 구박과 음모로 죽음을 맞는다. 월향은 자신의 억울함을 하소연하기 위해 공동묘지로부터 돌아온다. 그녀를 안심시키고 다시 공동묘지로 되돌아가게 할 수 있는 방법은 복수의 성공에 있는 것이 아니라, 남편이 그녀의 부정에 대한 의심을 풀고 그녀를 다시 사랑하는 것이다. 공포영화는 매년 여름에 만들어지긴 했지만, 주류 장르영화 안으로 들어오지 못했다. 무엇보다도 공포영화에 대해서 대중은 혐오감을 갖고 있었고, 사회적으로 공공장소에서의 예절을 가르쳐온 유교적 교육의 내면화는 즐거움을 누리면서 비명을 지르는 관람 행동을 매우 저속하거나 천박한 것으로 여겼다. 영화 비평담론과 영화 저널들은 공포영화에 거의 관심을 기울이지 않았다. 게다가 이 공포영화의 맥은 1970년대 후반 이후 1980년대 내내 거의 완전하게 단절되었다. 그것은 박정희 제3공화국의 밀실정치, 1980년 5월 광주, 전두환 제5공화국의 안기부, 학생운동의 분신, 노동운동의 투신으로 이어진 지난 20년간 내내 실종과 죽음이 만연한 사회에서 언론 통제 하에 침묵을 지키며 살아온 세월이, 대중으로 하여금 귀신에 관한 공포영화에 대해서 외면하게 만들었는지도 모른다. 한은 사회 곳곳에 쌓였고 슬픔은 세상에 흘러넘치고 있었다.

1998년 2월, 김대중 정부가 출범한 그해 여름 〈여고괴담〉(1998, 박기형)이 대중적으로 성공한 첫 번째 공포영화라는 사실은 의미심장하다. (억압의 귀환이라는 형태를 띤) 귀신영화의 전통을 고스란히 떠안고, 〈여고괴담〉은 2005년까지 4편의 연작이 만들어졌다. 이 영화의 가장 큰 성과는 공포영화를 대중적인 장르 안으로 편입시키고, 비로소 공포영화를 '즐겁게' 즐길 수 있는 관객 세대의 도래를 알린 것이다. 21세기 한국영화의 사이클에서 가장 눈에 띄는 현상 중에 하나는 여름영화의 주류 장르로 공포영화가 매년 만들어지고 있다는 사실이다. 그러나 그 영화들이 드디어 가부장적인 이데올로기의 멜로드라마의 그림자에서 벗어났느냐, 라는 질문에 대해서는 누구도 그렇다, 라고 말하기 힘들다는 점에서, 아직 이 장르가 지니고 있는 체제 전복의 욕망을 아직 보여주지는 못하고 있다. 혹은 여전히 한국 공포영화는 멜로드라마를 재생산하고 있다.

액션영화: 잃어버린 부권의 향수, 혹은 전후 한국 사회의 힘에 대한 숭배와 복종

만일 공포영화가 멜로드라마의 여성영화(의 가족적 재통합의) 버전이라면, 액션영화는 남성영화(의 사회적 재구성의) 버전이라고 말할 수도 있을 것이다. 한국 액션영화 장르는 할리우드의 갱스터 영화나 필름 누아르와 아무 상관이 없다. 차라리 할리우드 서부극의 영향을 받은 일본 야쿠자 영화의 한국적 버전이다. 그러나 이 액션영화들은 패배의 영웅주의가 불러일으키는 감상주의에 가득 차 있다. 왜냐하면 액션영화의 주인공들은 대부분 거리의 폭력배들이기 때문이다(그냥 간단하게 말하면 '깡패'들이다.). 드라마에서는 정당성을 부여받았지만, 그들의 사회적 존재는 불법이다. 1950년대 후반 정창화로부터 본격적으로 시작한 액션영화는 일제 강점하의 독립군들, 한국전쟁 직후 피난민 사회의 커뮤니티, 혹은 근대화 과정에서 사회 빈민으로 밀려난 거리의 남자들을 배경으로 장르라기보다는 구체적인 역사와 사회적 무대로 전개되었다. 1960년대에 절정을 누린 액션영화들은 거의 하나의 가족처럼 보일 정도이다. 장동휘를 큰 형님으로 한 액션 스타들은 자기에게 부여한 페르소나를 끊임없이 반복하였으며, 그 안에서 남성들 사이의 우정과 배신, 사랑을 뛰어넘는 의리와 남성들 사이의 희생을 되풀이하였다.

이것은 세 가지 측면이 있는데, 무엇보다도 이 남성 중심의 액션영화들은 '형님' 문화의 재생산이다. 이 영화들에는 무엇보다 강한 아버지에 대한 간절한 요구가 있다. 아버지에게 모든 판단을 맡기고, 그의 명령 아래 모든 결정을 미루고 싶어 하는 매우 빠른 사회 변화의 소용돌이 속의 보수적 회귀지향이 있다. 그래서 한국의 액션영화들은 이상할 정도로 집단의 구조와 규범에 대한 충성이 있다. 그들에게 가장 나쁜 악은 물론 배신이다. 그러나 폭력조직 사회를 떠나는 유일한 방법은 배신이 아닌가? 한국 액션영화는 아이러니의 장르이자 사회적 정의에 대한 포기의 장르이다. 그래서 그들은 나쁜 악을 피하기 위해 더 나쁜 선택을 한다. 물론 그것은 희생적인 죽음이다. 그 선택의 순간, 남성영화로서 액션영화의 감상주의는 절정에 달한다. 물론 감상적 선택의 밑바닥에 있는 것은 던져진 상황에 대한 무능력이다. 그것은 동시에 근대화 과정 안에서 한국 남성성의 무능력에 대한 확인의 순간이기도 하다.

두 번째는 사법적 판단에 앞서는 힘에 대한 숭배이다. 한국 속담의 유명한 구절, '법보다 주먹이 앞선다'는 한국 액션영화의 정서이다. 그 말에는 사회적으로 사법적 정의가 이해관계에 의해 구현되기 때문에, 차라리 힘에 의한 해결을 하는 편이 정의를 실현하는 것이라는 사회 정의에 대한 불신이 담겨 있다. 그것은 전후 한국 사회의 근대화 과정에서 도시를 찾아왔으나 거리로 밀려난 대부분의 뿌리 뽑힌 세대들의 정서이다. 한국 사회는 이중으로 뿌리 뽑혔다. 하나는 한국전쟁 이후 분단으로 인해 고향을 잃은 절반의 실향민(失鄕民)이고, 또 하나는 근대화라는 이름으로 도시를 중심으로 한 농촌사회의 파괴를 통해서 이루어진 이향민(離鄕民)이다. 그들을 위해서 도시는 기회를 제공하는 대신 그들의 값싼 노동력을 바탕으로 더 많은 부를 축적하였으며, 그 과정에서 사회적 대립과 모순은 매우 폭력적으로 액션영화 속에서 실현되었다. 다른 나라에서는 거의 찾아볼 수 없는 한국 액션영화의 특징 중 하나가 실향—이향의 정서이다. 그중에서 〈팔도 사나이〉 연작(1969~1970)의 성공은 매우 이례적이다. 액션영화에 활기를 불어넣은 것은 각 지방에서 올라온 정의의 사나이들이 말하는 사투리 악센트이다.

세 번째는 위협받는 남성성의 힘에 의한 우위의 표현이다. 그것은 종종 육체적인 자기의 단련과 그 과정에서 얻은 힘을 일종의 숭고한 (사이비) 정신적 고양으로 여긴다. 1960년대 이후 갑자기 사회 중심으로 들어선 여성들의 취업 비율은 급속히 신장하였으며, 남성을 중심으로 진행되어 온 사회 활동의 무대에서 남성들은 그만큼 자기의 자리를 잃기 시작했다. 적지 않은 가정에서 여성이 사회적 가부장의 역할을 대신하기 시작했으며, 값싼 노동력으로서 여성들로 대체된 일자리에서 남성들은 사회적으로 만성적인 실직 상태에 놓이게 되었다(매우 야비한 표현이기는 하지만 어의가 전승된 '기둥서방' 이라는 말). 한국 액션영화에는 과거의 남성성에 대한 향수가 담겨 있다. 그러므로 그 안에 뒤틀린 봉건적 가치체계와 유교적 이데올로기가 담겨 있는 것은 어쩔 수 없는 일이다.

그러나 1966년 이후 〈용문객잔(龍門客棧)〉, 〈의리의 사나이 외팔이(獨臂刀)〉 등 홍콩 무술영화의 수입과 함께 한국 액션영화는 크게 변질되었다. 대부분의 액션영화들은 무술 액션 장면의 기교에 집중하기 시작하였으며, 그 과정에서 한국 액션영화들은 국적불명이 되었다. 그 이후 새로운 스타일의 1970년대 액션영화의 정점은 이두용의 〈용후대련〉(1974)에서 보여졌다. 그러나 이 영화들은 사실상 홍콩 액션영화의 '조잡한 카피' 이상을 넘지 못했으며(무엇보다도 홍콩영화 스타 이소룡 영화의 카피), 홍콩 쇼 브라더스(邵氏兄弟有限公司)와 골든 하베스트(嘉禾電影公司)의 한국 영화사들과의 적극적인 합작은 이 장르를 거의 전멸시켰다. 1980년대에 주목할 만한 액션영화가 거의 만들어지지 않은 것은 그 증거이다. 액션영화의 부흥과 그 가치의 새로운 평가를 불러일으킨 것은 임권택의 〈장군의 아들〉(1990) 덕분이다. 이 영화는 그해 대중적으로 가장 성공하였으며, 그 이후 액션영화들은 다시 대중적 장르 안으로 돌아왔다. 그러나 이 액션영화들은 신기하게도 1960년대 '깡패' 영화의 재현이 되었으며, 곽경택의 〈친구〉(2001)는 거의 전통에 대한 노스탤지어에 기대어 큰 성공을 거두었다. 또한 드문 일이지만 류승완은 자신을 스스로 액션영화 감독으로 정의하고 이 장르의 부활에 힘을 더하고 있다. 하지만 그 안에서 거듭 반복되고 있는 것은 남성성의 재구성이라는 멜로드라마적 감상주의의 되풀이다[예를 들면 유하의 〈말죽거리 잔혹사〉(2004)]. 그러므로 이 액션영화들은 그 모든 노력에도 불구하고 반동적인 추억에 잠길 수밖에 없다.

코미디: 유머 없는 웃음, 혹은 장르의 잡종

한국영화에서 코미디는 자기의 정체성을 갖지 못하고 있는 일종의 혼성(hybrid) 장르이다. 한국영화에는 '엎치락뒤치락' 슬랩스틱 코미디의 전통이 없다. 그것은 한국에 서커스의 전통이 없기 때문일 것이다(찰리 채플린이나 버스터 키튼이 모두 서커스 단원 출신이었다는 점을 생각해 보라.). 사실상 슬랩스틱 코미디는 서커스의 영화적 버전이며 거기서 진화하기 시작했다. 그러나 근대화 이후 한국에 들어온 서커스는 영화와 만나지 못했다. 한국영화에서 코미디가 시작된 것은 토키 영화 이후이다. 1960년대까지 대부분의 코미디는 소시민층을 배경으로 한 가족 코미디가 대부분이며, 멜로드라마에서 홈드라마를 해피엔딩을 목표로 밝고 명랑하게 다룬 것에 지나지 않았다. 그래서 이 코미디들과 멜로드라마 사이의 경계는 매우 모호하게 남았다. 대부분의 대중 관객들은 비극을 보면서 카타르시스를 느꼈고 코미디는 매우 저속하게 여겨졌다. 신파의 영향을 받은 대중적 교양의 한계도 있지만 실제로 좋은 코미디 영화가 만들어지지 않은 것도 이유였다. 무엇보다도 1960년대 한국 코미디영화에는 풍자정신이 없었다. 코미디 영화에 책임이 있기보다는 매우 긴 시간 동안 한국영화를 짓누른 검열의 결과였을 것이다. 사태를 더 나쁘게 만든 것은 코미디영화에 주로 등장한 매우 적은 숫자의 스타들이 1960년대 후반 텔레비전 방송국의 개국과 함께 대부분 브라운관으로 옮겨감으로써 갑자기 코미디 영화의 전통은 단절된 것이다. 그 이후 거의 25년간 코미디의 전통은 단막극 형식으로 텔레비전에서 이어졌다. 1980년대의 코미디라면 '토속 에로물'이라는 기묘한 형식을 취한 〈변강쇠〉(1986, 엄종선)와 그 변주들일 것이다.

코미디를 다시 한국영화 안으로 끌어들인 사람은 강우석이다. 그는 액션 영화와 코미디를 뒤섞은 〈투캅스〉(1993)로 한국영화 대중 관객들에게 영화관에서 웃는 방법을 가르쳐주었다. 코미디가 한국 버블(bubble) 경제와 함께 도착한 것은 매우 의미심장한 지표이다. 웃음은 대중과 영화 사이의 상관관계에 대한 대답으로 보였다. 한국영화에서 코미디 영화의 장르로서의 자리는 사실 1990년대 이후에 마련된 것이라고 보아야 할 것이다. 이 코미디 영화들도 재빨리 멜로드라마의 정서에 기대었다. 1960년대 코미디영화의 주류가 홈드라마의 버전이라면 1990년대 코미디는 로맨스 멜로드라마의 각색이다. 이 코미디들에서 웃음을 통해서 세상을 풍자하고 있는 저항의 칼날을 기대하기란 거의 불가능해 보인다. 매우 긴 시간 동안 쌓아온 텔레비전 코미디 드라마들의 웃음과 경쟁해야 하는 한국영화의 코미디들은 아직 역부족이다(이를테면 〈내 이름은 김삼순〉에 비견할 만한 대중적 공감대를 이끌어낸 21세기 한국 코미디영화가 있을까?). 코미디영화들은 아직 자기의 정체성을 찾지 못한 채 온갖 장르의 잡동사니가 되어 다른 장르를 비트는 방식에서 웃음을 찾고 있으며(이를테면 〈가문의 영광〉, 〈신라의 달밤〉, 〈조폭마누라〉),

다른 한편으로는 신중하게 다른 장르의 영화 안에서 자신의 가능성을 모색하고 있다(이를테면 〈넘버 3〉, 〈반칙왕〉, 〈플란다스의 개〉). 그런 의미에서 코미디는 지금부터 자기의 역사를 써나가기 시작한 장르이다.

그리고……

물론 이 장르들 이외에도 다양한 장르들이 한국영화의 대중성을 구성하고 있다. 그러나 대중성의 저 아래 자리 잡고 있는 것은 한국의 근대사 안에서 버텨온 한반도 안의 삶이다. 한국영화의 장르는 그것을 언제나 보수적으로 수용하여 왔으며 사회적 재구성의 방식으로 발전시켜 왔다. 게다가 이 장르들은 대부분 수입된 것이었기 때문에 일정 정도의 왜곡과 변형은 불가피했다. 한국영화에 반영된 대중성이 온전하게 한국 근대사의 반영이라고 말하기 어렵다. 한국의 장르영화들이 역사의 피와 살을 얻기 위해서는 반성적 성찰이라는 사유가 더해져야 할 것이다. 그것이 이 장르영화들이 환골탈태하여 우리의 대중성 안으로 들어오는 길이 될 것이다. 아직은 아니다. 지금 논의되어야 할 것은 결국 진정성이다. (정성일, 「한국 장르 영화의 네 가지 변주」)

4. 문제해결형 글쓰기

외환위기를 극복하는 과정에도 한국경제는 꾸준히 성장해왔습니다. 국민의 정부에 이어 참여정부 들어서도 4% 안팎의 꾸준한 성장세를 보였지요. 하지만 일자리가 바라는 만큼 늘어나지는 않았습니다. '일자리가 늘어나지 않는 경제성장' 또는 '고용 없는 성장' 현상이 나타난 것입니다. 이 기간에 생산성을 가장 빠르게 높였고, 가장 높은 성장률을 기록한 산업이 제조업입니다. 내수가 부진한 가운데 폭발적인 수출 증가를 일으켜 경제성장을 떠받친 것도 제조업입니다. 그런데 제조업 분야 일자리는 오히려 줄었습니다. 이상할 것도 없는 일입니다. 워낙 빠른 기술의 발전 덕분에 적은 사람을 쓰면서도 더 많이 생산할 수 있게 되었기 때문이죠. 2006년 GDP에서 제조업이 차지하는 비중은 28%였습니다. 그런데 이 분야 취업자 비중은 18%밖에 되지 않습니다. 경제성장을 주도했고 성장률이 제일 높은 제조업인데, 정작 제조업 분야 취업자 수는 줄어든다? 경제성장률을 높인다고 해서 반드시 일자리가 늘어나는 것은 아니라는 이야기입니다.

정치인들은 너나없이 일자리를 창출하겠다고 외칩니다. 그런데 방법을 구체적으로 제시하는 정치인은 별로 없습니다. 저는 아직 보지 못했습니다. 일자리를 만드는 방법과 전략을 찾지도 못한 상태에서 국민의 소망에 화답은 해야겠고, 그러다 보니 구호만 외치는 것이지요. 그런 분들은 대통령과 정부가 한눈을 팔아서 그렇다고 비난합니다. 그러나 세상 어느 정부가 일자리를 만들려는 의지가 없어서 일자리를 만들지 않겠습니까. 뾰족한 방법을 찾지 못해서 그렇습니다. GDP가 해마다 4% 넘게 늘어나는데도 일자리가 늘어나지 않는다면, 무엇인가 구조적인 원인이 있다고 봐야 하지 않을까요? 그렇습니다. 이유가 있습니다.

첫째는 생산성 향상입니다. 기업들은 노동력을 절약하는 기술혁신에 언제나 큰 관심을 지니고 있죠. 컴퓨터와 자동제어장치, 정보통신 등 신기술은 대부분 노동력을 절약하는 쪽으로 작용합니다. 기업들은 더 적은 수의 종업원을 고용하면서도 과거보다 훨씬 더 많이 생산합니다. 그래야 치열한 국제 경쟁에서 살아남을 수 있는 것이죠. 고용증가율이 생산증가율을 따라가지 못하는 건 일반적인 현상이지만, 제조업 분야에서 특히 두드러집니다. 오늘날 제조업 분야에서 한국 기업들이 10억 원어치를 생산하는 데 필요한 종업원은 네 명도 되지 않습니다. 정보통신 산업의 경우는 이보다 더 적은 인원이 일합니다. 생산성 향상이 가장 빠른 제조업 분야의 취업자 수는, 지난 10년간 절대적으로 감소했습니다.

둘째는 서비스 시장 발전 지체입니다. 이 문제는 조금 깊이 데이터를 들여다보아야 정확하게 알 수 있습니다. 통계청이 발표한 「2006년 인력실태조사」의 '평소취업자' 구성을 살펴봅시다. 평소취업자는 최근 1년 동안에 6개월 이상 취업하거나 구직활동을 한 사람을 가리킵니다. 일반적인 취업자 통계와 약간 차이가 있기는 하지만, 노동시장 상황을 살피는 데는 이것이 오히려 더 적합한 면이 있습니다.

2006년 평소 취업자는 2,318만 명입니다. 제조업 종사자는 19.5%인 452만 명입니다. 그렇다면 우리 국민들은 제조업 말고 다른 어떤 일을 하며 살아가는 것일까요? 역사와 전통을 자랑하는 농림어업 분야의 취업자는 약 11%인 259만 명입니다. 시골에서 농사를 짓는 어르신들이 대부분 여기 포함됩니다. 건설업 종사자는 7.8%인 182만 명입니다. 제조업과 농림어업, 건설업을 제외한 나머지 평소취업자는 거의 모두 서비스업으로 분류됩니다. 평소취업자 셋 가운데 둘이 서비스업에 종사합니다. [……]

우리 국민들의 압도적 다수가 서비스업에 종사하며, 또한 각종 서비스를 구입하는 데 거기서 번 돈의 대부분을 씁니다. 아이들 등록금과 학원비, 보육비, 유학 간 자녀가 있는 경우 유학비, 가족 외식비, 영화 관람과 국내외 여행 등 문화비, 출퇴근 교통비와 휴대전화 · 인터넷 통신비, 여름 휴가비, 주택 담보대출 이자, 편찮으신 부모님의 병원비 등등. 이 모든 지출이 다 서비스를 구입하기 위해 지불하는 비용입니다. 여러분도 지난 1년치 가계부를 다시 들여다보면, 제조업 생산품을 구입한 데 쓴 돈보다 각종 서비스를 구입하는 데 쓴 돈이 훨씬 많다는 사실을 새삼 깨달으실 겁니다.

새로운 일자리는 서비스업에서 생깁니다. 이 사실을 외면한 채 일자리를 만들자고 아무리 외쳐본들 소용이 없습니다. 제조업을 중심으로 수출을 늘리고 경제성장률을 올려도 일자리는 우리가 바라는 만큼 늘어나지 않습니다. 노동력을 절약하는 기술혁신의 속도가 제조업의 생산 증가 속도를 앞지르는 한, 생산이 늘어도 제조업 일자리는 늘어나지 않는다는 것이지요. 일자리를 늘리기 위해서는 우리나라의 서비스업 수급상황을 그대로 살펴보고, 국내와 해외 시장에 수요가 이미 존재하는데도 공급이 따라가지 못하는 서비스 업종이 어느 것인지를 찾아 신속하게 시장이 형성되도록 해야 합니다. 시장이 생기고 서비스를 생산하려는 공급자가 나타나야 거기서 일할 사람을 찾는 수요가 생깁니다. 경제학 교과서에서 노동력 수요를 가리켜 파생적 수요라고 하는 것은 이런 이치 때문입니다. (유시민, 「대한민국개조론」 중에서)

문제해결

문제해결식 구성의 특징

일반적으로 현상—원인—해결책의 순서로 구성한다.

① 현상: 서두나 본문의 앞부분에서 문제가 될 만한 현상을 제시한다.

문제를 과장하지 말아야 한다.

객관적이고 공정한 태도로 사실을 최대한 중립적인 입장에서 다루고 있다는 인상을 주는 것이 중요하다.

글을 쓸 만한 가치가 있는 문제를 제기해야 한다.

② 원인: 현상에 대한 원인을 진단한다.

원인 분석은 가능한 한 구체적이고 세부적으로 해야 한다.

모든 문제를 뭉뚱그려 하나의 원인으로 환원하는 오류를 피해야 한다.

원인과 해결책은 1대 1로 대응해야 한다.

③ 해결책: 원인에 따른 해결책을 소개한다.

대책을 지나치게 세세하고 전문적으로 제시할 필요는 없다.

그러나 문제의 해결을 위해 반드시 인식하고 있어야 하는 핵심 사항이 무엇인지를 지적해주는 것은 중요하다.

제기된 문제의 근본 원인을 발본색원할 수 있는 대책일수록 설득력과 타당성을 높일 수 있다.

지나치게 일반적이고 상식적인 해결책을 피하고 현실적으로 실현 가능한 대책을 제시해야 한다. 또한 의식 개혁에 호소하는 캠페인성의 대책도 적절치 않은 경우가 대부분이다.

인과형 구성의 특징

'현상', '원인', '해결책' 가운데 한두 요소가 강조되거나 생략되기도 한다. 그중 가장 보편적인 유형으로는 해결책이 생략된 '원인-결과' 형이 있다. 이는 크게 보아 시간적 구성의 한 유형으로도 볼 수 있는데, 어떤 현상이나 존재를 결과로 보고 그것이 어떻게 해서 일어나게 되었는지를 밝히는 글이다.

✓ 앞의 글의 필자는 '고용 없는 성장'을 문제점으로 제시한다. 이것은 충분히 이야기될 만한 가치가 있는 문제라는 점에서 적절하다고 할 수 있다. 이러한 현상이 야기되는 원인으로 필자는 생산성 향상과 서비스 시장 발전 지체를 들고 있다. 그리고 이를 해결하기 위해 수요가 존재하나 공급이 따라가지 못하는 서비스 업종을 찾아 신속하게 시장이 형성되도록 해야 한다고 주장한다. 생산성 향상으로 제조업 분야의 일자리는 더 이상 늘어날 가능성이 적으니 서비스 시장 발전 지체 현상을 해결해야 한다는 것이다.

이처럼 문제해결식 유형의 글쓰기에서 중요한 것은 원인 진단과 처방 제시가 유기적으로 상호 관련되어야 한다는 것이다. 문제의 해결책은 언제나 문제가 발생하게 된 근본 원인을 해소하는 데 초점이 맞추어져야 한다.

연습문제 1

아래의 글을 읽고 '현상', '원인', '해결책'에 해당되는 내용을 찾아 정리해보시오.

근대 역사학을 태동시킨 19세기 유럽의 역사문화는 국민국가의 탄생 · 발전과 짝을 이루어 전개되었다. 이 무렵 사람들은 낭만적 민족주의의 동기에서 과거를 열광적으로 탐구했고, 갖가지 방식으로 재현해내었다. 기념물, 예술 및 문학작품, 의식(儀式), 그리고 고도로 세련되고 규율화된 형태의 역사학이 그것이다. 근대 역사학이 수립되어갈 때 많은 역사가들은 '객관적 진리의 탐구'에 봉사한다고 믿었으며, 또 이 신념을 설파했다. 그러나 현실적으로 행해진 당시의 역사서술과 연구는 이를 목표로 과학성을 표방하고 정제된 방법론을 구사했음에도 불구하고, 오늘날의 눈으로 보면 일정한 정치적 · 사회적 이해관계와 목적에 부합하고 있었다. 유럽의 근대 역사학은 일부의 개별적 예외가 없지 않으나 대부분이 당시에 비로소 형성되거나 공고해지던 국민국가(nation state)를 역사적으로 정당화하는 '집단기억'을 만들어내어 국민을 국민국가체제 내로 통합하는 일에 봉사하였다. 20세기 중반에 이르기까지 유럽 각국에서 다수의 역사가들은(심지어 다른 분야의 지식인들까지) 때로는 노골적으로, 때로는 암묵적으로 민족과 국민의 유구함과 영원성, 나아가 국가의 신성함을 설파하면서, 국가의 국민동원체제에 협조하거나 적어도 그러한 국가 정책의 시행에 도움이 되는 정신적 분위기를 만들어내었다.

근대 유럽의 국민국가들은 국민의 체제 내적 통합을 위해서, 또한 치열한 국가 간의 경쟁에서 우월한 지위를 확보하는 데 필요한 역량을 양성하기 위해서 초등 의무교육을 비롯한 각급의 교육체제를 정비하게 되었다. 이런 제도적 조건에서 역사학은 국가별로 시간과 강도의 차가 있지만 최초로 독일에서, 이어 프랑스 · 영국 · 이탈리아 등지에서 고등교육기관 즉 대학체제 내의 전문가 양성과정을 획득하였고, 또 그 이하 단계의 교육기관에서 국민교육을 위한 필수적이고 유효한 수단으로서 동원되었다. 역사학의 전문화와 제도화는 오랫동안에 이루어진 지적 활동의 발달에 의해서도 추진되었지만, 그 최종적 실현과정에서 국가의 지원과 역할은 매우 중요한 동력이 되었다. 더욱이 전문적인 역사학은 국민을 위한 역사교육이라는 일거리를 얻었을 때 안정된 제도적 기반을 마련하고 융성할 수 있었다.

익히 알려진 바대로 20세기에 두 번의 세계대전으로 체현된 유럽 문명의 파국적 경험은, 당시 국민적 · 민족적 정체성의 확립을 넘어서 타민족 · 타국민 · 타인종에 대한 자민족 · 자국민 우월감을 조장하는 지경으로까지 진전된 근대 유럽의 역사인식 및 선전, 교육과 무관하지 않다. 제2차 세계대전 이후 유럽에서 활발해진 역사인식의 방향전환, 유럽적 정체성(正體性)의 강조는 그들이 겪은 경험에 대한 반성과 긴밀한 관계를 갖고 있다. 역사 파악의 자세가 달라지고 이에 따라 역사교육의 목표와 방법이 달라진 것도 물론이다.

과거 자체가 아니라 현실적으로 존재한 인간의 과거 파악, 즉 역사학은 불가피하게 현재적 관심과 이해관계의 그물망 속에 놓이기도 하지만, 사료의 부족과 인간 능력의 한계로 과거의 작은 측면조차 남김없이 그려낼 수가 없는 불완전한 것이다. 그렇다고 해서 역사 파악의 진실성, 역사적 진리의 존재 가능성이 부정되는 것은 아니다. 건전한 상식을 가지고 있는 역사학도는 자기 작업의 결과가 나중에는 극복되고 수정될 것이라는 각오를 하고 있지만, 또한 수많은 동업자들의 노고가 모이고, 동업자 및 역사를 알고 싶어 하는 대중들과의 의사소통과 토론을 통한 검증 속에서 역사적 진리에 접근한다는 점을 인식하고 있다. 요컨대 역사적 진실은 부지런하고 겸허한 사람들의 노력 속에서 축적되고 공유되는 '의사소통적 진실'이다. 요즈음 널리 이야기되는 소위 포스트모더니즘의 논의를 빌리지 않더라도 우리는 경험적으로 시간이 흘러가면서 과거에 대한 우리의 이해가 변화하고, 그 심도가 깊어지고 시야가 넓어지며, 또 알고 싶어 하는 과거의 측면, 즉 연구 주제와 대상이 달라져왔고, 하나의 대상도 보는 관점에 따라서 상호보완적이거나 상충하는 다양한 역사상이 그려질 수 있다는 제한성을 알고 있다.

역사의 과학성은 최소한도로 역사인식의 이러한 속성을 이해하는 데서 출발한다고 하겠다. 유럽인들이 2차 대전 이후부터 개선해온 역사교육은 이런 점을 전제하여 학습자들의 '역사의식' · '역사적 사고'를 함양하는 데 주된 초점을 맞추고 있다. 그리하여 역사교육은 어린 학생들이 역사인식의 이러한 원리적 속성을 인식하고, 제한된 학습 상황에서 이를 실천하는 '방법지향적' · '문제지향적' 구조를 따르고 있다. 즉 역사교육에서 추구하는 과거청산은 단순히 과거의 잘못을 인식하는 것, 즉 일종의 모범답안을 일방적으로 흡수하는 것만이 아니다. 사회 전체가 그러한 과거를 생성하는 데 긴밀히 연관되어 있던 과거의 오만한 역사학 · 역사파악 자세를 반성함으로써, 역사를 학습하는 이들이 역사학의 특유한 작업 경로를 통해서 비판적 이성을 갖춘 '작은 역사가(little historian)'로 형성되도록 하는 것이다. 이러한 의미에서 역사학 · 역사교육은 단순히 완제품으로서의 집단기억과 역사상을 전달하는 것이 아니라, 학습자가 학습과정을 종료하고 나서도 시간의 흐름과 상황의 변동에 따라 기억을 지속적으로 수정 · 관리하는 역동적 과정이 되어야 하는 것이다. (김유경, 「국민국가의 집단기억과 역사교육 · 역사교과서」 중에서)

연습문제 2

아래의 글을 읽고 '현상', '원인', '해결책'에 해당되는 내용을 찾아 정리해보시오.

인류의 미래가 어떤 모습을 하든, 미래에는 지식이 지금보다 훨씬 더 중요해지리라는 점만은 분명하다. 이용 가능한 지식은 빠르게 늘어나고 있을 뿐 아니라 늘어나는 속도 자체가 가속되고 있다. 자연히, 지식을 다루는 기술도 점점 중요해지고 있다. 실제로, 지식을 다루는 기술은 이미 개인에게나 사회에게나 생존에 결정적 영향을 미치고 있다. 지식 산업의 갑작스러운 출현과 발전은 이 사실을 가리키는 또렷한 징후다. 안타깝게도, 우리 사회는 지식의 생산과 소비에서 상당히 뒤떨어졌다. 더욱이 우리의 결정적 취약점은 우리가 이미 모습을 드러내기 시작한 '지구제국'의 변두리에 자리잡았다는 사정이다. 정보와 지식은 제국의 중심부에서 대부분 생산되고 유통되고 소비된다. 따라서 우리 사회로서는 중심부에서 생산되는 지식을 효율적으로 흡수하는 것이 중요하다. 생존에 필수적일 만큼 중요하다.

이런 사정은 지금 우리 사회에서 정보와 지식의 유통에 장애로 작용하는 것들을 걷어내는 일을 요구한다. 문명이 발전하면, 문명의 중심부와 변두리 사이의 '지식의 물매'는 점점 싸진다. 지금 우리 사회와 중심부인 서양 사이에 있는 지식의 물매는 무척 싸다. 그러나 지식의 유입을 막는 장애들 때문에 실제로 우리 사회에 들어오는 정보들과 지식들은 아주 적다. 그나마 제때에 들어오지도 못한다. 그런 장애들은 경제 분야의 보호 무역 장벽에서부터 문화 분야의 국수적 장벽에 이르기까지 다양하다. 그런 장벽들은 예외 없이 그것들에서 이득을 얻는 집단들에 의해 끊임없이 보수되고 높아진다. 그리고 민족주의적 성향의 지원을 얻어, 그런 장벽들은 거의 언제나 당연하고 사회에 이로운 것으로 선전된다. 그것들의 정체와 그것들이 끼치는 해악들을 널리 알리는 일은 긴요하다.

정보와 지식의 교류를 막는 기술적 장벽을 낮추는 방책들도 마련되어야 할 것이다. 세계적 표준으로 채택된 것들은 우리도 채택해서, 그것을 전환할 경우 들게 되는 큰 비용을 줄이는 일이 긴요하다. 지금 그런 기술적 장벽들 가운데 가장 큰 비용을 강요하는 것은 언어다. '지구 제국'이 나타나면서, 국제어의 필요성은 부쩍 커졌고, 현대에 세력이 가장 컸던 영어가 자연스럽게 그 자리를 차지했다. 언어는 사람의 삶에서 워낙 기본적인 도구이므로, 영어를 잘 쓰는 능력은 이제 모든 사람들에게 중요한 기술이 되었고 그 기술에서의 조그만 차이도 결정적 중요성을 지니게 되었다.

그런 사정을 반영해서, 지금 우리 사회는 영어를 잘 쓰는 기술에 큰 투자를 하고 있다. 비록 그런 투자는 대부분 개인들에 의해 자발적으로 이루어지지만, 그 규모는 무척 크다. 아쉽게도, 그런 투자의 효율성은 그리 높지 않다. 그런 투자를 효율적으로 만드는 사회적 기구들이 너무 부족하기 때문이다. 그런 사회적 기구들 가운데 가장 중요한 것은 영어를 공용어로 삼는 일이다. 영어가 공용어가 된다면, 개인들의 단편적 투자가 훨씬 큰 효과를 낼 수 있을 것이다. 이미 영어를 공용어로 삼은 나라들이 거두는 혜택들은 많고 크다. 단편적인 예를 하나 들면, 그런 나라들에선 CNN이 세계의 소식들을 실시간으로 알려 주지만, 우리 사회의 텔레비전들은 그것들 가운데 일부만을 아주 압축해서 방영한다. 비록 작지만, 그런 차이들이 모인 장기적 효과는 결코 작지 않다. 시민들이 영어를 더 잘 듣고 말하는 것만이 아니라, 나라 밖 사정에 대한 시민들의 안목까지 영향을 받을 것이다. 이젠 우리 사회에서도 영어를 공용어로 삼는 일을 진지하게 논의할 때가 되었다.

물론 영어를 공용어로 삼는 일은 지금 우리의 감정에 너무 거슬린다. 우리말이기 때문에, 개인적으로 상당한 손해를 보더라도 우리는 우리말을 아끼고 써야 한다는 주장에 심정적으로 동의하지 않을 사람이 과연 몇이나 되겠는가? 그러나 자연스러운 것이 늘 합리적인 것은 아니다. 이미 이 땅에 태어난 사람들은 모두 조선어에 큰 투자를 했다. 물질적으로만이 아니라 감정적으로도. 그런 사람들이 아주 큰 값을 치르더라도 조선어를 쓰겠다고 하는 것은 당연하고 합리적이다. 그러나 아직 태어나지 않은 세대들까지 미리 그런 판단으로 구속하는 것이 옳을까? 그들에게 국제어인 영어와 민족어인 조선어 가운데 자신들의 삶에 나은 것을 모국어로 고르도록 하는 것이 합리적이지 않을까?

이 물음에 대해 그들도 조선어를 쓰도록 하는 것이 당연하다고 선뜻 답변 하는 사람들에게 나는 간단한 사고 실험을 해 볼 것을 요청한다. 만일, 막 태어난 당신의 자식에게 영어와 조선어 가운데 하나를 모국어로 고를 기회가 주어진다면, 당신은 자식에게 어느 것을 권유하겠는가? 한쪽엔 영어를 자연스럽게 써서 세상의 모든 사람들과 쉽게 어울리고 일상과 직장에서 아무런 불이익을 보지 않고 영어로 구체화된 많은 문화적 유산들과 첨단 정보들을 쉽게 얻는 삶이 있다. 다른 쪽엔 조상들이 써온 조선어를 계속 쓰는 즐거움을 누리지만 영어를 쓰는 것이 힘들고 괴로워서 다른 나라 사람들과 어울리는 것을 기피하고 평생 갖가지 불이익을 보고 힘겹게 세상 사람들과 경쟁해야 하는 삶이 있다. 당신은 과연 어떤 삶을 자식에게 권하겠는가? 아예 그에게서 선택권을 앗겠는가? 당신의 자식은 아직 조선어를 배우고 쓰지 않아서 조선어에 대한 심리적 투자가 없고, 자연히, 조선어에 큰 애착을 지니지 않은 터에?

영어를 공용어로 삼으면, 우리의 전통적 문화가 해를 입으리라는 주장도 있다. 이것은 언뜻 보기에 그럴듯하고 많은 동조자들을 얻을 주장이지만, 그 근거는 아주 부실하다. 전통과 문화는 그것들이 사람들이 살아가는 방식에 영향을 미치는 한도에서 뜻을 지닌다. 만일 우리 전통과 문화가 우리 후손들에 의해 국제어로 구체화된다면, 그것들은 지금 조선어로 구체화된 것보다 훨씬 많은 사람들에 의해 향유될 것이고, 자연히, 훨씬 큰 활력을 지닐 것이다. 그렇게 되면, 우리 민족은 하나로 통합된 인류 문명을 이루고 발전시키는 데서 정당한 우리 몫을 할 것이다. 지금 우리 문화가, 과학이든 예술이든, 과연 인류 문명에 얼마나 큰 공헌을 하고 있는가? '박물관 언어'가 된 우리 민족어를 배우고 연구하는 학자들은 늘 나올 터이므로, 조선어로 구체화된 우리 전통과 문화에 우리 후손들이 접근하지 못할 위험은 거의 없다. 지금 우리 시민들 가운데 한문을 제대로 배운 이들은 얼마 되지 않으며, 더욱이 실상 젊은 세대들에선 한자를 제대로 아는 사람들도 드물지만, 한문으로 구체화된 우리 문화유산들을 우리가 그리 어렵지 않게 대할 수 있는 것과 마찬가지다.

언어는 도구다. 언어가 사람에게 아무리 중요하다고 해도, 그리고 모국어가 우리에게 아무리 소중하다고 해도, 언어가 도구라는 사실은 바뀌지 않고 그것을 우상으로 떠받드는 것이 비합리적이라는 사실은 오롯이 남는다. 외국 문물의 유입에 대한 장벽을 낮추는 일은 언제나 거센 민족주의적 반발을 불러온다. 농산물 시장을 여는 일이 맞은 저항은 이 점을 잘 보여 주었다. 언어가 민족주의에서 핵심적 지위를 차지하므로, 영어를 공용어로 삼는 일은 특히 거센 반발을 불러올 것이다.

이렇게 보면, 우리 사회의 거센 민족주의를 다스리는 일은 21세기를 맞는 과정에서 핵심적 조치라는 것이 드러난다. 실제로 우리에게 가장 어려운 과제는 민족주의가 거의 비적응적 형태가 된 지금 우리 사회의 거센 민족주의적 성향을 어떻게 다스리느냐 하는 것이다. 독도 문제에서 보듯, 우리 사회에선 국수주의적 주장들이 칭송을 받고 합리적 주장들은 거센 비난을 받는다. 실은 민족주의적 감정을 불러오는 문제들에 대해서는 차분한 논의조차 어렵다. 민족주의적 열정은 어느 사회에서나 '위험한 불' 이다. 작은 사회들에선 특히 위험한 불이다. 그 불을 다스리는 일에서의 성공 여부는 우리 사회의 발전에 결정적 영향을 미칠 것이다. 그리고 그 어려운 일은 자유주의 지식인들의 용기 있고 끈질긴 노력을 요청한다. (복거일, 「국제어 시대의 민족어」 중에서)

연습문제 3

아래의 글을 읽고, 동물원 탄생의 원인을 정리하여 한 문단으로 써보시오.

하겐베크의 '사람 쇼'가 큰 성공을 거둘 수 있었던 이유는 '이국' 사람들을 '있는 그대로' 전시했기 때문이었다. 가령 쇼의 배경 그림을 아주 공들여 만드는 과정에서 전시의 신빙성을 높이기 위해서, 정말 진짜 같은 환경을 만들려고 애쓰곤 했다. 목표는 독일에 인도 · 북아프리카 · 그린란드 · 아메리카 대평원에 있는 마을을 재창조하여 관람객들을 아주 그럴듯한 장소로 데려다 주는 것이었다. 그러나 결국 이들 쇼는 자신들이 내세운 자부심의 무게에 짓눌려 주저앉고 말았다.

쇼가 결국 실패하고 만 데는 여러 가지 이유가 있다. 먼저 식민지 확보를 통해 건설되는 '제국'에 대한 낙관적 전망이 1890년대와 20세기로 들어서면서 일어난 원주민들의 심각한 저항과 반발로 상당히 시들해졌다. 이는 정보와 국민들이 아프리카 · 아시아 · 남태평양에 독일 국가들을 세운다는 전망을 온정적으로 받아들였던 독일의 경우에는 특히 더했다. 물론 이런 생각에 대한 미련은 1차 세계대전을 겪으면서 거의 사라졌다. 전쟁의 경험은 유럽 여러 국가의 국민과 정부에게 무력외교가 어떠한 결과를 낳을 수 있는지에 대하여 암울한 교훈을 가르쳐 주었던 것이다. 식민지 침략의 광채와 유럽에서 멀리 떨어진 식민지령들이 복구 불가능할 정도로 타격을 입자, '사람 쇼'의 관람객들은 쇼가 보여주려 하던 질서정연하고 행복한 세상에 대하여 점점 비판적으로 변했다.

둘째로 외국인들을 '연구하기' 위해 관찰자가 대상으로부터 되돌아오는 시선에 불편을 느끼지 않고 관찰할 수 있는 사진과 영화의 인기가 점점 더 선호되면서, 인류학적 기록영화나 유명한 지리학 잡지가 쇼의 자리를 대신하게 되었다. '사람 쇼'와는 달리 이 새로운 입장은 더 엄격한 신빙성을 요구했다. 마지막으로 가장 중요한 점은 하겐베크가 제시하던 '실제에 대한 환상'이 유지되기 힘들었다는 사실이다. 그것은 이 회사가 '진짜' 원주민들을 발견할 수 없었기 때문이다. 즉 회사는 원시성에 대한 대중적인 기대에 부응하면서 유럽으로 기꺼이 오겠다는 사람들을 찾을 수 없었던 것이다.

과학적으로 인정받는 전시라기보다는 장터의 기괴한 쇼에 가깝다는 회의론이 점점 확산되는 현실에 자극받으면서도 '진짜 원주민들'을 보고 싶다는 대중들의 열망을 부추기면서, 하겐베크는 관람객들에게 '실제' 이국 땅의 '실제' 마을에 있는 '실제' 원주민들을 보고 있다는 확신을 심어주려고 노력했다. 하지만 그런 실제 '원주민들'은 그를 도우려 하지 않았다. 그들은 자신의 목소리를 냈다. 그들은 유럽을 방문하는 동안 유럽인들처럼 옷을 입고 싶다는 점을 분명히 했다. 그들은 자신들도 유럽인들만큼 술과 담배와 유흥을 즐긴다는 점을 분명히 했다. 그들은 팁을 요구하기도 하고, 독일어와 프랑스어와 영어로 그 나라 사람들과 당당하게 거래할 수도 있다고 밝힌 것이다.

하겐베크는 1902년 함부르크와 슈텔링겐 접경에 있는 땅을 매입하고 새로운 동물공원 건설을 시작했다. 그는 새 동물공원 건설의 목적에 대해 다음과 같이 말했다. "동물들을 가장 자유로운 상태로 두며, 동시에 새 풍토에 얼마나 잘 순응할 수 있는지도 입증하려고 했다. 나는 동물을 사랑하는 사람들에게 실용적이고 지속적인 실례를 들어서, 동물들을 위해서 대형 난방 시스템이 있는 화려하고 비싼 건물을 지을 필요가 없다는 사실을 보여주고 싶었다. 대신 동물들을 바깥에 살게 하여 기후에 적응하도록 하는 것이 훨씬 더 나은 방법이다."

1907년 5월 1일 슈텔링겐에 있는 하겐베크의 새 동물공원이 문을 열자 바로 드러난 사실은 열대 동물들을 온실 같은 비싸고 덥고 습한 건물에 살게 할 필요가 없다는 하겐베크의 말이 옳았다는 점이다. 동시에 이 사업가의 새 시설은 이국 동물을 어떻게 사육하고 전시할 수 있느냐 하는 문제에 대하여 완전히 새로운 시각을 보여주었다. 하겐베크는 자신의 작품을 '동물 낙원'이라고 불렀는데, 이는 자신의 공원을 성경의 낙원에 빗댄 것이었다. 즉 "동물들이 함께 조화를 이루고 살며 생존투쟁이 사라지는" 공간이었다.

1870년대에 처음으로 동물 조련을 실험하면서 모으기 시작한 자료를 이용하여 하겐베크는 수많은 동물들의 점프 능력을 정리한 바 있다. 이 통계치를 바탕으로 하겐베크는 이 시기 동물공원들이 필수품으로 여겼던 창살과 울타리가 없는 동물 우리를 고안해냈다. 그리하여 하겐베크는 식물로 가려져 있거나 천연 연못 역할을 하는 해자를 만들어서 동물을 다른 동물로부터 그리고 사람들로부터 분리시켰다. 그런데 이보다 더 큰 혁신은 하겐베크가 공원 배치를 하면서 별도의 여러 동물 구역을 동시에 볼 수 있도록 했다는 사실이다.

관람객들은 한눈에 작은 물줄기 너머 강둑처럼 보이는 곳에 오리와 홍학과 작은 사슴들이 거니는 모습을 볼 수 있었다. 그 너머로는 더 큰 영양과 타조와 얼룩말이 떼지어 다니고 있었고, 그보다 훨씬 뒤편에서는 사자가 물구덩이나 바위 동굴 곁에 앉아 쉬면서 이들을 바라보고 있는 듯했다. 전체 파노라마를 지배하는 듯한 바위투성이 절벽이 야생 염소와 독수리에게 서식 공간을 마련해 주고 있었다. 하겐베크는 이렇게 썼다. "슈텔링겐 동물공원에서 관람객은 한겨울에 아프리카 타조가 눈 목욕을 한다든지 혹한 속에서도 즐겁게 뛰어노는 것처럼, 전에는 본 적 없는 장면을 목격하게 된다." (니겔 로스펠스, 「동물원의 탄생」 중에서)

연습문제 4

아래의 예문을 읽고 반한류 현상의 원인과 그에 대한 해결책을 담은 한 문단을 완성해보시오.

일본에서의 '겨울연가' 열풍에 이어 중국 대륙을 휩쓴 '대장금' 바람은 다시금 한류의 힘을 보여주었다. 한류는 아시아를 넘어 계속 확산되는 추세이다. 이런 가운데 중국·일본 등지에서 반한류(反韓流), 혐한류(嫌韓流)라는 말들이 심심찮게 나오고 있다. 한류에 대한 반작용이며 역풍인 것이다. 한류를 재점검, 반추하고 향후 발전 방향을 진지하게 모색해 볼 때이다.

반한류와 혐한류 움직임은 간과할 수 없는 문제이다. 중국의 반한류는 대장금 열풍에서 보듯 한류의 영향력에 대한 경계론과 위기감의 표출로 이해된다. 한류는 일시적이고 표면적인 현상이라는 식자층의 분석도 가세하고 있다. 지난해 일본에서 발간된 만화 '겐칸류'(嫌韓流·혐한류)의 인기도 일본 사회 일각의 시각을 보여주고 있다. 이 같은 것들은 한류에 대한 나른한 문화적 우월의식에 젖어있을 상황이 아님을 말해준다.

전문가들 사이에서는 반한류와 혐한류의 주요 원인으로 한류의 '일방성'이 많이 지적된다고 한다. 한류의 일방적 수출과 타국의 일방적 수용 형태는 언제라도 역풍을 자아낼 구조적 모순을 갖고 있다는 것이다. 세계 곳곳에서 자행되고 있는 '어글리 코리언'의 행태도 한국 이미지의 훼손과 함께 반한류 정서 형성에 적잖은 역할을 했을 것이다. (경향신문 사설, 「한류를 되돌아보게 하는 '반한류' 정서」)

심화문제 1

아래의 예문을 참고하여 한국 대학의 문제점과 원인, 그에 대한 해결책을 담은 한 편의 글을 완성해보자.

사람의 가치를 저울로 잴 수 있다면 얼마나 편할까? 허나 사람의 가치는 객관적인 눈금으로 표시될 수 없기에, 그것을 평가하는 작업은 '공적인 논의'를 필요로 한다. 현재 대학이 남발하고 있는 명예박사학위도 마찬가지이다. 그것이 진정 '명예로운' 학위가 되려면, 학위를 받는 사람이 "우리나라 학술과 문화발전에 공헌을 하였거나 인류문화 향상에 지대한 공적을 나타낸 자"라는 기준에 부합하는지를 평가하려면, '반드시' 공개적이고 활발한 토론이 필요하다.

최근 고려대 총장은 삼성 이건희 회장에게 명예철학박사 학위를 수여하는 근거로 "신경영과 다양한 사회공헌활동", "한국경제를 대표하는 기업인", "올림픽 정신 확산" 등을 꼽았다. 반대하는 학생 측은 삼성이 무노조 경영으로 노동자의 정당한 권리를 짓밟았고, 대학본부가 학위수여를 위해 필요한 최소한의 합의 절차도 거치지 않았다는 문제를 제기했다. 일단 학위를 수여하는 기준에 대해서는 보는 사람마다 판단을 달리할 수 있으므로 넘어가자. 허나 이번 학위수여는 학위수여에 필요한 교내 합의를 거치지 않았다는 점에서 윤리적인 절차상의 문제(현행법에 따르면, 학위수여 권한이 대학에 있기에 법적으로는 문제가 없다.)를 가지고 있다. 그리고 학식 있는 교수님들이 학생들의 주장을 논리적으로 반박하지 않고 몸으로 대치했다는 것도 뭔가 대학이라는 곳의 모양새와 그리 어울리지 않는다. 기본적인 절차를 지키지 않았고 반대 논거를 반박할 만한 분명한 근거를 가지지 못했기에, 그리 '명예롭지 않은' 박사학위라는 점을 학교 스스로 증명한 셈이다.

더 한심한 일은 그런 몸싸움 뒤의 반응이다. 총장이 사과문을 발표하고 교무부총장과 처장단 9명의 교수가 일괄 사표를 제출했으며 청와대 경제수석과 정통부 장관이 학생들을 비판했다. 뭐, 이 정도는 한국 사회에서 재벌가 삼성이 가진 위치를 고려할 때 충분히 가능한 일이다. 〈조선일보〉는 고대 홈페이지에 오른 "미친개에는 몽둥이가 최고"라는 말을 따서 제목을 달고 거친 표현까지 여과 없이 보도하는 투철한 기자정신을 선보였다. 그리고 〈중앙일보〉는 "대학의 지성, 고작 이 수준인가"라는 사설을 실으며 학생들을 비난했다. 뭐, 이도 그런 언론사를 '조중동'이라 묶는 이유가 있을 터이니 그냥 넘길 만한 일이다.

정말 안타깝고 절망적인 것은 대학의 주인이어야 할 고대생들의 모습이다. 시위 참여한 학생들 상당수가 일반 취업과는 관련 없는 사범대 학생이라는 아주 생뚱한 비난은, 정말 어이가 없으니 그냥 넘어가자. 시위를 비난하는 학생들이 그토록 소중히 여기는 학교의 명예, 고려대의 명예, 학교와 교우와 동문의 명예란 무엇일까? 어떤 일이 있어도 폭력은 안 된다? 학교 평화가 사회정의에 앞선다? 그렇다면 고대생들이 명예롭게 내세우는 4 · 18 정신 역시 그다지 명예롭지 않은 일이다. 그리고 그 명예가 무엇인지 잘은 모르겠으나 다른 어떤 가치를 포기하더라도 지켜야만 한다는 점에서, 다른 어떤 것을 포기하더라도 노조는 안 된다는 삼성 이건희 회장의 명예와 많이 닮았다. 허나 그것을 과연 명예라 부를 수 있을까? 그리고 전 세계에 유례없는 '무노조 신화'를 새로운 경영철학으로 인정해버린 고려대의 명예는, 취업률로 표시되는 명예가 아니라 학문적인 명예는 어찌할 것인가? 과연 무노조가 글로벌 대학의 명예와 어울린다고 여기는 것인가?

고대생들의 열광적인 반응과 달리, 이건희 회장은 "20대의 청년기에 사회 현실에 애정을 갖고 참여하는 것은 자연스러운 일이고, 또 우리 사회가 한 단계 더 발전하기 위한 진통의 과정으로 볼 수 있는 일 아니냐"며 "좀 더 큰 틀에서 대범하게 바라보자"고 말했다. 흥분하며 고대 홈페이지를 도배했던 학생들이 들으면 무안하리만큼 참으로 관용적인 말이다. 분명 이 말은 명예롭다. 허나 이 명예로운 관용이 삼성 가족에게는, 삼성의 노동자에게는 베풀어지지 않으니 참으로 기묘한 관용이고 제한된 명예인 셈이다.

명예의 문제를 떠나 한국 사회에서 학위 '장사'의 악순환은 진작 그 고리가 끊어져야 했고 공개적인 논의의 장에 올랐어야 했다. 맥아더가 서울대 명예박사 학위 1호로 기록되듯, 우리 대학의 명예박사학위는 끊임없이 권력과 자본에 빌붙어 왔다. 통계로 보면 한국인에게 수여된 학위 중 81.3%를 교육계, 경제계, 정관계 인사가 차지한다고 한다. 식견이 짧아서일지 모르나 내가 아는 한, 한국 사회에서 그런 계통의 사람들이 인류문화는 고사하고 한국의 학술과 문화에라도 이바지했을까, 정말 의문이다. 그리고 명예박사 학위를 최고로 많이 받은 사람이 고(故) 정주영 현대 회장, 김종필 총재, 김운용 전 IOC 위원이라는 점을 볼 때, 투명성과 공정성보다 힘과 돈이 더 적합한 기준이라는 점은 누구라도 알 수 있다.

이렇듯 대학은 마음대로 명예박사학위를 수여하며 '장사'를 한다. 사실 대학이라고 표현하면, 대학 구성원 전체를 가리킬 수 있기에 오해의 소지가 있다. '사학재단'이라고 표현하는 것이 더 분명하고 올바를 것이다. 아무런 공적인 논의 과정을 거치지 않고 재단이 마음대로 학위를 수여할 수 있으니 정말 심각한 문제이다. 학교에 기부금을 내는 것은 좋은 일이다. 허나 한국 사회에서 대부분의 기부금은 건물로 투입된다. 학교 건물을 세우는 데 400억이라는 거액을 기부한다고 해서 학생이 수혜자일 수는 없다. 100주년 기념관이 있으면 좋긴 하겠지만, 그 건물은 학생의 재산이 아니라 재단의 재산이다(그 건물을 학생이 자유롭게 이용할 수 있을까?). 사학재단이 학위를 남발하는 이유는, 그 어떤 내부 반발을 무릅쓰고라도 학위를 수여하려는 이유는 이와 무관하지 않을 것이다.

한국 사회에서 대학은 도대체 뭘 하는 공간일까? 삐까번쩍한 건물로 치장된 동문들의 공간? 교세확장을 위해서라면 물불을 가리지 않는 교직원들의 공간? 취업을 위해서라면 충성맹세를 불사하는 학생들의 공간? 재벌가들이 생색을 내며 학위를 받는 공간? 이제 한국 사회에서 대학이 어떤 역할을 해야 할지를 돌이켜 생각할 시점이 되었다. 그리고 대학생들이 1인 시위를 해야 할 운동은 총학생회 퇴진운동이 아니라, 어느새 슬며시 물밑으로 가라앉은 사립학교법 개정운동이다. (하승우, 「사학재단과 권력층, 명예박사학위」)

심화문제 2

아래의 글을 참고하여 이공계 위기 문제의 원인과 해결책을 담은 한 편의 글을 완성해보자.

IMF 이후 과학기술에 대한 사회적 의지가 현저히 낮아졌고 이에 따른 이공계 우대정책도 빠르게 퇴조하였다. 최근 잇따른 정부의 이공계 우대정책의 발표가 있었지만 사회 전반에 흐르는, 쉽게, 편하게, 즐기면서 살자는 분위기를 뒤집기에는 역부족이다. 또한 이공계 인력 사이에 사회발전의 주역이라기보다는 힘들게 공부하여 인정도 받지 못하고 세계화 시대에 급변하는 과학기술의 고도화에 낙오하지 않으려면 끊임없는 학문연마가 필요하며 이로 인한 고용불안, 보유지식 노후화에 대한 걱정 등의 고통을 받는다고 인식이 팽배해 있으며 이런 인식이 고교생들 사이에서도 퍼져 있다는 것이 큰 문제이다. 입시정책도 큰 요인이다. '한 가지만 잘하면 대학 간다' 는 등의 인기 위주 입시정책, 일부 대학들의 인문계의 이공계 교차지원 허용 등으로 인해 고교생들의 이공계 지원이 현격히 감소하면서 학력저하의 결과까지도 초래하고 있다. 고교 교육과정에서도 이공계과목(수학, 과학)은 어렵기만 하고 점수 받기가 힘들어 대학입시에 전혀 도움이 되지 않는다는 의식이 팽배해 있고 또한 교차지원이 허용됨에 따라 굳이 어려운 수학 II, 과학 II 과목을 듣지 않아도 대학에 갈 수 있는 길이 있으므로 이공계 기피 현상은 더욱 가속화되고 있다. 대학 지원자들이 자신의 미래에 중대한 영향을 미치게 될 학과를 결정하는 것은 자신의 앞으로의 인생을 심각하게 고려한 선택이라고 할 수 있다. 최근 정부에서 이공계 우수 장학생을 선발하는 등 정책을 마련하였지만 학생들이나 학부모들은 시큰둥한 반응을 보이고 있다. 이유는 4년을 편하게 공부할 것인가 40년을 편하게 살 것인가의 선택에서 학생들은 다분히 상식적이고 당연한 결론에 다다를 수밖에 없을 것이다. 대학 지원자나 부모들이 이공계를 선호하지 않는다는 사실은 그들이 국내 산업의 미래를 비관적으로 보고 있다는 초기 신호이며 이것은 국가의 미래에 대단히 부정적인 사고를 가지고 있다는 증거이다.

이공계 기피 현상은 어제 오늘의 일이 아니다. 이미 선진국에서는 10여 년 전부터 감지가 되었고 국가 차원에서 강력한 지원정책을 펴고 있다. 우리도 이제 시작인 것이다. 상당히 복합적인 문제를 근원적으로 해결하기 위해서는 상당히 체계적인 접근이 필요하다.

먼저 예상되는 문제점들을 짚어 보면 첫째로 일본, 유럽국가에게는 말할 것도 없고, 중국, 동남아 국가에게조차 차츰 제품경쟁력뿐만 아니라, 기술경쟁력까지 상실할 것이다. 또한 인력구조가 첨단 기술 중심이 되기는커녕 오히려 저임금에 의존하는 후진국형으로 퇴보하는 조짐이 보인다. 힘든 현장근무를 기피하는 풍조가 만연하고 편하게 살아갈 수 있는 산업만 발달할 것이다. 또한 이공계 신규인력의 수준 저하 및 그나마 존재하는 기존 인력의 대거 해외 이탈로 우리 산업은 핵심인재 공동화 현상이 나타날 것은 뻔한 일이다. 우수인력 공급이 원활히 이루어지지 않으면 국가 경쟁력이 약화될 수밖에 없는 것이다. 그렇지만 인위적으로 양적인 면에서 공급을 늘린다 해서 문제가 해결되는 것은 아니다. 뜻이 있고 우수한 학생들 즉 핵심인재들이 스스로 이공계의 문을 두드리게 만드는 것이 문제해결의 핵심이다. 생텍쥐페리는 "배 한 척을 만들려거든 사람들을 불러 모아 나무를 해오게 하거나 이런저런 잡일을 시키려 하지 말고 끝없이 망망한 바다에 대한 동경을 심어주라."고 했다. 학생들에게 동기를 어떻게 부여하는가가 가장 중요할 것이다. 물론 21세기 첨단산업에서는 예전과 같이 그렇게 많은 인력이 필요한 것은 아니다. 지금 이공학계에서 걱정을 하고 있는 것은 지원자 감소가 아니라 고급인력이 점점 줄어든다는 것이다. 핵심인재가 줄어들면 첨단기술개발에 필요한 인력 부족 현상이 나타나고 결국 국가경쟁력 상실로 이어지게 된다.

현재의 이공계 기피 및 이탈 현상은 장기적으로 한국경제에 치명적인 악영향을 주게 될 것이다. 한국과학기술인연합의 말을 보면 더 한층 명확해진다. "60~70년대 과학기술인 우대 및 청소년들의 이공계 선망 분위기가 80~90년대의 고도성장을 낳았다. 2000년대 초 이공계 기피현상이 가속화되면서 2010년 이후 한국의 장래를 예측하는 것은 어렵지 않을 것이다." 얼마나 비관적인 말인지 알 수 있다. 21세기는 브레인 파워(brain power)가 국가의 운명을 결정짓는다. 특히 첨단산업분야에 얼마나 우수한 인재를 보유하느냐에 따라 국가의 미래가 좌우되며 우수두뇌의 고갈은 국가적으로 큰 손실을 입게 된다. 미국은 이공계 핵심인재를 유치하기 위하여 이민정책까지 바꾸면서 취업비자의 발급 건수를 무제한으로 확대하고 있고 외국인 노동자 유입에 상당히 부정적이었던 독일도 국적에 관계없이 첨단 전문인력 유치를 적극적으로 추진하고 있는 실정이다. 이렇듯 선진국들은 우수인재 확보가 가장 핵심적인 미래전략이라는 인식하에 고급인력의 육성 및 확보에 혼신의 힘을 기울이고 있다. 천연자원이 부족하고 국토가 작은 우리나라는 기술경쟁력이 최우선이다. 전통산업의 경쟁력을 유지하면서 IT, BT, NT 등 고부가신산업으로 주력산업이 이동하기 위해서는 이공계 핵심인재의 육성 없이는 불가능하다. '한 사람이 1만 명을 먹여 살리는 시대'는 이미 지나간 말이고 이제는 '최첨단 기술 하나가 1천만 명을 먹여 살린다.'는 시대가 도래하였다. 뛰어난 이공계 핵심인재 확보와 양성은 한국의 국가경쟁력의 비장의 무기이다.

이러한 위기 속에 이공계대학원은 박사과정 학생 수가 해를 거듭할수록 줄어들고 있다. 이 또한 바람직하지 않은 현상이다. 앞으로 10년 후면 우리나라의 SCI 논문 편수는 줄어들기 시작할 것으로 예측된다. 고급핵심인력이 고갈되면서 나타나는 당연한 결과이다. 지난 10년간 우리의 연구경쟁력은 세계에서 가장 높은 증가율을 보였다. 그러나 지금 같은 이공계 핵심인재 고갈 현상이 5년간만 지속되면 2010년 이후 세계 20위권으로 처질 것은 자명하다.

또 하나의 복병은 의학전문대학원의 등장이다. 21세기 우리나라에 새로운 고시제도가 생긴 것으로 보면 된다. '의학고시'가 그것이다. 이제 2005학년도부터 의학전문대학원이 도입되어 시행에 들어간다. 정확히 말하면 2004년 9월에 시행된다. 의학전문대학원 입학시험(MEET)과 치의학전문대학원 입학시험(DEET)으로 구분이 되는 의학고시는 벌써부터 이공계 3~4학년들과 졸업생들 사이에서 관심의 초점이 되고 있고 시험 준비에 대거 몰려들고 있다. 대학원 학생들까지 가세하여 이공계 전체가 흔들리고 있는 것이다. 준비를 하는 학생들에게는 어찌 보면 로또(LOTTO)와 같은 '인생역전'의 기회라고 여기는 것 같다. 의학고시 열풍은 청년실업, 고용불안과 맞물려 대덕의 연구단지에까지 영향을 미치고 있다. 합격만 하면 평생 안정적인 지위와 부를 보장받는다는 꿈을 가지고 너도 나도 몰려들고 있는 것이다. 앞으로 치 · 의학전문대학원 준비생들은 더욱 늘어날 전망이고 준비생들의 대부분은 현 이공계 핵심인재들일 것은 너무나 자명한 일이다. 또한 2005학년도 이후로 계속 늘어나는 '의학고시' 정원은 이공계 핵심인재 확보에 더욱더 어려움을 겪을 것으로 보인다.

여성 이공계 핵심인재 확보도 과제 중의 하나이다. 2만 불 국민소득 시대를 열기 위하여는 이공계 여성 인력의 확보 없이는 불가능하다. 우리나라 대졸여성 고용비율이 OECD 국가 중 제일 낮은 것으로 나타났다. 이미 첨단산업의 이공계 전문직 남성 인력

활용은 포화상태이기 때문에 국내에서 노동력을 추가로 확보할 방법이 없다. 잠재적 고급 여성인력의 고용을 활성화하는 것이 유일한 해결책이다. 이제껏 우리나라 대학에서 특히 이공계열 학과에서 여학생들을 위한 프로그램은 전무하다시피 하다. 이는 전통적으로 이공계열에 여학생의 숫자가 적었기 때문이다. 이를 극복하기 위하여 최우선으로 선행되어야 할 과제는 이공계학과의 여성 교수 비율을 30% 수준으로 높여야 한다는 것이다. 여성 과학자의 시각과 숙련을 바탕으로 여학생 프로그램을 개발하는 것이 가장 효과적인 방법이 될 것이다. 이공계 여학생들의 대학원 진학률 저조는 전문인력으로서의 활용도를 저하시키는 요인이 되므로 대학은 여학생들을 위한 특별장학제도를 도입하여 대학원 진학을 유도하는 것이 바람직하다. 또한 각 전공학과에서는 여성이 우위에 있을 수 있는 신분야를 개척하여 여성만이 가질 수 있는 특유의 경쟁력을 바탕으로 부가가치를 창출할 수 있는 전문분야를 발굴하고 개발하여 적극적으로 사회에 참여할 수 있는 기회를 만들어 주어야 한다.

기업도 이공계 기반이 무너지는 현실을 직시하고 우수한 학생들을 유치하기 위한 전략이 필요하다. 이공계 핵심인재 확보가 어려우면 결국 기업의 경쟁력 상실과 직결되기 때문이다. 이것은 대학에 장학금 지원, 기자재 지원, 연구비 지원 등의 단기적인 투자보다 대학에서 하기 힘든 첨단산업의 이미지 광고 등을 통하여 청소년들에게 이공계에 대한 꿈을 키워줄 수 있는 그러한 역할이 필요하다. 미국의 경제학자 폴 로머 교수는 "산업계가 요구하는 이공계 핵심인재의 확보를 위해서는 시장 원리만으로 부족하며, 정부의 적극적 개입이 불가피하다"고 했다. 이제는 정부가 나서야 할 때이다. 정부의 강력한 드라이브 정책이 절실한 때이다. 정부는 이공계 인력기반 자체가 이미 무너졌다는 절박한 위기의식을 인식하고 이공계 핵심인재 확보를 위하여 대통령께서 직접 진두지휘를 해주기를 우리 공학인들은 원한다. 병역특례제도 확대 및 개선, 기업 채용 시 국내 교수 채용 시 국내 학위취득자 일정 의무비율 유지 그리고 정부부처에 이공계 출신 채용 확대 등등, 이미 많은 좋은 아이디어들이 나와 있다.

이제 얼마나 실행에 옮기느냐 하는 것이 중요하다. 이 시점에서 새로운 정책을 논하기보다는 이미 제안된 정책을 확실히 시행하는 것이 이공계를 살리는 길일 것이다. 어찌 보면 우리만큼 정부에 바라는 것이 많은 국민도 세계에서 찾아보기 힘든 것 같다. 그만큼 국민이 정부를 믿고 의지를 한다고 생각해 주기를 바라며 정부의 확고한 의지를 다시 한 번 보여주기를 바란다. (한국대학신문, 「이공계 위기 극복, 핵심인재 양산이 우선이다」)

심화문제 3

아래의 글을 참고하여 민주주의의 문제점을 요약하고, 그러한 문제를 해결할 수 있는 방안에는 어떠한 것이 있을지 토론해보자. 또 토론의 결과를 한 편의 글로 정리해보자.

민주주의 이론의 첫 번째 문제는 그 정의에 관한 의문이다. 우리는 "국민의, 국민에 의한, 국민을 위한 정부"라는 에이브러햄 링컨의 유명한 말에 신세지고 있다. 그런데 '국민' 이란 누구인가? 최초의 그럴듯한 제안은 '국민' 이란 주어진 국가 안에서 법을 지키는 모든 사람들이라는 것이다. 이 개념이 주어지면 민주주의의 근본 원칙을 "법을 지키는 사람들에게 법을 만들게 하자"로 공식화하는 일이 가능하다. 이것은 확실히, 법을 만드는 역할을 그 훨씬 너머로까지 확장하는 영향력 있는 생각을 담고 있다. 그것은 또한 '타고난' 주인과 '타고난' 하인이 있으며, 후자는 전자의 규칙에 따라야 한다는 훨씬 오래된 생각도 타파한다. 그 대신 정부는 정부가 다스리는 사람들의 주인이 아니라 하인이 되는 식으로, 그것은 지배하는 계급이 지배당하는 사람들의 의지에 복종하게 만든다.

그러나 이런 생각들이 아무리 매력적이고 감탄할 만할지라도 그것들은 일정한 어려움에 봉착한다. 우선 "법을 지키는 사람들에게 법을 만들게 하자"는 원칙은 그럴듯해 보이지만, 왜 우리가 그것을 채택해야 하는가를 의심해 볼 필요가 있다. 이런 대답이 있을 수 있다. 법과 공공 정책을 침해하는 사람들 역시 누구나 어떤 행위가 옳은가에 대해 어느 정도 말할 권리가 있다. 다른 한편 그것은 그럴듯해 보이지만 상당히 다른 원칙, 즉 "법을 어기는 사람들에게 법을 만들게 하자"라는 원칙을 지지한다. 그런데 한 나라에서 인가된 법과 경제 정책이 다른 나라의 시민들에게는 불리한 영향을 미칠 수 있기 때문에, 일련의 법과 정책에 의해 악영향을 입은 부류의 사람들이 합법적으로 그것들을 지킨 사람들보다 상당히 많을 수 있다. 정치범 수용소나 이민과 관련된 법들이 적절한 예이다. 그렇다면 민주주의의 이상은 우리에게 누구를 '국민' 에 포함시키도록 명령하는가?

설령 우리가 민주주의의 적용을 첫 번째 원칙에 제한할 충분한 이유를 발견하고, 또 법의 영역 밖에 있는 사람들이 여전히 법의 영향을 받을지도 모른다는 사실을 무시할 수 있을지라도 어려움은 남아 있다. 법을 지켜도 그들의 나이와 능력, 태생 때문에 민주적으로 진행되고 있는 환경에 조화될 수 없는 부류의 사람들—어린이, 정신적으로 장애가 있는 사람들, 외국인들—이 있다. 어린이들과 정신장애자들(외국인은 차치하고서라도)은 정치 활동에 있어서 적절한 역할을 하는 데 필요한 지적 소양이 없지만 다른 사람들이 제정한 법을 지켜야 한다. 그러므로 그들을 배제시키는 것은 직관적으로 그럴듯한 다른 원칙—"법을 만들 충분한 능력이 있는 사람들이 법을 만들게 하자."—에 근거해야만 한다. 그러나 일단 우리가 이 제한에 곧이곧대로 맞추게 되면 그것을 한정하는 일이 어려워진다. 성인 유권자들은 무식하거나 무관심하거나 당파심이 강할 수 있으며, 그들의 무지와 당파심이 자신들의 능력에 어긋나게 훌륭한 정치적 의사결정에 필요한 다양하고 대개는 복잡한 사실과 조건들을 고려해 보도록 할 수 있음을 우리는 안다. 어떻게 지적으로 준비가 안 되어서 정치적인 문제점들을 지적이고 또 책임 있게 처리할 수 없다는 이유로 어린이와 정신장애자들을 시종일관 배제시키고는, 다른 이유에서 볼 때 결코 지적으로 더 잘 갖추었다고 할 수 없는 사람들은 배제시키지 않을 수 있는가?

이 두 번째 문제는 본래의 포함 문제와 관계되지만 훨씬 광범위한 파생 효과를 갖고 있다. 그것은 보통 '한 사람이 한 표'라고 알려진 민주주의의 이상에 있어서의 잘 알려진 또 다른 요소에 대해 의혹을 불러일으킨다. "각각 하나로 세고 어느 누구도 하나 이상으로 셈하지 않는다"라는 표어를 만들어낸 사람은 바로 법학자 제레미 벤담이다. 그런데 왜 각각 하나로 세야만 하는가? 그들이 찬성하는 정책과 선거에서 후보자들에 관한 정보를 얻기 위해서 자신이 할 수 있는 최선의 수고를 하는 사람의 투표를, 무지해서 문제점을 잘못 생각한 사람이나 아무렇게나 마음 내키는 대로 머리카락 색깔에 따라 투표하거나, 제시한 공약과는 상관없이 소수 인종 출신의 후보자에게 투표하기를 거부하는 사람들의 표보다 더 셈해서는 안 되는 이유가 무엇인가? 언젠가 빅토리아 여왕이 말했다. "이렇게 힘든 시기에 그 중요성에 대해 조금도 의심할 수 없는 솔즈베리 경 같은 훌륭한 내각을 특별한 이유 없이, 단지 투표수 때문에 해산해야만 하는 우리의 명성 자자한 헌법에는 내가 보기에 어떤 결함이 있는 것 같다." 이 말의 요점은 이렇다. 합리적인 투표와 비합리적인 투표가 있을 수 있다는 것이다. 어린이와 정신장애자들을 배제하는 것은 이를 인식하는 것이지만, 보통 및 평등선거라는 민주주의의 이상은 이를 고려하지 않는다. 그러한 선거는 모든 것을 숫자에 의해 결정하게 한다.

결정 절차로서의 투표와 관련해 또 하나의 중요한 문제가 발생한다. 누가 우리를 대표해야 할까? 무엇이 법이 되어야 하는가? 두 질문에 대한 대답으로 민주주의의 이상은 대답한다. 과반수가 지지하는 것이면 무엇이든. '국민에 의한 정부' 와 '한 사람이 한 표' 를 결합시킨 이 세 번째 원칙인 '과반수의 법칙' 이 민주주의 이상의 근본 요소가 된다고 말할 수 있다. 그러나 여기에서 역시 분명하고 중요한 반론들이 제기된다. 민주주의에 대한 신념 못지않게 현대에 널리 퍼진 것이 모든 헌법 및 법률상의 재판권이 존중해야 하는 권리인 기본 인권에 대한 믿음이다. 그러나 공개적이고 공정하며 자유로운 선거 결과에 의해 유권자(또는 그 대의원회)의 과반수가 이 기본 권리를 침해할 법에 찬성할 수 있음에 대해서는 그다지 심사숙고하지 않는다. 사실 기록상의 많은 사례들이 있다. 그런 사정에서 무슨 근거로 권리신봉자는 과반수의 법칙에 대한 신념을 고수할까? 그렇게 하는 것은 다시 한 번 더 숫자를 숭배하는 것이나 진배없는 듯 보일 것이다. (고든 그레이엄, 「인터넷 철학」 중에서)

5. 반론형 글쓰기

하나의 유령이 지구를 배회하고 있다. 민족주의라는 유령이. 사라예보와 키갈리에서 그 유령은 피비린내 그윽한 인종 청소의 세제가 되고 있다. 남프랑스와 오클라호마시티에서 그 유령은 애국주의의 탈을 쓰고 극우 테러의 동력이 되고 있다. 바그다드와 테헤란과 알지에에서 그 유령은 이슬람 근본주의와 이념적 결레축을 이루고 있다. 그 유령은 독일의 애국자들에게 동프러센과 주데텐에 대한 공격적 향수를 불러일으키며 폴란드와 러시아와 체코의 경계심을 부추기고 있고, 이탈리아 애국자들에게 가브리엘레 다눈치오붐을 일으키며 슬로베니아와 크로아티아의 불안을 조장하고 있다.

그런 커다란 민족주의가 있는가 하면 분리주의라는 이름의 작은 민족주의도 있다. 바스크의 가난한 테러리스트들과 카탈로니아의 돈 많은 의회주의자들은 마드리드의 스페인 중앙 정부에겐 똑같은 골칫거리다. 15년 동안의 내전 끝에 가까스로 이뤄낸 북아일랜드의 휴전협정은 순간순간이 아슬아슬하다. 스코틀랜드 사람 열 가운데 여덟은 영국과 갈라서고 싶어 한다. 벨기에의 프랑스어 사용자와 네덜란드어 사용자는 서로를 원수처럼 생각하고, 독일어를 사용하는 남티롤 지방의 이탈리아인들은 오스트리아 국적을 갖고 싶어 한다. 그 작은 민족주의는 필리핀이나 아프리카에서처럼 피내음을 수반하기도 하고, 발트해 세 나라나 옛 체코슬로바키아에서처럼 운 좋게도 점잖은 합의이혼에 다다르기도 한다.

큰 민족주의든 작은 민족주의든, 사나운 민족주의든 온순한 민족주의든, 민족주의라는 유령은 베를린에서 도쿄에 이르기까지 지표 곳곳을 뚫고 나온다. ("가스실에서 6백만 명이 죽었다구? 그 증거가 어디 있지?" "인종 청소? 그건 제국주의 언론의 조작이야!" "우리가 아니었으면 아시아는 지금도 백인들의 식민 치하에 있을걸." "그 집 사위가 미국 놈이야, 그 집안도 알쪼지 뭐.")

그러고 보면, 19세기 중엽부터 지구를 배회했다는 공산주의라는 유령을 몰아낸 것은, 흔히 진단되는 바와는 달리, 경제적 자본주의도 정치적 자유민주주의도 아니다. 마르크스의 고귀한 희망을 담아냈던 그 유령을 몰아낸 것은, 집단주의적이고 때로는 전체주의적이라는 점에서 그 공산주의라는 유령과 닮아 있는 민족주의라는 유령이다.

「민족주의당 선언」의 저자들은 말한다: "지금까지의 인류 역사는 민족(이든 종족이든 부족이든) 사이의 투쟁의 역사였다. 이념은 덧없으나 민족은 영원하다. 한국인(이든 프랑스인이든 유태인이든)이여, 단결하라!"

그 저자들 가운데 좀 더 온건한 이들은 좋은 민족주의와 나쁜 민족주의에 대해서, 또는 억압적 민족주의와 해방적 민족주의에 대해서 말한다. 그들 가운데 좀 더 세련된 이들은 역사적 민족주의와 자연적 민족주의에 대해 말한다. 민족주의에 대한 긍정적 여가를 위한 그런 이론적 안간힘에 내가 심드렁할 수밖에 없는 이유는, 그 민족주의들 사이의 경계가 또렷하지 않다는 점 말고도, 모든 민족주의가 그 본성상 배제와 증오의 철학이라는 점에 있다. 민족주의는, 그것이 구축해버린 공산주의가 그랬든, 개성과 자유와 일탈에 대해 적대적이다.

어떤 사람의 됨됨이를 알려면 그의 친구들을 보라는 영국 속담이 옳다면, 제정신을 지닌 사람이 민족주의에 대해 환호할 수는 없다. 장-마리 르펜에서부터 슬로보단 밀로셰비치를 거쳐 블라지미르 지리노프스티에 이르는 극우 선동가들, 외국인 사냥을 업으로 삼는 독일과 프랑스의 스킨헤드들, 유럽 곳곳의 축구 경기장을 난장판으로 만들어놓는 영국의 애국적 관중들, 민주당 정권의 '좌경화'에 분노하는 미국의 민병대들, 요컨대 가장 위험스러운 파시스트들이 바로 민족주의의 벗들이다. 실상 정치적 민족주의는 늘상 파시즘과 군국주의의 형제였고, 지금도 그렇다. 무솔리니의 이탈리아 민족주의가 그랬고, 도조의 일본 민족주의가 그랬다. 라도반 카라지치의 세르비아 민족주의가 그렇고 필립 데빈터의 벨기에 민족주의가 그렇다.

공격적 민족주의에 대한 적절한 처방은 해방적 민족주의가 아니다. 공격적 민족주의와 해방적 민족주의는 겉보기처럼 그렇게 서로 다른 것이 아니다. 민족주의는, 모든 집단주의가 그렇듯, 근본적으로 공격적이고 호전적이다. 민족주의는, 모든 집단주의가 그렇듯, 인간의 이성에 호소하는 것이 아니라 감성에 호소한다. 그것은 논리적 설득에 기대는 것이 아니라 깨끗한 피에 대한 강박과 땅에 대한 탐욕을 이용한 집단 최면에 기댄다.

나폴레옹의 민족주의도, 심지어 히틀러의 민족주의도 그 초기에는 해방의 너울을 쓰고 있었다. 그 해방적 민족주의가 공격적 민족주의로 치달으며 나라 전체를 병영으로 만들고 유럽 전체를 전장으로 만들기까지는 별다른 사정 변경이 필요치 않았다. 그러니, 되풀이하건대, 공격적 민족주의에 대한 올바른 처방은 해방적 민족주의가 아니다. 올바른 처방은 개인주의, 즉 세계시민주의다. 자신의 자연적 · 문화적 소속집단 바깥으로까지도 관용과 이해의 눈길을 보낼 수 있는 개인주의 말이다. 타인을 그의 귀속집단에 따라 어떤 집단적 인격체의 한 나사로 판단하지 않고, 그 자체 하나의 자기 완결적이고 독립적인 인격체로 판단하는 개인주의 말이다.

민족주의에 대한 나의 저주가 막바로 민족국가에 대한 저주로 이어지는 것은 아니다. 물론 민족주의와 민족국가는 역사적으로 꽤 내밀한 관계를 유지하고 있었다. 그리고 아주 기다란 세월을 두고 얘기한다면 민족주의의 한 유력한 배양토로서의 민족국가가 소멸하는 것을 감히 꿈꾸어볼 수도 있을 것이다. 그러나 역사의 현 단계가 당장 그것을 허용하지 않는다는 사정 말고도, 역사적으로 민족국가의 형성 과정은, 예컨대 프랑스의 경우가 그렇듯, 민주주의의 훈련과정이기도 했다. 그리고 세계의 어떤 곳에서는 지금도 그렇다. 그러니, 내가 지금 바라는 것은 민족주의 없는 민족국가다. 그것은 바랄 수 없는, 모순된 꿈일까? 나는 우선은 그렇지 않다고 생각한다. 가족이라는 가치를 최우위에 두지 않는 가족이나 사회라는 가치를 최우위에 두지 않는 사회가 엄연히 존재하는 이상, 민족이라는 가치를 최우위에 두지 않는 민족국가도 엄연히 존재할 수 있다.

민족주의에 대한 나의 저주는 또 막바로 애국심에 대한 저주로 이어지는 것도 아니다. 물론 때때로 애국심은 악당들의 마지막 피난처다. 그리고 그것은 흔히 민족주의자들이 입고 있는 옷이다. 예컨대 프랑스의 극우 민족전선이 프랑스인들에게 고취하는 민족주의에는 늘상 잔다르크라는 여자가 동원된다. 그리고 애국심의 강요는 때때로 군국주의자나 파시스트들이 정권 안보를 위해 사용하는 정치공학이기도 하다. (불쾌감을 지니지 않고는 내 어린 시절 이래의 영화 관람 경험을 되돌아 볼 수가 없다. 휴식과 오락의 공간에 울려 퍼지는 애국가의 그 이물감……) 그러나 민족주의가 타인에 대한 증오라면, 애국심은 자신에 대한 사랑이다. 그러니, 내가 바라는 것은 민족주의 없는 애국심이다. 그것은 바랄 수 없는, 모순된 꿈일까? 나는 우선은 그렇지 않다고 생각한다. 애국심이란 말하자면 자존심이다. 우리는 남을 증오하지 않고도 자신을 존중할 수 있다.

그렇지만, 민족국가와 민족주의, 애국심과 민족주의 사이의 내 이 아슬아슬한 줄타기는, 실상, 역사의 현 단계가 한 유약한 심성의 소유자에게 강요하는 찜찜한 타협에 지나지 않는다. 먼 미래를 내다본다면 민족국가도 애국심도 악이다. 그것은 개인보다는 집단이 우선하는 제도이고 감정이기 때문이다. 그러니, 고백하겠다, 내가 저주하는 것은 딱히 민족주의라기보다는 모든 형태의 집단주의이고, 내가 옹호하는 것은 무슨 반-민족주의라기보다는 반-집단주의, 즉 개인주의다.

개인주의를 통해서 우리는 자신과 타인에 대한 존중에 동시에 이를 수 있다. 개인주의는 집단주의에 대한 항체일 뿐만 아니라, 이기주의에 대한 항체이기도 하다. 개인주의는 인격을 지닌 개체 하나하나에 대한 존중이기 때문이다. 정치적 수준의 자유주의와 조응하는 그 개인주의는 다수의 이름으로 소수를 억압하거나 추방하지 않는 관용과 이해와 타협의 철학, 반-획일주의의 철학이다.

개인주의자자들은 김철수가 장애자라는 이유로, 박미란이 여성이라는 이유로, 로이 워싱턴이 흑인이라는 이유로, 카르멘 차베스가 세 번째 결혼을 했다는 이유로, 압둘라이 알리가 이슬람교도라는 이유로, 이영순이 전라도 출신이라는 이유로, 최경철이 게이라는 이유로 그녀들과 그들에게 시민적 · 정치적 권리가 제한되는 것에 결사반대한다. 개인주의자들은 리처드 윌리엄즈가 백인 남자라는 이유로, 캐럴라인 샌더즈가 기독교 신자라는 이유로, 정미자가 이혼 경력이 없다는 이유로, 권순철이 경상도 출신이라는 이유로 그들과 그녀들에게 시민적 · 정치적 권리가 덤으로 주어지는 것에 결사반대한다. 개인주의는 시민사회의 버팀목이다. 그것은 집단주의 사회에서 목격되는 강요된 연대가 아닌, 독립적이고 자주적인 정신 사이의 자발적 연대, 느슨하지만 깊숙한 연대, 참다운 연대로 트여 있는 길이다. (고종석, 「개인주의여 영원하라」 중에서)

반론

반론형 구성의 특징

어떤 사건이나 개념 혹은 대상에 대한 보편적인 해석과 같이 흔히 우리가 상식이라고 말하는 것을 뒤집어보는 글이다.

이 유형의 글쓰기에서는 무엇을 반박하는지를 명확하게 드러내는 것이 가장 중요하다.

반론의 방식으로는 ① 반론하려는 주장이 가지는 모순을 비판하거나, ② 상대방의 주장이나 현상의 맥락을 옮기는 것 등을 들 수 있다.

반론형 글쓰기의 유형

① 자신의 주장 제시 — 예상되는 반론 정리 — 재반박

② 상대방의 주장이나 의견 요약 — 상대방 주장의 모순점 지적 · 비판 — 그에 대한 자신의 반론 제시

③ 논제가 되는 현상 · 주장 · 가치의 장점 서술 — 논제가 되는 현상 · 주장 · 가치의 단점 서술 — 장점과 단점을 절충하여 종합적 결론 제시

✓ 앞의 글은 민족주의를 비판하며 개인주의를 그 대안으로 제시하고 있다. 이를 위해 우선 필자는 좋은 민족주의와 나쁜 민족주의, 공격적 민족주의와 해방적 민족주의 사이의 구별을 무의미한 것으로 만든다. 민족주의의 다양하고 구체적인 사례들을 통해 그것들이 공통적으로 공격적이고 호전적이며 감성적이라는 사실을 입증한다. 즉 이 글에서 필자는 민족주의를 다른 맥락에 놓음으로써 그 의미와 가치의 전도를 이끌어내고 있는 것이다.

또한 예상 가능한 반론들을 추출하여 그에 대한 자신의 입장을 밝히고 있다. 민족주의에 대한 거부가 곧바로 민족국가나 애국심에 대한 부인으로 이어지는 것은 아님을 밝힘으로써 자신에게 가해질 비판들에 적절히 대응한다.

반론형 글쓰기는 이처럼 상식적이고 보편적인 주장들을 정리하고 그 모순점을 찾아 비판함으로써 독창적 관점을 전달할 수 있는 방식일 뿐만 아니라 자신에게 가해질 비판들에 적절히 선제 대응함으로써 자신의 논지를 강화할 수도 있는 방식이다.

연습문제 1

아래의 글에 드러난 논점이 무엇인지 정리해보자. 또 그것이 반론하고자 하는 상대방의 주장은 어떤 것인지 조사해보자.

존경하는 국민 여러분,

독도는 우리 땅입니다. 그냥 우리 땅이 아니라 40년 통한의 역사가 뚜렷하게 새겨져 있는 역사의 땅입니다.

독도는 일본의 한반도 침탈 과정에서 가장 먼저 병탄되었던 우리 땅입니다. 일본이 러일전쟁 중에 전쟁 수행을 목적으로 편입하고 점령했던 땅입니다.

러일전쟁은 제국주의 일본이 한국에 대한 지배권을 확보하기 위해 일으킨 한반도 침략전쟁입니다.

일본은 러일전쟁을 빌미로 우리 땅에 군대를 상륙시켜 한반도를 점령했습니다. 군대를 동원하여 궁을 포위하고 황실과 정부를 협박하여 한일의정서를 강제로 체결하고, 토지와 한국민을 징발하고 군사시설을 설치했습니다. 우리 국토 일부에서 일방적으로 군정을 실시하고, 나중에는 재정권과 외교권마저 박탈하여 우리의 주권을 유린했습니다.

일본은 이런 와중에 독도를 자국 영토로 편입하고, 망루와 전선을 가설하여 전쟁에 이용했던 것입니다. 그리고 한반도에 대한 군사적 점령상태를 계속하면서 국권을 박탈하고 식민지 지배권을 확보하였습니다.

지금 일본이 독도에 대한 권리를 주장하는 것은 제국주의 침략전쟁에 의한 점령지 권리, 나아가서는 과거 식민지 영토권을 주장하는 것입니다. 이것은 한국의 완전한 해방과 독립을 부정하는 행위입니다. 또한 과거 일본이 저지른 침략전쟁과 학살, 40년간에 걸친 수탈과 고문 · 투옥, 강제징용, 심지어 위안부까지 동원했던 그 범죄의 역사에 대한 정당성을 주장하는 행위입니다. 우리는 결코 이를 용납할 수 없습니다.

우리 국민에게 독도는 완전한 주권회복의 상징입니다. 야스쿠니신사 참배, 역사교과서 문제와 더불어 과거 역사에 대한 일본의 인식, 그리고 미래의 한일 관계와 동아시아의 평화에 대한 일본의 의지를 가늠하는 시금석입니다.

일본이 잘못된 역사를 미화하고 그에 근거한 권리를 주장하는 한, 한일 간의 우호관계는 결코 바로 설 수가 없습니다. 일본이 이들 문제에 집착하는 한, 우리는 한일 간의 미래와 동아시아의 평화에 관한 일본의 어떤 수사도 믿을 수가 없을 것입니다. 어떤 경제적인 이해관계도, 문화적인 교류도 이 벽을 녹이지는 못할 것입니다.

한일 간에는 아직 배타적 경제수역의 경계가 획정되지 못하고 있습니다. 이는 일본이 독도를 자기 영토라고 주장하고, 그 위에서 독도기점까지 고집하고 있기 때문입니다.

동해해저 지명 문제는 배타적 경제수역 문제와 연관되어 있습니다. 배타적 수역의 경계가 합의되지 않고 있는 가운데, 일본이 우리 해역의 해저지명을 부당하게 선점하고 있으니 이를 바로잡으려고 하는 것은 우리의 당연한 권리입니다.

따라서 일본이 동해해저 지명 문제에 대한 부당한 주장을 포기하지 않는 한 배타적 경제수역에 관한 문제도 더 미룰 수 없는 문제가 되었고, 결국 독도 문제도 더 이상 조용한 대응으로 관리할 수 없는 문제가 되었습니다.

독도를 분쟁지역화하려는 일본의 의도를 우려하는 견해가 없지는 않으나, 우리에게 독도는 단순히 조그만 섬에 대한 영유권의 문제가 아니라 일본과의 관계에서 잘못된 역사의 청산과 완전한 주권 확립을 상징하는 문제입니다. 공개적으로 당당하게 대처해 나가야 할 일입니다.

존경하는 국민 여러분,

이제 정부는 독도 문제에 대한 대응방침을 전면 재검토하겠습니다. 독도 문제를 일본의 역사교과서 왜곡, 야스쿠니신사 참배 문제와 더불어 한일 양국의 과거사 청산과 역사 인식, 자주독립의 역사와 주권 수호 차원에서 정면으로 다루어 나가겠습니다.

물리적인 도발에 대해서는 강력하고 단호하게 대응할 것입니다. 세계 여론과 일본 국민에게 일본 정부의 부당한 처사를 끊임없이 고발해 나갈 것입니다. 일본 정부가 잘못을 바로잡을 때까지 국가적 역량과 외교적 자원을 모두 동원하여 지속적으로 노력할 것입니다.

그 밖에도 필요한 모든 일을 다 할 것입니다. 어떤 비용과 희생이 따르더라도 결코 포기하거나 타협할 수 없는 문제이기 때문입니다.

저는 우리의 역사를 모독하고 한국민의 자존을 저해하는 일본 정부의 일련의 행위가 일본 국민의 보편적인 인식에 기초하고 있는 것은 아닐 것이라는 기대를 가지고 있습니다. 한일 간의 우호관계, 나아가서는 동아시아의 평화를 위태롭게 하는 행위가 결코 옳은 일도, 일본에게 이로운 일도 아니라는 사실을 일본 국민들도 잘 알고 있을 것이기 때문입니다. 우리가 감정적 대응을 자제하고 냉정하게 대응해야 하는 이유도 여기에 있습니다.

일본 국민과 지도자들에게 간곡히 당부합니다.

우리는 더 이상 새로운 사과를 요구하지 않습니다. 이미 누차 행한 사과에 부합하는 행동을 요구할 뿐입니다. 잘못된 역사를 미화하거나 정당화하는 행위로 한국의 주권과 국민적 자존심을 모욕하는 행위를 중지하라는 것입니다. 한국에 대한 특별한 대우를 요구하는 것이 아니라 국제사회의 보편적인 가치와 기준에 맞는 행동을 요구하는 것입니다. 역사의 진실과 인류사회의 양심 앞에 솔직하고 겸허해지기를 바라는 것입니다.

일본이 이웃 나라에 대해, 나아가서는 국제사회에서 이 기준으로 행동할 때, 비로소 일본은 경제의 크기에 걸맞은 성숙한 나라, 나아가 국제사회에서 주도적인 역할을 할 수 있는 국가로 서게 될 것입니다.

국민 여러분,

우리는 식민지배의 아픈 역사에도 불구하고 일본과 선린우호의 역사를 새로 쓰기 위해 부단히 노력해왔습니다. 양국은 민주주의와 시장경제라는 공통의 지향 속에 호혜와 평등, 평화와 번영이라는 목표를 향해 전진해 왔고 큰 관계 발전을 이루었습니다.

이제 양국은 공통의 지향과 목표를 항구적으로 지속하기 위해 더욱더 노력해야 합니다. 양국 관계를 뛰어넘어 동북아의 평화와 번영, 나아가 세계의 평화와 번영에 함께 이바지해야 합니다. 그러기 위해서는 과거사의 올바른 인식과 청산, 주권의 상호 존중이라는 신뢰가 중요합니다.

일본은 제국주의 침략사의 어두운 과거를 과감히 털고 일어서야 합니다. 21세기 동북아의 평화와 번영, 나아가 세계 평화를 향한 일본의 결단을 기대합니다. 감사합니다. (노무현, 「한일관계에 대한 특별 담화문」)

연습문제 2

아래 글을 읽고 이 글의 필자가 반론하기 위해 전제하는 주장과 논점은 무엇인지 생각해보자. 또 상대방의 주장에 대한 반론을 제기하는 데 사용된 근거와 증거들은 무엇인지 알아보자.

자기 재산 대부분을 자선단체에 기부하겠다는 '투자의 현인' 워런 버핏의 선언이 최근 미디어의 눈길을 크게 끌었다. 몇몇 언론은 버핏의 이 결정을 삼성이나 현대차 그룹 '오너'의 행태에 견주며 우리 기부 문화의 척박함을 한탄하기도 했다.

아닌 게 아니라 한국 기부 문화를 지탱해온 것이 주로 '김밥 할머니'들이었다는데 생각이 미치면, 그 속사정이야 어떻든 외국 부자들의 기부 문화에 부러운 구석도 있다.

"내 자식들은 능력주의를 지향하는 이 사회에서 엄청나게 유리한 출발을 했다. 거대한 부의 대물림은 우리가 평평하게 만들어야 할 경기장을 더욱 기울어지게 할 것"(경제잡지 『포춘』과의 인터뷰)이라는 버핏의 멋진 말을 우리 사회 부자들에게선 듣기 어렵다.

그러나 버핏에 대한 이 환호는 '나눔의 방식'에 대한 논점 하나를 흐려버릴 수 있다. 그것은 가난 퇴치가 부자들의 기부를 통해, 그들의 자선을 통해 이뤄져야 하는가 하는 점이다. 기부에 바탕을 둔 자선사업을 선양하는 것은 사회적으로 덜 혜택 받은 사람들을 일종의 '구걸자'로 만드는 것이다.

자선의 아름다운 손길 뒤에는 음험한 위계 철학이 웅크리고 있다. 가난한 사람은 부자의 너그러움과 친절에 기대어 살아가게 마련이라는 생각 말이다. 그러나 부(富)는 '환원'의 대상이 아니라 '분배'의 대상이다. 그리고 그 분배의 엔진은 개인의 너그러움이 아니라 공동체의 법이다. 가장 너그러운 부자들도 듣기 싫어하는 '세법' 말이다.

기술적 문제들을 잘 풀어나가며 부자들에게 세금을 걷을 만큼 걷어 이를 온전히 서민복지에 쓴다면, 부자들이 굳이 기부나 자선사업을 해야 할 이유가 없다. 그리고 프랑스 사회학자 피에르 부르디외의 말마따나 '국가의 왼손'(복지 관련 부처들)은 과거의 사회 투쟁이 국가 한복판에 남겨놓은 흔적이므로, 서민들 역시 부자들에게 고마워해야 할 이유가 없다.

위에 인용한 버핏의 인터뷰 발언을 나는 '멋진 말'이라고 추켜세웠다. 그러나 그것은 그 정도 말조차 할 줄 모르는 우리 사회 부자들을 생각하면 그렇다는 얘기다. 버핏은 자기 자식들이 살아갈 사회 곧 미국 사회를 '능력주의를 지향하는 사회'라고 규정했다.

능력주의 사회는, 말할 나위 없이, 갖가지 불합리한 연줄로 사람의 값어치가 매겨지는 사회보다 좋은 사회다. 능력은 마땅히 보상받아야 한다. 만약에 능력이 아무런 덤의 보상을 받지 않는다면 누구도 능력을 키울 생각을 하지 않을 테고, 그런 사회가 퇴락할 것은 정한 이치다.

그런 한편, 그 보상의 차이가 능력 차이보다 터무니없이 커서는 안 된다는 점도 엄연하다. 그것이 정의 감각에 부합한다. 더욱이, 버핏의 고백대로, 부자의 자식들이 능력주의 사회에서 '엄청나게 유리한 출발을 하게 마련'이라면 말이다. 그러나 실제에서는, 능력주의가 견고한 사회일수록, 보상 차이는 능력 차이보다 훨씬 더 커지기 쉽다.

이런 '쏠림'은 이른바 '슈퍼스타의 경제학'이 고스란히 작동하는 연예계나 프로스포츠계에서 두드러지지만, 이미지가 구매 심리를 주무르는 현대의 시장 일반에서 흔히 볼 수 있는 일이다. 1등과 2등의 능력 차는 아주 작을 수 있지만, 그들이 받는 보상의 차이는 터무니없이 크다. 그 차이를 줄여 사회 갈등을 눅이는 것이 세법이다.

미국 자유주의 철학자 존 롤스는 이른바 '사회적 일차 상품' (자유, 기회, 소득, 부, 자존감 따위)을 둘러싼 갈등을 조정하기 위해 '정의의 원칙들' 이라는 분배규칙을 고안한 바 있다. 그 원칙 하나는 "모든 사회적 일차 상품들은 이것들의 일부 또는 전부의 불평등한 분배가 최소 수혜자의 이득이 되지 않는 한 평등하게 분배돼야 한다"는 것이다.

버핏이 꿈꾼 '평평한 경기장' 은 '부자의 자식들에게 유리하게 더욱 기울어진 경기장' 보다는 정의로운 경기장이다. 그러나 더 정의로운 경기장은 '서민의 자식들에게 유리하게 약간 기울어진 경기장' 일 것이다. (고종석,「버핏의 경기장을 넘어서」)

연습문제 3

아래의 글을 읽고 이 글의 필자가 주장하는 바를 정리해보자. 또 그 주장을 반론하는 한 편의 글을 작성해보자.

대부분의 자살이 대단히 비극적인 사건이라는 데는 이론의 여지가 없다. 특히 남겨진 가족과 친구들에게는 말할 것도 없다. 그러나 어떤 자살은 고통으로부터 해방시켜주는 축복이기도 하다. 그 두 가지 사실은 종종 한데 얽히기도 한다. 하지만 거의 모든 자살은 심리적 고통—수치, 슬픔, 좌절—에 의해 촉발되므로 제때 제대로 된 도움을 받는다면 상당히 줄어들 수도 있다. 그렇기 때문에 자살로 인해 배우자를 잃은 사람은 그 위험한 시기에 사랑하는 사람을 돕지 못한 데 책임을 느끼며 죄의식을 가지게 되는 경우가 많다.

또한 자살이 거부와 이기심의 행위로 여겨질 때는 분노로 느낄 수도 있다. 그러나 그것 역시 드문 경우다. 죽음이 의도한 결과로서 발생한 것이 아니라 실은 도움을 요청하기 위한 행위인 경우를 제외한다면, 자살하는 순간은 자살을 감행하는 사람이 감당할 수 없을 정도의 자포자기 상태일 것이다. 엄청난 고뇌에 직면했을 때 슬픔을 느끼는 것은 지극히 당연하며, 인생을 살다보면 그런 고비를 여러 차례 넘기게 마련이다.

하지만, 자살이 적절한 수단인 경우도 있을 수 있다. 고칠 수 없는 병으로 인한 고통과 굴욕감은 보통 친지의 사랑과 현대 의학의 도움을 받아 누그러뜨릴 수 있다. 그러나 당사자가 차라리 조용하고 고통 없는 죽음을 이성적으로 선택한다면, 그 요구를 거절하는 것은 부당할 뿐만 아니라 잔인한 처사다. 안락사에 관한 논쟁은 대부분의 지역—특히 네덜란드—에서 동정적 이성의 힘이 승리했지만, '생명의 존엄성'에 관한 잘못된 믿음과 착각 때문에 반발을 받은 곳도 많았다. 잔인함이 경건함으로 둔갑하는 흔한 사례다.

묘하게도 생명의 존엄성을 제기하는 사람들은 전쟁이나 무기 제조, 사형 제도에 관해서 안락사와 낙태를 반대하는 것처럼 강력하게 반대하지 않는다. 그러나 알고 보면 안락사와 낙태는 생명을 돕는 행위인 반면, 전쟁 등은 생명을 죽이기 위한 행위다. 죽음을 좋거나 나쁜 것으로 판단하기 위해서는, 삶의 신성함은 양이 아니라 질에 있다는 전제가 포함되어야 한다.

질병과 노쇠의 메커니즘은 삶의 종말을 자연스럽게 만들어주지만, 그래도 죽음이 고통스러운 경우는 너무나 많다. 그런 경우 당사자만이 아니라 그를 사랑하는 주변 사람들도 함께 고통을 겪는다. 이와 관련하여, 죽음이 너무 힘들어지기 전에 죽음을 선택하는 경우를 생각해보자. 당사자는 작별을 고할 수 있고, 현대 의학이 제공하는 편안한 죽음을 맞이할 수 있다. 그것이야말로 아주 바람직스러운 종말인 것이다.

도움을 받는 자살은 당사자의 선택적인 참여에 따른 것이기 때문에 최선의 안락사 방식이다. 비자발적인 안락사는 당사자가 죽고 싶은 의사를 표명하지 못하는 최악의 상태에서 삶을 마감하는 신속한 수단이 취해지는 경우에 해당한다. 그 두 가지 형태의 안락사가 정당화되는 길은 여러 가지가 있다. 그럼에도 불구하고 안락사가 불법화된 곳에서는(그렇다 해도 인간의 연민은 법보다 강하기 때문에 안락사는 거의 모든 곳에서 현실적으로 행해진다) 많은 사람들이 안락사를 반대하는 입장으로 인해 불필요한 비난과 고초를 겪는다. 호의로 위장된 살인이라는 비난을 받는다.

물론 그럴 수도 있다. 그러나 그것은 어찌할 수 없는 고통이 지속되도록 놔두는 근거가 될 수 없다. 오히려 그것은 안락사의 남용(인간은 대단히 교활하므로 법이든 무엇이든 모든 것에는 남용과 악용의 여지가 있을 수 있다)을 최소화하도록 조치를 취하는 근거가 되어야 한다.

안락사 반대자들은 안락사를 허용할 경우 거동이 불편한 나이 든 부모가 원치 않는 새끼 고양이 같은 취급을 당할 것이라고 걱정한다. 압력을 견디지 못한 병원은 환자가 최악의 상황에 닥친 경우만이 아니라 그렇게 의심되는 경우에도 걸핏하면 모르핀 투약량을 늘림으로써 병상을 정리하리라는 것이다. 운이 없는 사람은 획기적인 치료법이 개발되기 불과 몇 주일 전에 최후의 주사를 요청하게 될 수도 있다. 이러한 우려들은 병원과 요양원에서 부담하는 인간의 고통량을 늘릴 것이다.

그러므로 안락사를 허용하는 규칙은 명백하게 올바르고 자비로운 방식을 취해야 한다. 자원자의 정당성을 결정하기 위한 신중한 절차를 고안하는 것은 인간의 지혜로 충분히 가능한 일이다. 물론 까다로운 경우도 있고, 실수도 빚어질 수 있으며, 남용도 일어날 수 있다. 그러나 긴급한 처지에 있는 사람들을 고통과 굴욕감에서 벗어날 수 있도록 돕는 참된 자비의 행위는 우리를 정당화시켜줄 것이다. (A. C. 그레일링, 「안락사, 생명을 돕는 행위」, 『존재의 이유』, 사회평론, 2003 중에서)

연습문제 4

아래의 글을 읽고 질문에 답하시오.

인천에 가면 자유공원이 있다. 이 공원은 1888년 러시아 토목기사 사마틴이 측량하여 만든 것으로 우리나라 최초의 서구식 공원이다. 이 공원의 명칭이 변화한 과정에는 우리 현대사의 굴곡이 잘 나타나 있다. 19세기 말 외세가 조선을 침략해오는 관문이었던 인천의 사정을 반영하여 만국공원으로 문을 연 이 공원은 일제강점기에는 서공원(西公園)으로, 한국전쟁 뒤에는 자유공원으로 변화했다. 그리고 1957년 9월 15일에는 맥아더 장군의 동상이 이 공원의 정상에 건립되어 46년째 우뚝 서 있다.

인천상륙작전과 평양성의 왜군 대파

올해는 2002년 임오년, 근대에 들어와 우리나라에 외국 군대가 주둔하기 시작한 것이 1882년이니까 꼭 120주년이 되는 해다. 그때로부터 단 하루도 이 땅에서 외국 군대가 없던 날이 없었다. 이 땅을 거쳐 간 외국 군대만 하더라도 청나라 · 일본 · 러시아 · 미국 · 소련 · 중국 · 미국 이외의 유엔 깃발 아래의 15개국 군이니 중립국 감시군을 빼더라도 헤아리기에 손가락 · 발가락이 모자란다. 19세기 후반부터 21세기에 이르기까지 남의 나라 군대가 주둔하고 있는 나라도 우리 말고는 없겠지만, 더 기막힌 일은 외국 군대의 주둔을 당연한 것으로 여기는 일이다.

맥아더 장군, 어려서부터 우리는 그를 우리 민족의 은인으로 배워왔고 동상까지 세우며 기려왔다. 그러나 과연 그가 민족의 은인인지, 또는 살아생전에 동상까지 세워 기려야 할 만큼 훌륭한 인물인지 생각해보지 않을 수 없다. 맥아더가 구국의 은인이라면, 임진왜란 때 명군을 이끌고 온 이여송(李如松) 역시 구국의 은인으로 칭송되어야 마땅하다. 이여송이 평양성에서 왜군을 대파한 것이나, 맥아더가 인천상륙작전을 통해 일거에 전세를 역전시킨 것이나 위기에 빠진 국가를 구한 것은 마찬가지다.

그러나 오늘날 아무도 이여송을 구국의 은인으로 기억하지 않는다. 물론 이여송이 그렇게 기억되던 때도 있었다. 조선시대의 지배층들은 그를 재조지은(再造之恩), 즉 다 망한 나라를 다시 살려낸 은혜를 베푼 인물로 추앙했다. 오죽했으면 평양성 전투 승리의 소식이 전해지자 조정에서 이여송의 공적을 기리는 송덕비를 세우고 생사당(生祠堂), 즉 살아 있는 인물을 위한 사당을 짓기로 결정했을까? 이렇게 해서 조정에서는 평양에 무열사(武烈祠)를 세우고 이여송과 그의 동생 이여백(李如栢), 병부상서 석성(石星), 도독 양원(楊元) 등 명나라 장수 6명의 화상을 걸고 봄가을로 제사를 지냈다. 또 1599년에는 총독 형개를 모신 선무사(宣武祠)란 사당을 짓고 선조가 친필로 '재조지은' 네 글자를 써서 현판으로 걸었다.

『임진왜란과 한중관계』의 저자인 한명기 교수는 재조지은을 강조하면 할수록 당시 집권자로서의 권위가 실추되었던 국왕 선조나 대신들의 어려운 입장이 다소나마 완화될 수 있었다고 그 정치적 의미를 분석했다. 즉, "위기를 극복해낸 공로의 대부분을 명군의 것으로 돌리고, 나아가 그 명군을 불러온 주체가 자신들임을 부각시킴으로써 전쟁 초반의 연이은 패배 때문에 실추된 권위를 어느 정도 만회할 수 있었다"는 것이다. 이렇게 재조지은을 강조하면 이순신이나 권율 같은 정규군을 이끈 명장들이나 김덕령(金德齡)·곽재우(郭再祐) 등 의병을 이끈 진짜 구국 영웅들의 역할과 의미는 축소되고, 명군을 불러들인 조정 신료들이나 왕을 호종한 사람들의 정치적 입장이 강화된다. 실제로 임진왜란이 끝난 뒤의 공신책봉에서 전공을 세운 사람들을 공신으로 봉한 선무공신(宣武功臣)은 이순신·권율 등 18명만이 책봉되었는데 그나마 의병장은 단 한 명도 끼지 못했다. 반면 선조를 따라 의주까지 도망가서 명군을 불러들인 공로로는 명나라에 파병을 청하는 사신으로 갔던 정곤수(鄭崑壽)가 일등공신으로 책록된 것을 필두로 무려 86명이 공신이 되었다.

쇠말뚝 전설의 원조, 이여송

재조지은에 대한 강조는 시간이 지날수록 강화되었다. 선조의 뒤를 이은 광해군은 재조지은의 압박에서 벗어나 보려고 민생에 큰 부담을 줄 명의 출병 요구를 거절했으나, 인조반정이라는 쿠데타를 통해 폐위되었다. 이제 재조지은은 그에 대해 어떤 태도를 취하느냐가 정권교체의 명분이 될 정도로 강력한 이념으로 등장했다. 이후 청의 침입으로 병자호란을 당해 삼전도에서 항복하는 수모를 겪은 조선의 조정은 청에 대해서는 형식적인 조공의 예를 갖추었으나, 내부적으로는 대명의리론(對明義理論), 북벌론(北伐論)을 내세우는 등 재조지은의 논리를 한층 강화하게 된다.

재조지은의 논리가 계속되는 한 그 주역인 이여송은 조선왕조 지배층의 입장에서 볼 때 맥아더마냥 일방적으로 미화되는 구국의 은인이었다. 그러나 일반 백성은 이여송을 그렇게 보지 않았다. 근대 이전에 문자로 된 기록은 거의 지배층이 독점했다. 그렇기 때문에 일반 대중의 정서와 생각을 공식 기록을 통해 읽어내는 것은 불가능하지는 않아도 대단히 어렵다. 따라서 대중 속에 전승되어온 구비설화는 대중의 정서와 의식을 읽어내는 중요한 자료가 된다. 구비설화 속의 이여송은 지배층의 공식 기록에 나타난 것과는 너무도 다른 모습으로 우리에게 다가온다.

구비문학 전공자나 민속학자들의 조사에 의하면 이여송 설화는 전국의 어느 곳에서나 가는 곳마다 채록된다고 한다. 임재해 교수의 분류에 의하면 이여송 설화는 첫째, 조선의 사신이 명나라에 들어가 수모를 겪으면서도 마침내 이여송을 청병해오는 전설, 둘째, 이여송이 조선에 훌륭한 인물이 많이 날 것을 시기하여 명산의 혈(穴)을 잘랐다는 전설, 셋째, 이름 없는 소년이 이여송의 행패를 저지하고 조선에서 쫓아내는 전설, 넷째, 명상의 혈을 함부로 자르다 보니 자기 할아버지 혈까지 잘라버려(공식 기록에서도 확인되지만 이여송의 조상은 조선인이다) 마침내 자신도 망하게 되었다는 전설 등 크게 네 범주로 나눌 수 있다.

관변 쪽의 기록이 일방적으로 이여송을 미화하고 찬양하는 반면, 구비설화에 보이는 민중의 인식은 이여송의 못된 면만을 부각하고 있다. 특히 흥미로운 점은 이여송의 단혈(斷穴), 즉 명산의 혈을 잘랐다는 전설이다. 최근 몇 년 사이에 일본이 조선을 침략하면서 명산에 쇠말뚝을 박아 기를 끊고 큰 인물이 나지 못하도록 했다는 사례가 많이 보고되었다. 실제로 북한산을 비롯한 전국 각지의 명산에서 뽑아낸 쇠말뚝이 수십 개에 이른다. 그런데 이 쇠말뚝 전설의 원조가 바로 이여송인 것이다. 이여송이 실제로 쇠말뚝을 박았는지는 알 수 없으나, 적어도 민중의 눈에 이여송은 구국의 은인이 아니라 쇠말뚝을 박은 인물로 비쳤다.

"왜국이 얼레빗이라면 명군은 참빗"

왜 민중은 이여송을 평양성 전투의 영웅으로 기억하지 않고 쇠말뚝을 박은 인물로 기억한 것일까? 그것은 명군이 조선에 주둔하면서 보인 행태 때문이다. 평양성 전투에서 이여송이 지휘하는 명군이 베었다는 왜군의 머리에서 절반은 실상 조선 백성 것이었다.

이여송은 평양을 공격할 때 조선 백성의 머리를 벤 다음 앞머리 털을 빡빡 깎아서 왜국의 머리로 만들어 전공을 속였다는 것은 명나라 병사들 사이에서는 공공연한 비밀이었다. 이 사실은 명군 내부에서도 문제가 되어 산동도어사(山東都御使) 주유한(周維翰)은 이여송을 탄핵하고 조사관을 보내 망건자국이 있는 조선인과 머리를 빡빡 민 일본인의 수급을 구별하는 작업을 벌이기까지 했다. 이여송의 평양성 공격 당시 불에 타 죽거나 물에 빠져 죽은 조선인이 1만 명이나 되었다는 기록도 『선조실록』에 보인다. 노근리 학살을 능가하는 처참한 학살이 임진왜란 당시 재조지은의 주역 이여송에 의해 자행된 것이다.

명군의 폐해는 비단 여기에 그치지 않는다. 연인원 20만 명의 명군을 먹여 살리고 그들에게 급료를 주느라 이미 피폐해질 대로 피폐해진 조선의 백성은 죽을 지경이었다. 더구나 명군은 민가의 재산을 약탈하고 부녀자를 겁탈하는 것을 일삼았기 때문에 명군이 온다는 소식에 주민들이 다 도망가 버리는 사례가 비일비재했다. 명군의 노략질이 오죽이나 심했으면 민중 사이에 왜군이 얼레빗이라면 명군은 참빗이라는 말까지 돌았을까? 명군의 행패가 심해지자 민심의 이반은 극에 달해 "어찌하여 왜적이 오지 않아 이런 고통을 겪게 하는가?"라는 한탄이 나올 정도였다.

조선의 조정은 명군의 행패를 뻔히 알면서도 명군이 철수하면 나라가 장차 어찌 될지 모른다면서 명군의 계속 주둔을 희망했다. 그러나 구비설화 속에서 이여송은 이름 모를 소년이나 초립동(草笠童), 노인, 산신령 등에 의해 혼이 나서 조선에서 쫓겨간다. 권율이나 곽재우, 김덕령 등 민중의 사랑을 받은 장수들을 구타하고, 이순신 장군의 전과를 가로챘을 뿐 아니라, 민중을 쥐어짠 명군을 민중은 설화를 통해서나마 스스로 쫓아낸 것이다. 이여송의 죽음에 대해서도 애도 일색이었던 조정의 분위기와는 달리 설화에서는 "이여송이가 제 발등을 제가 찍고서 돌아가 그 후손까지 결딴났다"고 고소해했다. 임재해 교수는 당시 민중은 대국과 소국 간의 종속관계란 혈연의 친연성이나 혈맹관계 등에 의해 선린관계가 유지될 수 없다는 것을 잘 인식하고 있었다고 평가했다. 명군의 횡포를 직접 겪어야 하는 수난의 당사자였던 민중은 이렇게 냉철하고 치열한 인식을 갖고 있었다는 것이다.

맥아더를 무속신으로 삼은 코미디

한국전쟁 이후 반공의 광풍 때문일까, 민중의 맥아더에 대한 인식은 조선시대 민중의 인식보다 한참 뒤떨어져 있다. 1998년 인하대 서규환 교수가 인천지역 청소년 1,170명을 대상으로 인천을 대표하는 역사인물을 조사했는데 여기서 맥아더는 20.3%를 얻어 비류백제의 시조인 비류(沸流)의 4.3%를 멀찌감치 따돌리고 1위를 차지해 충격을 주었다. 이 조사에 대해 서 교수는 "청소년들이 맥아더 장군을 인천을 대표하는 인물로 꼽은 것은 청소년들의 그릇된 인식이라기보다는 기성세대가 인천의 역사와 정체성을 바로 세우지 못했다는 증거"라고 평가했다. 한편 양담배를 단속하던 1970년대에는 맥아더를 무속신으로 모신 무당이 맥아더에게 양담배를 공양하다가 단속반에 걸렸다는 웃지 못 할 일도 있었다.

언젠가 필자는 한 유명한 재야인사가 4월 학생 봉기 당시 이승만이 하야하자 시위대 속에서 누군가가 "맥아더 장군에게 가자!"라고 외쳐 인천까지 와 맥아더 동상에 헌화했다는 이야기를 들은 적이 있다. 그때 같이 인천 자유공원에 가서 꽃을 바친 그 재야인사는 뒤에 맥아더가 어떤 인물인지를 알고는 분하기도 하고 부끄럽기도 해서 잠을 못 이룰 정도였다고 했다. 필자가 미국에 있을 때 이 이야기를 일본 현대사를 전공하는 한 미국인 교수에게 했는데 그는 박장대소하더니 자기도 그 비슷한 경험이 있다고 말했다. 맥아더가 트루먼 대통령에 의해 해임되고 미국에 돌아와 의회에서 연설할 때 자신이 초등학생이었는데, 학교에서는 수업을 중단하고 라디오로 중계되는 연설을 들었다고 한다. 그때 그 교수는 다른 급우들과 함께 맥아더의 "노병은 죽지 않는다, 다만 사라질 뿐이다."라는 유명한 연설에 감동하여 엉엉 울었는데, 나중에 일본 현대사를 공부하면서 맥아더의 사람됨을 알고는 너무 억울했다는 것이다.

맥아더가 트루먼에 의해 해임된 사건에 대하여 한국에서는 매우 애석해하는 분위기가 압도적이다. 맥아더를 무속신으로 모신 것도 그를 최영 장군, 남이 장군 또는 관우 장군처럼 큰 한을 품은 사람으로 보았기 때문이다. 아직도 많은 사람들은 1951년 트루먼이 맥아더의 주장대로 만주를 폭격했더라면 통일은 그때 되었을 것이라고 생각한다. 1964년 맥아더가 사망했을 때 「조선일보」는 추도 사설에서 한국통일의 절호의 찬스가 맥아더의 해임으로 유실되었다면서, 그의 주장이 수포로 돌아간 것을 다시 애달프게 생각한다고 했다. 또 1996년에는 당시 대통령 김영삼이 전방부대를 방문한 자리에서 이렇게 말하여 논란이 벌어지기도 했다.

그러나 만주 폭격의 주장은 대단히 위험한 발상이었다. 원자폭탄의 사용을 전제로 한 맥아더의 만주 폭격 구상이 실현되었다면 이는 한반도의 통일이 아니라 즉각 제3차 세계대전으로 이어질 일이었다. 더구나 맥아더는 당시 합동참모본부에 원자폭탄을 투하해야 할 목표 지점으로 한두 곳이 아니라 무려 26곳을 선정하여 보고하면서 즉각적인 원자폭탄 투하를 승인해줄 것을 요청했다. 그것도 1차로! 이런 위험한 발상을 한 맥아더를 해임한 것은 한반도를 위해서나 세계평화를 위해서나 천만다행인 조치였다. 맥아더가 이렇게 강력한 주장을 한 것은 전쟁 수행 과정에서의 자신의 판단착오를 감추기 위해서였다. 그는 끊임없는 정보보고에도 불구하고 이북군의 공격 가능성을 무시했으며, 중국군의 개입 가능성을 묵살하고 38도선 이북으로의 북진을 단행했다. 더구나 그의 호언장담과는 달리 중국군이 개입하자 미군은 미군 역사상 최대의 치욕으로 기억되는 장진호 패배를 당하는 등 중국군에 크게 밀린 상황이었다. 맥아더는 1960년 자신이 원자폭탄의 사용을 주장했다는 트루먼의 주장은 완전한 허위라고 말했지만, 뒤에 간행된 회고록에서는 30~50발의 원자탄을 투하할 것을 계획했다고 기록했다.

맥아더 해임은 실로 천만다행

미국 역사상 맥아더만큼 상반된 평가를 받는 군인도 없다. 미국 역사상 최초로 문민우위의 원칙에 도전했다가 해임된 맥아더는 한편에서는 미국의 시저, 또는 미국 역사상 가장 위대한 인물, 심지어 신으로까지 추앙받지만, 최근에는 그에 대한 비판적인 연구가 연이어 나오고 있다. 애리조나 대학의 마이클 샬러 교수는 「더글러스 맥아더: 극동의 장군」에서 흔히 높이 평가되는 맥아더의 군사적 업적도 객관적으로 평범하거나 수준 이하인 경우가 많았으며, 인간적으로 볼 때 맥아더는 독선적이며, 이기적 기회주의자이자 자아도취적 소아병 환자였다고 주장했다. 선글라스에 옥수수 파이프, 팽팽한 모자에 잘 다린 바지로 상징되는 튀는 옷차림에 대해 트루먼은 70대의 5성 장군이 19살 소위같이 하고 다닌다고 못마땅해 했다. 한편 펜실베이니아 주립대의 와인츠로브 교수도 「맥아더 장군의 전쟁」에서 맥아더가 "한국전 당시 대통령도 무시할 정도로 제왕주의적인 태도와 국제정세에 대한 빈약한 판단력 때문에 결국 강제 전역됐다"고 평가했다.

맥아더는 이승만 정권 시절 살아생전에 동상이 건립되었을 뿐 아니라 생일이면 신문에 기사가 실릴 정도로 정권에 의해서 찬양받았다. 재야나 학생들의 주장 이외에 주한미군 철수에 대한 문제제기는 최근에야 『한겨레21』이 용미(用美)와 철미(撤美)의 대화라는 식으로 조심스럽게 제기할 정도로 이 땅에서는 엄청난 금기사항이었다. 일반 대중의 미군에 대한 인식 역시 임진왜란 당시 일반 백성의 명군에 대한 인식에 비하면 대단히 호의적이다. 그러나 대학생들에 의해 반미 구호가 나오기 훨씬 이전에 채록된 구비설화에 일본군이 아닌 미군이 우리 산천의 혈을 자른 이야기들이 다양하게 생산되어 전승되고 있는 것을 보면 맥아더나 주한미군에 대한 일방적인 찬양과 옹호와는 다른 기류가 아주 낙후된 형태로나마 만만치 않게 흐르고 있었음을 감지할 수 있다.

김남주 시인의 시에 인용된 한 농부는 이렇게 말하고 있다. "남의 나라 군대 끌어다 제 나라 형제 쳤는데 / 뭣이 신난다고 외국 장수 이름을 절에까지 붙이겠소〔소정방(蘇定方)의 이름을 딴 부여의 정방사(定方寺), 내소사(來蘇寺)를 지칭〕 / 하기야 인천 가니까 맥아더 동상이 서 있더라만 / 남의 나라 장수 동상이 서 있는 나라는 우리나라밖에 없다더만."

노근리 학살을 거론하고, 맥아더의 동상에 대해 시비를 거는 게 배은망덕이라고? 입장을 바꾸어 이북이 만일 중국인민지원군 사령관 팽덕회(彭德懷)의 동상을 세웠다면 얼마나 꼴불견일까? 노병은 죽지 않고 사라질 뿐이라지만, 죽어서도 사라지지 않는 노병의 동상을 보며 나는 자꾸 숨이 막힌다. (한홍구, 「맥아더가 은인이라고?」)

1) 위 글의 핵심 요지 및 용어는 무엇인가.

2) 반론을 제기하려는 주장의 핵심 내용은 무엇인가.

3) 주장은 어떤 근거와 증거로 뒷받침되는가.

연습문제 5

아래의 글을 읽고 질문에 답하시오.

'언제 한국 사람이 다 됐다고 느끼는가?' 한국에 사는 어느 외국인이 인터넷에 올린 글이다. 대답은 다양하다. "식당에 가서, 아줌마 '빨리 빨리' 라고 외칠 때." "두루마리

휴지가 식탁에 있어도 아무렇지도 않을 때." 그중에는 이런 것도 있다. "자판기 커피가 맛있다고 느껴질 때." 실제로 유학 갔다 처음 돌아왔을 때만 해도 자판기 커피는 끔찍했는데, 요즘은 자판기 커피가 정말 맛있다. 그것의 진정한 매력은 물론 타의 추종을 불허하는 그 압도적인 가격 경쟁력에 있다.

자판기남과 스타벅스녀의 격돌

커피 한 잔에 300원 하는 사회에서 스타벅스는 가끔 문제로 여겨진다. 자판기 남성들 중 몰지각한 일부는 700원짜리 삼각김밥으로 점심을 때우면서 한 잔에 5천 원짜리 스타벅스 커피를 마시는 '된장녀'를 비난한다. 하지만 5천 원짜리 밥 사먹는 주제에 술집 가서는 수십만 원을 쓰는 '된장남'의 행태가 문제가 되는 경우는 좀처럼 없다. 커피 한 잔을 둘러싸고도 성 권력은 어김없이 끼어드는 모양이다. 이보다는 좀 더 합리적인 이유로 공격하는 경우도 있다.

"매일 식사 후 습관처럼 마신다고 했을 때 한 달에 20일만 잡아도 족히 10만 원은 된다. 적립식 펀드에 하나 더 가입할 수 있는 자금이다. 1년이면 원금만 120만 원, 10년이면 1200만 원, 50년이면 6천만 원이 된다. 지금 마시고 있는 커피 한 잔의 가치는 5천 원이 아니라 미래의 6천만 원이다." 『스타벅스 커피를 마시는 여자 스타벅스 주식을 사는 여자』라는 책에 나오는 구절이라고 한다. 책의 저자에게 그 6천만 원으로 나중에 뭐할 거냐고 물으면, 이렇게 대답하지 않을까? "스타벅스에 가서 커피 마시지."

'취미' 혹은 '취향'이라는 낱말은 글자 그대로 입맛(taste)을 뜻했다. 이 낱말이 이성중심주의 문화 속에서 시각과 청각의 섬세함으로 지각 능력으로 전의된 것이다. 노베르트 엘리아스는 감각의 섬세화를 문명화 과정, 특히 궁정화의 산물로 설명한다. 폭식과 폭음을 일삼던 중세의 호전적 전사들이 궁정에서 귀족으로 변신하는 과정에서 점차 취향의 섬세함을 평가하게 됐다는 것. 이 세련된 궁정 취향은 훗날 시민계급에게 받아들여지고, 민주주의와 시장주의의 확산을 통해 일반 시민들에게까지 퍼지게 된다.

'취미'의 탄생을 목격한 최초의 증언은 세르반테스의 『돈키호테』가 아닐까. 거기에는 산초 판자가 제 조상 자랑을 하는 장면이 나온다. 자기 조상 중에 형제가 있었는데, 와인을 맛보는 섬세한 미각으로 유명했단다. 훌륭한 와인 통을 개봉하는 날, 동네 사람들이 그들에게 맛을 봐달라고 부탁했다. 먼저 맛을 본 형은 "맛이 훌륭하나 어딘지 금속 맛이 남는다"고 했고, 동생은 "맛이 훌륭하나 어딘지 가죽 맛이 남는다"고 했다. 사람들은 형제를 비웃었으나, 나중에 다 비운 와인통 바닥에서 가죽고리가 달린 열쇠가 나왔다나?

미학을 닮아가는 미래의 경제학

커피가 와인과 달라야 할 이유가 어디에 있는가? '스타벅스'는 유럽의 섬세한 커피 취향을 미국에 도입해 성공을 거두었다. 어떤 원두를, 어떻게 갈아, 무엇과 섞느냐에 따라 다양한 커피가 만들어진다. 마담이 타주는 다방커피에 계란 노른자를 띄워 먹다가, 설탕과 크림 분말의 혼합비로 취향을 드러내는 단계를 거쳐, 다양한 원산지의 커피들의 질적 차이에 대한 감각을 섬세히 분화시키는 단계. 거기에는 어떤 거부할 수 없는 문화적 필연성이 있다.

스타벅스는 커피의 입맛(taste)을 하나의 미학적 취향(taste)으로 바꾸어놓았다. 스타벅스는 커피 이상의 현상으로, 그들이 파는 것은 커피가 아니라 브랜드다. 사이렌이 그려진 로고가 달린 머그잔 · 티셔츠 · 일기장은 문화적 아이콘으로 소비된다. 빈티지풍의 푸른색 사이렌 로고는 제법 고풍스런 원본의 아우라를 풍기며 스타벅스의 뿌리 없음을 슬쩍 은폐한다. 커피잔과 아이템 위에 새겨진 사이렌의 로고는 그것을 소유한 이가 어떤 '취향 공동체'의 일원이라고 말해준다. 일종의 '종족화' 현상이랄까.

고객은 "거기에 가면 늘 뭔가 새로운 아이템을 발견할 수 있기 때문에" 스타벅스를 찾는다고 말한다. 그 아이템은 물론 물질적인 것에 국한되지 않는다. 스타벅스는 커피가 아니라 커피의 취향을 팔고, 나아가 문화적 취향을 판다. 스타벅스는 매장에 흐르는 음악의 선곡자이며, 읽을 만한 책의 추천자이자 볼 만한 공연의 기획자다. 그것은 취향의 방향을 결정하는 비평가다. 듣자 하니 기존의 아이템을 선택하는 수준을 넘어, 앞으로는 아예 새로운 저자, 새로운 가수를 발굴해 소개하고, 새로운 영화까지 만들 예정이란다.

스타벅스는 식품산업을 문화산업으로 변화시켰다. 물론 이는 스타벅스만의 전유물이 아니다. 애플 사용자들은 컴퓨터의 성능이 아니라, 그것의 디자인으로 자신의 문화적 정체성을 연출하는 데에 민감하다. 애플숍에서는 컴퓨터와 주변기기만 파는 게 아니다. 그들은 취향을 판다. 자기의 사용자들이 자사의 기기가 아니라 브랜드를 소비하고 있다는 것을 잘 알기 때문이다. 이 전략이 보여주는 것은, '미래의 경제학은 점점 더 미학을 닮아간다.'는 사실이리라.

스타벅스를 바라보는 또 하나의 삐딱한 시각은 사회학에서 나온다. 상품을 통해 특정 계층에 속한다는 사실을 과시하는 것을 보드리야르는 '파노플리 효과'라 불렀다고 한다. 피에르 부르디외라면 이를 계급적 차이를 드러내기 위한 '구별짓기'로 설명할지 모르겠다. 시뮬라시옹의 세계에서는 허구 자체가 세계가 되는 법. 허구로서의 커피, 서사로서의 커피가 오늘날에는 이미 에스프레소의 진한 액체만큼 진한 물질적 현실이다.

중요한 것은 사용가치가 아니라 기호가치

대중은 상품과 상품 사이의 '차이'를 소비한다. 중요한 것은 사용가치가 아니라 기호가치다. 생산과 소비의 물질적 모델은 산업사회에 속하는 것. 그것에 대한 정보사회의 모델은 비(非)물질화 혹은 재(再)물질화, 다시 말해 물질이 아닌 브랜드 그 자체, 혹은 물질의 디자인과 결합된 브랜드일 것이다. 스타벅스는 취미를 선사하고, 전달하고, 창조하는 문화적 매체다. 오늘날 기업은 취미로 묶인 상상의 공동체를 수신자로 갖는 미디어가 되었다. (진중권, 「커피가 아니라 브랜드를 사고 상품과 상품 사이의 '차이'를 소비하네」)

1) 위 글의 핵심 요지 및 용어는 무엇인가.

2) 반론을 제기하려는 주장의 핵심 내용은 무엇인가.

3) 주장은 어떤 근거와 증거로 뒷받침되는가.

연습문제 6

아래의 글을 읽고 질문에 답하시오.

1980년대 초반. 시애틀의 한 커피숍이 '우유가 들어간 따뜻한 커피'를 팔면서 읽기도 힘든 이탈리아어를 메뉴판에 써넣기 전까지 미국 사람들은 '카페라테'(Cafe Latte)라는 단어를 알지 못했다. 매년 전세계 지구인들에게 23억 잔의 커피를 팔고 매주 900t의 원두를 포장 판매하며 연간 10조 원의 매출액을 올리는 다국적 기업. '공정무역 커피' 라는 이름으로 커피 문화 운동에 동참하면서도 매출액의 90%가 순이익이어서 창업자 하워드 슐츠를 평범한 지배인에서 25년 만에 세계 359위의 부자로 만들어놓은 커피숍 스타벅스. 그들은 어떻게 지구라는 거대한 행성의 도시 곳곳에 별가루(Star Bucks)를 박아넣을 수 있었을까?

시애틀의 잠 못 이루는 밤

스타벅스가 지금과 같은 인기를 누리게 된 이유를 추적하다 보면, 과학이 크게 한몫을 했다는 사실에 놀라게 된다. 미국 내 커피 소비량이 꾸준히 줄어들고 있던 1980년대 초반 무렵, 이탈리아에 갔다가 에스프레소 커피향에 매료된 하워드 슐츠는 원두를 파는 시애틀의 작은 커피가게 하나를 인수해 커피숍으로 바꾸고, 50센트 커피 시대에 무려 3달러짜리 커피를 팔기 시작했다. 그것도 종이컵에.

그러나 그가 종이컵에 담은 것은 커피만이 아니었다. 그가 담은 것은 커피를 향유하는 유럽의 고급문화. 모든 메뉴판의 커피 이름을 이탈리아어로 바꾸고, 매장을 온통 진한 커피향으로 가득 메웠다. 벽면은 고급스러운 갈색 톤으로 바꾸어놓았고, 예술적 감각이 살아 숨 쉬는 미적인 그림들로 채웠다. 또 고급스러운 재즈 음악을 맘껏 들을 수 있는 공간으로 바꾸어놓았다.

스타벅스 분위기에 흠뻑 빠진 사람들은 다름 아닌 '시애틀의 과학기술자들' 이었다. 비가 많이 오고 밤이 길어 '우울한 도시' 였던 시애틀에 빌 게이츠의 마이크로소프트 본사가 들어섰고, 관련 정보기술(IT) 기업들이 줄지어 시애틀로 들어왔지만, 그곳에서 일하는 과학기술자들이 즐길 만한 곳은 그리 많지 않았다. 임금 수준이 높고 지적인 과학기술자들은 이탈리아어에 대한 동경이 있었고, 무엇보다 자신들의 사회적 지위를 드러내려는 욕구가 강했다. 컴퓨터를 주무르던 과학기술자들은 스타벅스를 찾는 것으로 자신의 지위를 드러냈고, 3달러짜리 스타벅스 커피는 시애틀의 과학기술자들을 몹시도 잠 못 이루게 했다. 이렇게 과학기술자들은 스타벅스를 하나의 문화로 받아들이며 그것을 다른 주로 널리 퍼지게 만드는 데 결정적인 역할을 했다.

뜨거운 커피에 손이 데지 않도록 종이를 둘러주는 아이디어도 스타벅스가 처음 낸 아이디어였고, T모바일과 제휴해 무선인터넷을 무료로 제공하는 것도 미국 내 스타벅스가 처음이었다. 지금도 미국 내 스타벅스에 가면, 대학생들이나 직장인들, 혹은 작가들이 커피향에 둘러싸여 노트북으로 작업을 하는 모습을 심심치 않게 볼 수 있는데, 스타벅스와 너무나 잘 어울리는 풍경이다.

로고에 즐거움의 중추가 반응하다

스타벅스와 관련해 눈여겨볼 만한 사실 중 하나는 그들이 광고를 전혀 하지 않는다는 점이다. 미국 내에서 '싸고 맛있는 커피'로 유명한 던킨도너츠는 '우리들이 사랑하는 도너츠'라고 외치고 맥도널드도 다른 커피회사와 제휴해 맛있는 커피를 함께 즐기자며 유혹하지만, 낭만과 신비를 파는 스타벅스는 광고를 하지 않는다. 아마도 이것 역시 고급화 전략 중 하나일 텐데, 대신 스타벅스는 '스타벅스 엔터테인먼트'를 만들어 음반을 판매하고 있다. 그들은 비틀스의 폴 매카트니와 독점 계약을 해 그의 새 앨범을 스타벅스에서만 살 수 있도록 하는 방식으로 자신들의 이름을 '예술'이 받아들여지는 대뇌 영역 옆에 끼워 넣기를 하고 있는데, 스타벅스가 내놓은 음반이 그래미상을 받은 경력만도 8번이나 된다.

뇌영상장치 안에 들어 있는 일반인들에게 전세계에서 가장 많은 매장을 가지고 있는 햄버거 가게의 로고를 보여주면, 그들의 뇌 영역 중 '고통과 불쾌'를 표상하는 인슐라(Insula)가 활성화된다. 흔하고 값이 싸며 나를 살찌우면 정크푸드 이미지가 강한 것이다. 하지만 초록 여신이 자태를 드러내고 있는 스타벅스 로고를 피험자들에게 보여주면, 즐거움의 중추(Nucleus Accumbens)와 브랜드의 가치를 음미하는 전전두엽(prefrontal cortex)이 활성화되기 시작한다. 스타벅스는 어떻게 전세계 사람들을 초록색 로고에 긍정적으로 반응하게 만들었을까?

스타벅스는 '긍정의 심리학'을 십분 활용하고 있는 매장이다. 커피숍에서 가장 많이 팔리는 사이즈는 단연 '스몰'(small). 하지만 스타벅스에선 가장 작은 것, 가장 싼 걸 시키면서도 '톨'(tall)이라고 주문해야 한다. 돈 내고 커피를 사먹으면서도 '스몰'이라고 주문하면서 주눅들 필요 없이, 작은 걸 사면서도 당당하게 '톨'이라고 외치도록 만든 것이다. 더 큰 것들은 '그란데'(grande), '벤티'(benti) 같은 이탈리아어 이름으로 사용하게 함으로써, 사람들의 자존심을 죽이지 않고 오히려 자존감을 높인 것은 사람들의 심리를 놀랍도록 꿰뚫은 마케팅 전략으로 보인다—우리나라에선 최근 '쇼트'(short) 같은 단어를 쓰고 있지만.

게다가 좋은 품질과 친환경을 상징하는 초록색 로고도 기여한 바 크고, 공정무역 커피를 사용한 것도 스타벅스의 친환경 이미지와 잘 맞는다. 커피를 재배하는 약소국들에 정당한 가격을 지불하고 품질 좋은 커피를 안정적으로 공급받는 커피 문화 운동의 일환으로, 스타벅스는 에티오피아 등 28개 나라로부터 질 좋은 커피를 수입해 매년 78억 7천만 *l* 를 추출하고 있다. '커피' 하면 중노동에 시달리면서도 턱없이 낮은 임금을 받는 가난한 노동자들이 떠올라 커피를 즐기지 못하는 사람들도 커피를 사 마실 수 있도록 죄책감을 덜고 있다. 나의 먹고 마시는 행위가 지구를 더럽히거나 오염시키는 것이 아니라 '좋은 일에 참여한다'는 마음을 들게 만든 것도 유효한 전략이었다.

21세기 전략 '문화를 판다'

환경과 '부의 재분배' '삶의 질'이 가장 중요한 화두로 떠오른 21세기. 미국 내 매장이 대규모 감축되고 경쟁 커피숍들이 속속 등장한다고 해도, 스타벅스는 한동안 건재할 것이다. 커피를 멀리하고 차만 즐긴다는 중국에서도 스타벅스만은 길게 늘어선 줄이 끊이지 않는다질 않는가! '상품을 파는 것이 아니라 문화를 파는 것'이라는 그들의 마케팅 전략이 21세기 문화산업의 중요한 프로토타입으로 오랫동안 유효할 것이기 때문이다. 그렇다면 우리나라에서는? 당연히 21세기를 읽는 가장 중요한 키워드다. (정재승, 「과학기술자들의 불면증으로 시작해 21세기형 인간의 뇌를 중독시켰네」)

1) 위 글의 핵심 요지 및 용어는 무엇인가.

2) '연습문제 5' 의 제시문과 이 글이 공통적으로 언급한 대상의 특징은 무엇인가.

3) '연습문제 5' 의 제시문과 이 글의 논지 전개 방식상의 차이점은 무엇인가.

심화문제 1

정진홍의「맥아더와 삼성」을 찾아 읽고 그 입장에서 '연습문제 4'에 대한 반론을 펴거나 '연습문제 4'의 입장에서 정진홍의 글에 대한 반론을 펴보시오(단, 반론형 글쓰기의 세 가지 유형 가운데 하나를 택하여 세 문단으로 완성하시오).

심화문제 2

'연습문제 5'과 '연습문제 6'의 제시문을 읽고, 두 글의 공통된 논점을 정리한 후에 그에 대한 반론을 펴보시오.

6. 결론 쓰기

이따금 "문장론이 뭐냐"는 식의 질문을 받는다. 그런데 나는 글을 쓰고 있긴 하지만 여전히 내가 글 쓰는 사람이라는 현실에 익숙하지(하고 싶지) 않아서 늘 대답을 흐리곤 한다. 사실 나는 어떤 문장론을 갖고 글을 쓰진 않는다. 내가 글을 쓰는 이유, 즉 내가 단어와 단어를 꿰고 이어 붙여 사람들에게 보이는 이유는 단지 세상에 대한 생각을 나누기 위해서다. 나는 글의 소재를 얻기 위해 세상을 들여다보는 게 아니라 세상을 들여다보기 위해 글을 쓴다. 어쨌거나, 문장론이 있든 없든, 내가 초고를 써놓고 퇴고를 거듭하는 걸 보면 나에게도 문장에 대한 어떤 태도는 있는 것 같다. 아마도 그건 두 가지일 것이다. 간결함과 리듬.

내가 쓰는 글의 8.5할쯤에 해당하는, 공을 들여 쓰는 글은 초고를 쓰면 적어도 서너 번 이상은 퇴고를 한다. 군더더기라 느껴지는 건 망설임 없이 없애거나 좀 더 간결한 표현으로 바꾼다. 나는 중언부언하는 것만 군더더기라 생각하는 게 아니라 쓸데없이 화려한 표현도 군더더기라 생각한다. 그리고 부러 반복 효과를 내려는 게 아니라면 같은 글에선 같은 단어를 쓰지 않는다. 10매 이하 칼럼에선 반드시, 30매가 넘어가는 긴 글에선 되도록 그렇게 한다. 동시에 리듬을 만들어간다. 거창하게 말해서 운율을 맞추는 건데, 눈으로 소리 내어 읽으면서 리듬감이 흐트러지거나 호흡이 끊기는 부분은 글자 수를 고치거나 단어를 바꾼다.

간결함과 리듬이 덜 다듬어진 글을 내놓는 것처럼 불편한 일은 없다. 어쩌다, 내 글의 1.5할쯤에 해당하는 글에서, 이런저런 실용적인 이유 때문에 도리 없이 그러곤 하는데 그런 글들은 그저 실용적인 이유를 위해 일회용으로 존재한 것일 뿐, 내가 썼지만 더 이상 내 글은 아니라 여긴다. 간결함과 리듬 말고 또 하나 중요하게 생각하는 건 쉽게 쓰는 것이다. 나는 왜 거의 모든 글쟁이들이 글은 쉬우면 쉬울수록 좋다고 생각하지 않는지 그 이유가 궁금하다. 배운 사람들이나 알아먹는 어려운 말을 이유 없이 쓰지 않는 건 물론이려니와 되도록 한자말을 줄이려고 애쓴다.

그러나 간결함, 리듬, 그리고 쉬움 같은 문장에 대한 내 모든 태도들은 오로지 '내가 무슨 소리를 하는 건지' 명료하게 드러내기 위해서 존재한다. 나는 이오덕 선생이 말씀한 '삶을 가꾸는 글쓰기'를 믿는다. 모름지기 글은 그런 것이라고 믿는다. 글을 씀으로써 내 일상의 에피소드들은 비로소 내 생각으로 정리되며 그렇게 정리된 생각들은 다시 내 일상의 에피소드에 전적으로 반영된다. 내 삶과 내 글은 끊임없이 꼬리를 물고 순환한다. 내 삶을 더 낫게 만들지 않는다면, 나라는 인간을 더 낫게 만들지 않는다면 내 글은 아무것도 아니다. 결국 문장에 대한 내 태도는 삶에 대한 내 태도와 같다. (김규항, 「문장론」)

결론

결론 쓰기의 특징

결론에서는 다음의 사항들을 다루어야 한다.

① 본론의 내용을 간명하게 요약한다.

② 서론에서 제기한 문제에 대한 대답을 찾을 수 있어야 한다.

③ 문제를 보다 큰 맥락에서 조망한다. / 문제를 창의적으로 적용한다.

결론의 유형

우리는 인용, 대안 제시, 새로운 문제제기, 문제를 창의적으로 적용한 예시 등의 방식을 사용해 결론을 작성할 수 있다.

✓ 앞의 글에서는 "간결함, 리듬, 그리고 쉬움 같은 문장에 대한 내 모든 태도들"이라고 본문 내용을 요약하고 있다. 이어서 필자는 이를 보다 큰 맥락에서 조망한다. 글쓰기의 태도는 삶에 대한 태도라는 것이다. 그리하여 필자에게 좋은 글이란 자신의 삶을 더 낫게

만드는 글을 의미한다.

위의 예문에서 필자는 자신의 문장론을 문제로 제기하고, 삶에 대한 태도가 곧 자신의 문장론이라고 답한다.

연습문제 1

아래의 글을 참고하여 글의 결말이란 어떠해야 하는지 생각해보자.

결말은 더욱 인상적으로, 시작과 끝이 좋으면 다 좋다

글에서 서두는 가장 중요하다. 그리고 그에 못지않게 중요한 것이 결말이다. 영화를 볼 때도 그렇다. 중간이 지지부진해서 지루함을 느끼더라도, 클라이맥스가 엄청나게 재미있다면 만족스럽게 영화관을 나올 수 있다. 전체적으로 그 영화가 재미있었다고 생각한다. 글도 마찬가지다. 서두를 멋지게 시작하고, 중반부는 논리적으로 끌어가기만 하면 된다. 약간 지지부진하다 해도 전혀 종잡을 수 없는 말만 아니라면 된다. 대신 독자에게 보너스를 줘야 한다. 마지막까지 글을 읽은 독자를 위해 뭔가 그럴듯한 결말을 선사하는 것이다. 그것은 리뷰를 쓰는 사람에게도 이익이다. 결말이 좋으면 독자는 글 전체에 대한 호감도가 상승하게 된다.

결말을 잘 쓰는 방법은 서두를 잘 쓰는 방법과 마찬가지로 무한하다. 가장 무난한 방법은 글 전체에서 이야기했던 것을 강렬한 표현의 한두 문장으로 정리하는 것이다. 어떻게 보면 구호로 정리한다고도 할 수 있다. 한두 문장으로 전체를 정리할 수 있다면, 독자 역시 그 글에 대해서 일관된 느낌을 가질 수 있다. 도중에 좀 미심쩍은 부분이 있다 해도 결말의 강렬함에 이끌리는 것이다. 하지만 반대로 글에서 전반적으로 이야기했던 평가를 뒤집는 것도 가능하다. 물론 자신의 글을 통째로 부정하는 것이 아니라 약간의 의문을 던지는 것이다. 텍스트 자체가 이중적인 영화에서 글의 결말에 의문을 던지면 효과가 크다. 다음에 등장하는 세 영화 리뷰의 결말 부분을 보자.

〈랜드 오브 데드〉는 좀비 영화를 기대하는 공포영화 관객에게도 충분한 즐거움을 준다. 컴퓨터 게임 같은 활극은 아니지만, 전통적인 좀비 영화의 모든 것을 업그레이드하여 보여준다. 뜯겨나가는 살점과 잔혹한 살육, 침묵 속에서 다가오는 좀비 떼의 공포 등 〈랜드 오브 데드〉에는 모든 것이 있다. 〈랜드 오브 데드〉는 아무리 낡은 장르의 공식이라고 해도, 다루는 기술에 따라 얼마든지 걸작이 탄생한다는 것을 증명한다. 아무리 스펙터클이 위대하다 해도, 진지하고 독창적인 사고의 힘을 뛰어넘기는 힘들다. —〔랜드 오브 데드〕(「일간스포츠」, 2005. 8. 25)

〈형사〉가 낯설게 느껴지는 것은, 이미지에 치우쳐 있기 때문이다. 명장면으로 인정할 만한 초반의 장터 장면은, 추격전의 곳곳에 유머를 깔고 가끔 여운을 남기면서 리드미컬하게 엮여 있다. 이명세는 액션의 파괴력보다는, 채플린이나 버스터 키튼의 정서적인 활동사진을 원한다. 이야기보다도, 리듬과 움직임으로 만들어지는 이미지만으로 승부하려 하는 것이다. 결국 〈형사〉는 과잉으로 치닫지만, 이미지의 향연은 결코 잊혀지지 않는다. 남순과 슬픈 눈의 사랑에게 공감했다면, 그 이미지는 치명적이다. —〔형사〕(「일간스포츠」, 2005. 9. 3)

클린트 이스트우드는 신파에 빠지지 않고, 달관으로 돌아서지도 않는다. 그저 이 세상이 얼마나 잔인한 것인지, 인간이란 얼마나 야비하고 초라한 존재인지를 보여준다. 그 응시를 통해, 역설적으로 우리가 살아야 하는 삶이란 무엇인지 깨닫게 만든다. 아니 몸소 실천한다. 프랭키는 모든 할 일을 완수하고, 조용히 도로변의 작은 식당 카운터에 앉아 커피를 마신다. 분노도 슬픔도 모두 삼킨 채로 악착같이 견디면서 살아간다. 천천히 잊혀지는 것, 그것이야말로 진정한 삶의 비의다. —〔밀리언 달러 베이비〕(『시사저널』, 2005. 3. 10)

〈랜드 오브 데드〉는 〈28주 후〉나 〈새벽의 저주〉처럼 섬뜩한 공포나 엄청난 스펙터클을 보여주지 않는다. 그러나 〈랜드 오브 데드〉의 장점은, 거장 조지 로메로의 철학과 문명비판이다. 그 점을 결말에서 명확하게 주장한다. 이명세의 〈형사〉는 이야기가 부실하다는 비판을 많이 받았다. 그건 사실이다. 하지만 이미지만이라는 비판은 역으로, 이미지의 강렬함을 주장할 수 있는 근거가 되기도 한다. 그런 점에서 〈형사〉의 이미지가 어떤 의미인지를 논리적으로 주장하는 것으로 결말을 끌어낼 수 있다. 〈밀리언 달러 베이비〉는 이미 설명했던 영화의 의미에 대해 다시 한 번 정리하고, 함축적인 문장으로 정리를 할 수 있다.

결말의 역할은 최종적으로 그 영화에 대한 입장을 피력하는 것이다. 앞에서 보여준 영화에 대한 분석과 주장을 통해서 독자를 설득했다면, 마지막으로 독자에게 필자가 생각하는 그 영화에 대한 '평가'를 결정하는 것이다. 결말에는 아주 거대한 무엇인가가 필요한 것은 아니다. 그보다는 자신이 정말로 생각하는 그 영화의 가치를 확고하게 주장하면 된다. 반대로 그 영화의 단점에 대해서도 정면으로 서술하는 것이 좋다. 그 찬성과 반대가 강렬할수록 독자가 느끼는 강도도 강해진다. 명확하면서도 정확한 영화에 대한 최종 심문이 바로 결말이다. (김봉석, 「영화리뷰쓰기」 중에서)

연습문제 2

다음 글의 결론 부분이 갖는 특징과 장점은 무엇일까 생각해보자.

이 책 〈베컴, 나의 축구 나의 인생〉의 역설은 전력을 기울여 평범한 남자가 되려고 연기하는 베컴이 실제로 평범한 남자라는 것이다. 가장한 줄 알았는데 그게 자기 본 모습이다. 베컴은 매력적인(그리고 지루한) 자제심을 갖고 있으며, 자신을 비판하는 것 못지않게 남을 치켜세우는 데도 열심이다. 베컴은 초짜 선수 시절의 자신을 이렇게 이야기한다. '나는 과시적인 반짝 스타였고, 얼간이였다.' 또한 인종주의를 혐오하며(자신이 유대계인 만큼), 게이 남자들이 자신에게 환상을 품는 데 조금도 개의치 않는다. 베컴은 작가로서는 영 아닐지 몰라도 아버지로서는 확실히 애정이 넘치며, 관중석의 입석에서 들려오는 아내와 아이들에 관한 저질스런 노래들을 참아 내는 사람이다.

심지어 작가로서도 베컴에게는 강점이 있다. 이 책을 마치 오소리가 끼적인 것을 읽듯이 읽는 사람이 적지 않을 텐데, 중요한 것은 내용이 아니라 글쓴이 자신이다. 축구 팬들이 내부자 정보로 생각하고 읽을 수 있을 정도로, 이 책은 정보가 아주 실하다. 그렇지만 이 평범한 남자는 공공의 페티시이기도 하므로, 이 책은 그런 차원을 무심한 척 억눌러 두어야 제대로 효과를 발휘할 수 있다. 베컴은 '하루 거의 24시간을 등에 카메라를 달고 산다' 고 말하는데, 자랑으로 하는 말인지 푸념으로 하는 말인지 분간하기 어렵다. 베컴은 푸념이 도를 넘지 않도록 신중을 기한다. 이 책의 절반, 자기 인생 절반이 이미지로 구성된 사람이 어떻게 카메라에 그렇게 반감을 느낄 수 있겠는가 하는 빤한 반문을 피하려는 것 같기도 하다. 카메라는 여기서 베컴의 등짝을 쿡쿡 찔러 대고 있지는 않아도, 드러낸 몸통이나 벌어진 허벅지 위를 떠돌고, 목욕 중인 베컴을 덮치거나, 베컴이 아내나 차와 에로틱하게 포옹하는 순간을 포착하기도 한다.

이 책의 텍스트와 이미지 사이의 분절은 데이비드 베컴이라는 인물 자체가 가진 분절을 드러낸다. 앞부분에서는 엄마를 사랑하고 연예계의 파티보다 혼자 이불을 뒤집어쓰고 포장 음식을 먹는 것을 좋아하는 수줍은 사내아이. 뒷부분에서는 타인들의 감탄 어린 시선을 갈망하며 관능적으로 자신을 과시하는 나르시시스트. 이 책의 정신은 너그럽게 그 모든 것을 포용하는데, 책의 절반은 남자 축구팬을 위한 것이고 나머지 절반은 베컴에게 환상을 품는 여성을 위한 것이다. 그 틈새가 가장 부각되는 순간은 베컴이 입을 여는 순간인데, 그때 그 매끄러운, 포스트모던한 육체는 갑자기 어눌한 노동계급 소년으로 바뀐다. 이 대조를 해결하려는 낡아 빠진 시도는 존재하지 않는다. 두 페르소나는 그 사이의 설명할 길 없는 간격을 안고, 그저 기이하게 꼭 붙어 누워 있을 뿐이다. 베컴이 상징하는 문화의 그토록 많은 것들이 그렇듯이 말이다. (테리 이글턴, 「반대자의 초상」, 이매진, 2010 중에서)

연습문제 3

자신에 대해 성찰하는 내용으로 아래 글의 결론을 완성해보시오.

약간의 과장이 가능하다면, 나는 내가 알아야 할 모든 것을 〈슬램덩크〉에서 배웠다. '인생은 스포츠' 라는 명료한 도식을 숭배한다는 의미가 아니다. 다만 생(生)을 대하는 태도의 문제다. 이노우에 다케히코의 농구만화 〈슬램덩크〉 속 인물들에게는 하나의 공통점이 있다. 농구를 진심으로 사랑하며 즐기고 있다는 것.

게임규칙도 모르는 주제에 무작정 농구부에 가입한 불량소년 강백호는 훈련을 거듭하면서 어느새 진정한 '바스켓 맨'이 된다. 마침내 강팀과의 접전. 경기 종료 불과 몇 초를 남겨놓고 한 점 차이로 지고 있는 상황에서 공격 기회를 맞는다. 그 절체절명 다급한 순간에 소년은 단호하게 중얼거린다. "왼손은 거들 뿐." 아아, 그것은 바로, 슛의 기본이다. "오른손에 힘을 실어 공을 던진다. 그때 왼손은 살짝 받쳐주는 느낌으로." 처음 슛 쏘기를 연습할 때 끊임없이 되뇌던 그 말은, 그러므로 사랑하는 대상에 대한 변치 않는 초심(初心)의 고백이다.

(정이현, 「왼손은 거들 뿐」 중에서)